Mohammed, Begründer des Islam

Gladys M. Draycott

Writat

Diese Ausgabe erschien im Jahr 2023

ISBN: 9789358810417

Herausgegeben von
Writat
E-Mail: info@writat.com

Inhalt

EINFÜHRUNG

Der Antrieb, der dem Islam den Sieg bescherte, ist verbraucht. Da sein materieller Wohlstand in den ersten Jahren des Triumphs seinen spirituellen Aufstieg überwältigte, schwand seine Vitalität unter dem Stress des Reichtums, dann unter der Mattigkeit und dem langsamen Machtverlust. Der Prophet Mohammed ist zugleich Ruhm und Fluch seines Volkes, die Quelle seiner Stärke und die Triebfeder seiner Schwäche. Er repräsentiert wirkungsvoller als jeder andere Religionslehrer die Summe der spirituellen und weltlichen Ideen seiner Anhänger. Seine Position in Religion und Philosophie entspricht im Wesentlichen der Position aller seiner Anhänger; Keiner ist über die Hauptthese hinausgekommen, die er am Ende seiner Karriere der arabischen Welt vorlegte.

Er schließt eine lange Reihe halbgöttlicher Lehrer und Überwacher ab. Nach ihm schließen sich die Vorhänge des Himmels, und seine Herrlichkeit wird vor den Augen der Menschen verborgen. Er ist der letzte große Mann, der zahllose seiner Mitgeschöpfe für eine Idee begeisterte, so dass ganze Stämme auf seinen Befehl und auf den Befehl Gottes durch ihn kämpften und starben. Nachdem nun die entscheidende Geschichte des Islam geschrieben wurde, kann eine Entscheidung über die Position und die Leistungen seines Gründers getroffen werden.

Mohammed betrachtete das Amt des Propheten als das Ergebnis eines unwiderstehlichen göttlichen Rufs. Wahrlich, der Engel Gabriel erschien ihm und befahl ihm, „aufzustehen und zu warnen". Er war das Vehikel, durch das der Wille Allahs offenbart wurde. Der inspirierte Charakter seiner Herrschaft war der Hauptfaktor für ihre Durchsetzung; Aufgrund seiner himmlischen Autorität übte er Einfluss auf die religiösen Handlungen seiner Anhänger, ihre Bestrebungen und ihren Glauben aus. Um die göttlichen Verordnungen zu verkünden, wurde der Kuran herabgesandt, inspiriert direkt vom Engel Gabriel auf Geheiß des Herrn. Zu allen Fragen des Glaubens und zu allen anderen Themen, die im Kuran , wie oberflächlich auch immer, behandelt werden, sprach Mohammed mit der Macht Gottes selbst; In Angelegenheiten, die nicht in den Bereich der Religion oder des Heiligen Buches fielen, war er nur ein menschlicher und fehlbarer Ratgeber.

„Ich bin nicht mehr als ein Mensch; wenn ich dir in Bezug auf die Religion etwas befehle, es empfange, und wenn ich dir über die Angelegenheiten der Welt befehle, dann bin ich nicht mehr als ein Mensch."

Von seiner Gleichheit mit der Gottheit oder auch nur davon, dass er irgendeinen Teil der göttlichen Natur teilt, steht außer Frage. Er ist einfach das Instrument, ausgestattet mit einer Macht und Autorität außerhalb seiner selbst, ein Mann, der eine Grundthese besitzt, die alle, die seinem Glauben angehören, akzeptieren müssen.

Die Idee, die zugleich den Umfang seiner Lehren und die Quelle seiner Triumphe darstellt, ist die Einheit und Unteilbarkeit der Gottheit. Dies ist der einzige Beitrag, den er zum fortschrittlichen Denken der Welt geleistet hat. Obwohl er später als die Kultur Griechenlands und Roms kam, kannte er weder deren Philosophien noch die Summe ihres Wissens. Seine Religion konnte niemals auf einer so grundlegenden Stärke wie dem Christentum aufbauen. Es erlangte zu schnell große Bedeutung und hatte keine Grundlage langsam entwickelter Ideen, auf die sich sowohl seine Begeisterung als auch seine irdischen Bemühungen stützen konnten .

Mohammed hat größere Ähnlichkeit mit den alten hebräischen Propheten als mit irgendeinem christlichen Führer oder Heiligen. Sein Geist ähnelte dem ihren in seiner anprangernden Wut, seiner Niederwerfung vor der Macht und Majestät eines einzigen Gottes. Die Entwicklung der Stammesgottheit vom lokalen Wundertäter, dessen Schrein sein Bild umgab, zur unpersönlichen und fernen, aber schrecklichen Macht, die die Erde unter seiner Herrschaft hielt, war Mohammeds Beitrag zur geistigen Entwicklung seines Landes und die Errungenschaft innerhalb dieser Grenzen war wundervoll. Aber zur Summe der Gedanken der Welt gab er wenig. Sein zentraler Grundsatz hatte bereits in anderen Ländern Anhänger gefunden, und darüber hinaus war ihr Glaube an einen Gott so ausgeprägt, dass ihnen eine Weiterentwicklung des Denkens noch möglich war. Die Philosophie des Islam versperrt sich selbst den Weg der Evolution, weil ihr System keinen Raum für solch prägnante Ideen wie göttliche Inkarnation, göttliche Immanenz, die Vaterschaft Gottes lässt. Man hat sich damit begnügt, einen Glaubensartikel zu formulieren: „Es gibt keinen Gott außer Gott", wobei die Konsequenz aus Mohammeds göttlicher Ernennung zum Amt des Propheten lediglich eine Bestätigung der Loyalität gegenüber der besonderen Glaubensform ist, die er auferlegt hat. Daher endete die Rolle des Islam bei der Interpretation des Weltgeheimnisses mit der Annahme dieses zuvor konzipierten zentralen Grundsatzes.

Tatsächlich gab Mohammed seinem Volk auf dem Gebiet der Ideen nichts Originelles, denn seine Macht lag nicht im Intellekt, sondern im Handeln. Sein Geist hatte das Stadium, in dem er gerade viele Fetische gegen einen einzigen spirituellen Gott eingetauscht hatte, noch nicht überschritten, der noch nicht nur durch Opfer, sondern auch durch Gebete, Zeremonien und Lobpreis besänftigt werden musste. In der Welt des Handelns lag die Stärke des Islam und das Genie seines Gründers; Daher ist sein Geheimnis in dem Eindruck zu finden, den es auf die Ereignisse machte, und nicht in seiner Theologie und Philosophie. Aber neben der Akzeptanz eines einzigen Gottes als Herrn zwang der Islam seinen Anhängern eine noch mächtigere Idee auf, deren Einfluss sowohl im Bereich des Denkens als auch im Handeln spürbar ist.

Als Ergebnis seiner politischen und militärischen Bedürfnisse schuf und etablierte Mohammed seinen unangreifbaren Glauben an die Fatalität – nicht den Fatalismus von Ursache und Wirkung, der das Wesen einer Vernunft in sich trägt, die zu groß ist, als dass die Menschheit sie begreifen könnte, sondern den Fatalismus eines Allmächtigen und Launenhaften Macht, die der mahomedanischen Vorstellung von Gott innewohnt. Mit diesem mächtigen und verantwortungslosen Wesen kann sich nichts durchsetzen. Vor jedem Ereignis ist sein Ergebnis unwiderruflich festgelegt. Der Mensch kann nicht das kleinste Detail seines Schicksals ändern. Die Idee entspricht Mohammeds Vision von Gott – einer schrecklichen, unverständlichen Gottheit, die ständig in den Schrecken der Erde verweilt, nicht in ihrer Sanftmut und ihrem Mitgefühl. Die Doktrin des Fatalismus erwies sich in den ersten harten Jahren des Kampfes als das größte Kapital des Islam, denn sie verlieh seinen Schlachtfeldern den Ruhm der göttlichen Überwachung: „Der Tod ist ein Gefallen für einen Muslim." Aber mit Wohlstand und Eroberung kam Untätigkeit; Dann schuf der Fatalismus aus der Schwächung der Ausdauer den Pessimismus der späteren Jahre des Islam. Da es philosophisch unschöpferisch war, verfiel es in die Trägheit derer, die ohne Ausübung von Vernunft oder Willen an die Nutzlosigkeit der Anstrengung glauben.

Bevor der Islam in Trägheit verfiel, hatte er ein wildes und flammendes Leben erlebt. Der ihr von ihrem Gründer verliehene Impuls wirkte hauptsächlich in der religiösen Welt und indirekt im Bereich der politischen und militärischen Macht. Inwieweit die Religion des Islam auf Mohammeds Kenntnis des jüdischen und christlichen Systems zurückzuführen ist, wird beim Studium des Kuran und der muslimischen Institutionen deutlich. Dass Mohammed mit den jüdischen Schriften und der jüdischen Tradition vertraut war, steht außer Zweifel.

Der mittlere Teil des Kuran ist bis zur Ermüdung mit Wiederholungen jüdischer Legenden und Heldenmythen gefüllt. Es ist offensichtlich, dass Mohammed den Gott der Juden für seine eigene Gottheit hielt und in seiner Vorstellung auch die traditionelle Verbindung zwischen Jehova und seinem auserwählten Volk mit dem alten Glauben und den Zeremonien von Mekka verband, das von seinem Götzendienst gereinigt war. Von den Juden übernahm er seinen Glauben an die Macht und den Schrecken des Herrn und den mahnenden Charakter seiner Mission. Von ihnen übernahm er auch den separatistischen Charakter seines Glaubensbekenntnisses. Die jüdischen Lehrer postulierten eine Religion, die sich von allen anderen Glaubensrichtungen unterschied, autark war und keinen Dolmetscher außer dem Gesetz und der Heiligen Schrift besaß. Mohammed betrachtete sich selbst auch als das alleinige Vehikel zu seinen Lebzeiten und nach seinem

Tod für die Befehle des Allerhöchsten . Er strebte die Abschaffung der rabbinischen Macht an und hoffte, die Juden dazu zu bringen, sich als Nachfolger ihrer eigenen Lehrer und Propheten anzuerkennen.

Seine Ansprüche wurden jedoch durch ein unnachgiebiges Vertrauen auf das vollendete Gesetz erfüllt. Wenn die jüdische Religion einen Erlöser aus ihrem eigenen Volk abgelehnt hatte, war es unmöglich, dass sie einen Führer aus einer fremden und verachteten Rasse akzeptieren sollte. Mohammed, der eine Koalition für unmöglich hielt, ließ seinem separatistischen Instinkt freien Lauf, so dass sich der Mohammedanismus in dieser Hinsicht und auch in seiner grundlegenden Vorstellung von der Gottheit sowie in seinem Vertrauen auf inspirierte Schriften und mündliche Überlieferungen dem jüdischen System annähert . Es vermisst den Einfluss einer unvordenklichen Geschichte und erhält in seinem Kriegsfeldzug keine Unterstützung durch den traditionellen Ruhm langer Linien von Kriegerkönigen. Vor allem mangelt es ihm an der Inspiration der unvergleichlichen jüdischen Schriften und heiligen Bücher, und seine Lehren stützen sich auf ein Dokument, das sich auf die Offenbarung der Persönlichkeit und Lebensanschauung eines einzelnen Menschen beschränkt.

Dennoch provozierte die Enge des mohammedanischen Systems seine Macht; Sein schneller Ansturm auf die Höhen der Herrschaft entstand aus der Beschränkung seines Impulses auf den Kanal der Eroberung und der gewaltsamen Durchsetzung seines Glaubens.

Vom Christentum wusste Mohammed weit weniger als vom Judentum. Er ging auf die christlichen Lehren ein, wie sie im heterodoxen Syrien bekannt waren, weit entfernt vom Hauptstrom des christlichen Lebens und der christlichen Lehre. Er ging mit Vorurteilen zu ihnen, voller Zorn gegen ihre Vertreter, weil sie den Messias zum Sohn Gottes erklärt hatten. Die ganze Idee der Menschwerdung und das Dogma der Dreifaltigkeit waren ihm zutiefst zuwider, und die einzige Vorstellung, die er über die Persönlichkeit Jesu hegt, ist die eines Propheten, obwohl er selbst der Empfänger göttlicher Inspiration ist, aber keine hat Verbindung im Wesentlichen mit Gott, den er sich vor allem als das eine höchste Wesen vorstellte, das seiner Natur nach unteilbar ist. Sicherlich wusste er viel weniger über die christlichen als über die jüdischen Schriften und notwendigerweise auch weniger über die innere Bedeutung des christlichen Glaubens, der sich immer noch in einem fließenden Zustand befindet, ohne Rücksicht auf seine tiefsten zukünftigen Vertreter. Sein Geist war sicherlich nicht auf die Rezeption seiner revolutionäreren Ideen eingestellt. Die Seiten des Kuran atmen sehr wenig Mitgefühl und keine Zärtlichkeit , und von einer Religion, deren Gründer sich bemüht hatte , genau diese beiden Elemente in die dornigen Wege der Welt zu bringen, konnte sich Mahomet nur verwirrt und verständnislos abwenden. Die Lehre vom Nicht-Widerstand gegen das Böse und überhaupt die ganze Weisheit der Bergpredigt ging er unbeachtet vorbei.

Es ist sinnlos und in der Tat unfair, den Vergleich des Mohammedanismus mit dem Christentum zu versuchen, da ohne die Vorkultur Griechenlands und Roms die modernen christlichen Lehren in ihrer gegenwärtigen Form nicht existieren würden und Mohammed keine Kenntnis vom früheren hatte . Er steht völlig abseits vom christlichen System, findet keine Ähnlichkeit in seinen Lehren oder Praktiken und verachtet dessen Mönchtum ebenso wie seine Vorstellung von der Dreifaltigkeit. Seine Position in der Geschichte liegt zwischen den Kriegern und den Heiligen, an der Spitze der Propheten, die mit dem Dreschflegel in der Hand gingen, um zur Buße aufzurufen, aber im Gegensatz zur Allgemeinheit auch das Schwert und das Zepter eines Königreichs trugen .

Kein anderer religiöser Führer hat jemals sein Glaubensbekenntnis so eng an bestimmte politische Vorstellungen gebunden. Mohammed war nicht nur das Instrument der göttlichen Offenbarung, sondern am Ende seines Lebens auch das Oberhaupt eines weltlichen Staates mit kleinsten Gesetzen und Vorschriften – chaotisch mag zwar sein, aber dennoch bindend, so dass sich der islamische Einfluss auf das gesamte Leben seiner Anhänger erstreckte. Darin liegt seine Stärke. Sein Anführer beeinflusste nicht nur die Überzeugungen, sondern auch die Aktivitäten seiner Untertanen.

Seine Stellung im Hinblick auf die politische Institution anderer Länder ist einzigartig. Seine weltliche Macht wuchs fast gegen seinen Willen, und er übernahm damit unbewusst Ideen, die sich aus den jeweiligen Umständen ergaben. Unter einem so heterogenen und widerspenstigen Volk war jede Regierungsform außer Despotismus unmöglich; Der Despotismus bestätigte auch seine eigene Vorstellung von der Natur der Herrschaft Gottes. Politische Ideen basierten größtenteils auf religiösen Vorstellungen, die ihnen manchmal überlegen waren, manchmal hinter ihnen zurückblieben, aber immer mit einer unumstößlichen Verbindung verbunden waren. Der Despotismus war daher die für den Islam am besten geeignete Form und wird zu seinem Hauptvermächtnis für die Nachwelt, da der Islam ohne die religiöse Sanktion politisch nicht existieren könnte.

Zusammen mit dem Despotismus und untrennbar mit ihm verbunden ist die zweite große islamische Begeisterung – der Glaube an die Überlegenheit der Gewalt. Mit Gewalt sollte das muslimische Königreich erreicht werden. Mohammed gab der Kampflust Arabiens die Zustimmung seiner mächtigen Gottheit und forderte seine Anhänger auf, ihr höchstes Vertrauen in die Schlichtung des Schwertes zu setzen. Er wusste auch um den Wert der Diplomatie und des Einsatzes wohlkalkulierten Verrats, aber vor allem befahl er seinen Anhängern, sich zu bewaffnen, um mit Gewalt an sich zu reißen, was sie durch List nicht erreichen konnten. Durch das Beharren auf diesen beiden Faktoren, dem völligen Gehorsam gegenüber seinem Willen als Offenbarung der Gebote Allahs und der Rechtfertigung von Gewalt zur Verkündigung der Vorzüge seines Glaubens, kommen wir seinem Charakter und seinen Überzeugungen am nächsten; denn diese sind zusammen mit seiner Vorstellung vom Schicksal vielleicht die persönlichste aller seiner Institutionen.

Mohammed hat unter seinen unmittelbaren Nachfolgern nicht wenig gelitten. Sie haben versucht, die Gesamtheit seiner Persönlichkeit festzuhalten, und da ihnen das Thema entgeht, da die Übersetzung von Taten in Worte niemals ihre Endgültigkeit verlieren muss, haben sie ihre Erzählung mit winzigen und fast immer apokryphen Details überladen, die über die Hauptumrisse hinausgehen verschwommen. Von nur zwei Biographien kann man sagen, dass sie Quellencharakter haben: die von Muhammad ibn Hischam , die nach dem Vorbild einer früheren Biographie verfasst wurde und um 760 für den abbassidischen Kalifen Mansur angefertigt wurde, und die von Wakidi , die um 820 geschrieben wurde und als wichtig gilt Enthält den Text vieler Verträge, die Mohammed mit verschiedenen Stämmen geschlossen hat. Auch Al-Tabari bezog das Leben Mohammeds in seine umfangreiche Geschichte Arabiens ein, sein Werk dient jedoch nur der Kontrolle, da es hauptsächlich aus Auszügen aus Wakidi besteht . Umso wertvoller sind das Kuran und die Sunna der Tradition. Aber selbst diese sind fragmentarisch und verwirrend und tragen den unauslöschlichen Stempel fremder Schriftsteller und vieler Gedanken aus zweiter Hand.

Im trüben, bedeutungsvollen Morgengrauen der Religionen vermischt sich die Welt der Vorstellungskraft mit der Welt der Tatsachen, wie wir sie wahrnehmen, durch die übertragende Kraft einer großen Idee, die von einer einzigen Persönlichkeit aufgegriffen und zum Leben erweckt wird. Das Reale wird lediglich als die zerbrechliche Hülle von Kräften empfunden, die mächtiger und dauerhafter sind. Legenden und Mythen drängen in das wirkliche Leben als unvollkommene Vehikel für die zwingende Forderung, die diese neue Ausdrucksidee stellt. Darüber hinaus übt die Persönlichkeit, diese subtile Essenz, eine Art zentripetale Kraft aus, die nicht nur die Hingabe, sondern auch die Vorstellungskraft derer anzieht, die in ihren Einflussbereich fallen.

Mohammed verfügte zusammen mit allen Tatmenschen der Geschichte über eine so gewaltige Willenskraft, dass er die kreativen Fähigkeiten seiner Anhänger hervorbrachte, und die Legenden, die sich um ihn ranken, sind als Maßstab für seine Persönlichkeit und seinen Einfluss von besonderer Bedeutung. Die Geschichte seiner mitternächtlichen Reise in die sieben Himmel ist beispielsweise das Symbol einer intensiven spirituellen Erfahrung, die entsprechend der mentalen Verfassung der Zeit, in der er lebte, in die Konkretisierung umgesetzt werden musste. Alle Aussagen über seinen Umgang mit Dschinn und seine Inspiration durch den Engel Gabriel sind inhärente Faktoren für die Manifestation seiner unaufhörlichen geistigen Aktivität. Seine wunderbare Geburt und die Mythen seiner Kindheit sind die Summe der Hingabe seiner Anhänger und offenbaren deren Ehrfurcht, übersetzt in Begriffe der Fantasie. Charakter war die geheimnisvolle Kraft, die seine Glaubensbrüder unbewusst in all den Legenden über sein Leben in Medina darzustellen versuchten, wobei seine Rücksichtslosigkeit und Grausamkeit nicht weniger Platz fanden als seine Demut und Standhaftigkeit trotz Entmutigung.

Aber unter der Last des Wunderbaren ist der wahre Mann fast begraben. Er hat so lange im Nebel dunkler Vorstellungen über sich gestanden, dass es fast unmöglich ist, seine wahren Züge zu reproduzieren. Die westliche Welt schwankt zwischen der Vorstellung von ihm als einem Teufel, fast selbst einem Antichristen, und einem unbedeutenden Betrüger, dessen Macht vergänglich ist. Selten hat man sich die Mühe gemacht, nach der menschlichen Energie zu suchen, die zu seinen Erfolgen führte, nach dem Glauben, der sie aufrechterhielt, und nach der Begeisterung, die im Propheten selbst mit düsterer Flamme brannte und seine Anhänger zum Gebet und zum Sieg erleuchtete .

Und tatsächlich ist es schwierig, wenn nicht unmöglich, die Welt, in der er lebte, effektiv wiederherzustellen. Es ist so weit von den Meeren des Weltfortschritts entfernt, ein Wirbel in der Flut des Glaubens, der sich in der größeren Woge verliert, dass es keinen Reiz auf Vertrautheit ausübt. Aber dass ein Studium der Zeit und der Persönlichkeit Mohammeds, die sich nicht weniger auf seine Taten, seinen Glauben und seine Institutionen als auch auf die einzige zweifelhaft verlässliche Aufzeichnung seiner Lehren bezieht, dazu führen wird, dass der Prophet des Islam als ein Mann unter Menschen wahrgenommen wird, ist klar war der zentrale Glaube beim Schreiben dieser Biografie. Mohammeds Persönlichkeit offenbart sich in seinem Umgang mit seinen Mitmenschen, in dem Glauben und Ritual, das er Arabien auferlegte, in der gewaltigen Errungenschaft einer politischen Einheit und militärischen Disziplin, und darin zeigt er sich als unerbittlicher, grausamer, leidenschaftlicher, verräterischer, böser Untertan zu Depressionen und überwältigendem Zweifel, aber niemals schwach oder ziellos, immer Herr seiner Umstände, den kein Notfall unvorbereitet traf, dessen Selbstvertrauen durch nichts erschüttert werden konnte und der kraft seines Enthusiasmus und seiner widerstandslosen Aktivität seine Triumphe den seinen Händen entriss Er vermachte seinen Anhängern seinen eigenen unbesiegbaren Glauben und die Mittel, mit denen sie Reichtum und Souveränität erlangen konnten.

KAPITEL I

MAHOMETS GEBURTSORT

„Und wie viele Städte waren stärker als deine Stadt, die dich vertrieben hat?" – *Der Kuran* .

In Arabien kann die Natur nicht ignoriert werden. Weiden und Kornland, Berghänge und stille Flüsse können bewundert, ja sogar verehrt werden; aber sie sind Dinge, die außerhalb des Blickfeldes liegen, und stellen keine dringende Forderung an den Geist, ihr Geheimnis zu durchdringen. Arabien, und Mekka als typisch für Arabien, ist ein Land, das von den Urkräften der Erde regiert wird. Es ist noch nicht aus dem Schatten dieser frühen Welt herausgetreten, kahl und chaotisch, wo eine blendende Sonne auf staubige Bergkämme strahlt und nichts gemäßigt oder gedämpft ist. Es fördert eine Rasse von Menschen, deren Götter unerbittlich und unergründlich sind, sich selten offenbaren und in einer wilden Pracht jenseits irdischen Wissens wohnen. Für den Geist eines Wahrheitssuchers mit wachen Sinnen für die Außenwelt spricht dieses Land von grenzenloser Kraft und drängt zur Aktivität unter dem Antrieb der Überzeugung; Gerade durch seine Trostlosigkeit hinterlässt es einen unauslöschlichen Stempel auf dem in ihm aufgebauten Glaubensbekenntnis.

Mohammed verbrachte vierzig Jahre in der Stadt Mekka, beobachtete mit seinem Großvater die Gottesdienste im Tempel, nahm am Kaufmannsleben der Stadt teil und lernte durch die vielfältigen Menschenmengen, die sich auf den öffentlichen Plätzen drängten, etwas über die christliche und jüdische Lehre. In der Wüste jenseits der Stadtgrenzen wanderte er auf der Suche nach Inspiration umher und wartete stumm in der Dunkelheit, bis der Engel Gabriel mit Flügelschlag durch die Helligkeit des Himmels herabstieg und befahl:

„Schreie laut im Namen des Herrn, der dich erschaffen hat. O du, der in deinen Mantel gehüllt ist, erhebe dich und warne!"

Mekka liegt in einem steinigen Tal auf halbem Weg zwischen Jemen, dem „Gesegneten", und Syrien, inmitten der westlichen Küstenkette Arabiens, die allmählich zum Roten Meer hin abfällt. Die Höhe von Abu Kobeis überblickt das östliche Viertel der Stadt, von wo aus sich Hügel aus Granit bis zu den heiligen Stätten Mina und Arafat erstrecken, die von den Stadtmauern des Jebel-Kora-Gebirges umgeben sind. Jenseits dieser Berge im Süden liegt Taif mit seinen herrlichen Gärten und Obstbäumen. Aber die Üppigkeit von Taif findet auf der Westseite kein Gegenstück. Mekka ist unfruchtbar und baumlos; Seine sandigen Abschnitte werden nur hier und da von niedrigen

Hügeln aus Quarz oder Gneis unterbrochen, die mit Gestrüpp bedeckt und staubig sind. Die Sonne brennt auf die schutzlose Stadt, bis sie in ihrem Amphitheater aus Hügeln zu einem großen Kessel wird . Während der Großen Pilgerreise brodelt der Kessel vor Hitze und Menschlichkeit und strömt hinüber nach Mina und Arafat. Tagsüber herrscht in Mekka grenzenlose Hitze und Lärm, aber unter den Sternen hat es den ganzen Zauber einer Traumstadt in einem Land mit weiten Horizonten.

Der Schatten ihres einstigen Wohlstands, als sie das Zentrum des Karawanenhandels vom Jemen nach Syrien war, hing noch in den Jahren unmittelbar vor der Geburt Mohammeds um sie herum, und die Legenden über die Gründung der Stadt lebten in den Köpfen der Eingeborenen. Auf ihrer schrecklichen Reise durch die Wüste erreichte Hagar Mekka und legte ihren Sohn mitten im Tal ab, um sich auf die hoffnungslose Suche nach Wasser zu begeben. Das Kind trat qualvoll auf den Boden, und Gott war barmherzig, sodass aus seinen Fersenabdrücken eine Quelle mit klarem Wasser entsprang – der Brunnen Zemzem , der seit jeher von den Mekkanern geheiligt wird. An diesem verlassenen Ort ließen sich Teile der Amalekiter und Stämme aus dem Jemen nieder; Das Kind Ismael wuchs unter ihnen auf und gründete seine Rasse, indem er eine Tochter des Häuptlings heiratete. Abraham besuchte ihn und unter seiner Führung wurde der einheimische Tempel der Kaaba gebaut und dem wahren Gott geweiht, später jedoch durch die Anbetung von Götzen darin entweiht.

Dies sind die Legenden rund um die Gründung von Mekka und der Kaaba, von denen man wie von den Legenden über die frühen Tage Roms sagen kann, dass sie vor allem deshalb interessant sind, weil sie Licht auf den Charakter der Rasse werfen, die sie hervorgebracht hat. Im Fall von Mekka waren sie hauptsächlich das Ergebnis eines unbewussten Wunsches, die Stadt so weit wie möglich mit den berühmtesten Helden der alten Zeit in Verbindung zu bringen und auch das jüdische Element innerhalb Arabiens zu versöhnen, das jetzt fest in Medina, Kheibar usw. verankert ist Teile des angrenzenden Territoriums, indem sie auf einem jüdischen Ursprung für ihr Allerheiligstes bestanden, und sobald Abraham und Ismael als Väter der Rasse etabliert waren, entstanden immer wieder Legenden über sie.

Die Kaaba, die als Werk Abrahams gilt, zeugt von einem Alter, das so weit zurückliegt, dass ihre Anfänge für uns für immer verloren gehen werden. Aufgrund der Lage von Mekka an der Haupthandelsroute war es schon sehr früh ein Pilgerziel für ganz Arabien und vereinte in seinen Zeremonien die einheimische Verehrung von Sonne und Sternen, Götzenbildern und unförmigen Steinen. Der Schwarze Stein, dessen Küssen das Hauptzeremoniell darstellte, ist ein Relikt der Riten, die von den Steinanbetern früherer Zeit praktiziert wurden . während die sieben Umläufe der Kaaba, die für alle Pilger obligatorisch sind, wahrscheinlich ein Symbol für die Bahnen der Planeten sind. Arabische Gottheiten wie Alilat und Uzza wurden mit der Kaaba in Verbindung gebracht, bevor irgendwelche Aufzeichnungen verfügbar waren, und zur Zeit Mohammeds herrschte unter den Mekkanern immer noch Götzendienst, vermischt mit verschiedenen Riten, obwohl der Sauerteig der jüdischen Tradition dabei eine große Hilfe war ihn bei der Etablierung der monotheistischen Idee. Bei Mohammeds Geburt bestand die Kaaba aus einem kleinen Haus ohne Dach, in dessen Wand der Schwarze Stein eingebettet war. In der Nähe lagen der Brunnen Zemzem und das angebliche Grab Ismaels. Der heilige Ort Arabiens trug somit Spuren eines reineren Glaubens in sich, die von Mohammed entdeckt und ausgefüllt werden sollten, bis die Kaaba zum Ziel Tausender wurde, zum Empfänger der Hingabe und Sehnsüchte der mächtigen Schar von Muslimen, die dorthin kamen hervor, um die Welt zu unterwerfen. Mohammeds Vorfahren hatten eine Zeit lang eine hohe Stellung in der Stadt inne. Er stammte aus dem Geschlecht der Hashim, deren Privileg es war, den Pilgern, die zum Gottesdienst an der Kaaba kamen, Dienste zu leisten. Die Hashim waren für ihre Großzügigkeit bekannt, und Mohammeds Großvater, Abd al Muttalib , wurde von den Kureisch , den Bewohnern Mekkas, als gerechter und ehrenhafter Mann verehrt, der ihren Wohlstand durch die Wiederentdeckung des heiligen Brunnens erheblich gesteigert hatte.

Muttalib , als er am Tor des Tempels schlief, ein Engel erschien und sagte:

„Grabe aus, was rein ist!"

Dreimal stieß der Befehl auf verständnislose Ohren, bis der Engel dem Schläfer offenbarte, wo das kostbare Wasser zu finden sei. Und als er grub, brach der Brunnen erneut hervor, und siehe, in seinen Tiefen lagen zwei goldene Gazellen mit Waffen, dem Schatz früherer Könige. Und um den Besitz dieser Reichtümer gab es unter den Kureischen einen Streit, bis sie gezwungen wurden, das Los zu ziehen. So fiel der Schatz an Abd al Muttalib , der die Waffen einschmolz, um eine Tür für die Kaaba herzustellen, und darin die goldenen Gazellen aufstellte.

Abd al Muttalib spielt in den frühen Legenden über Mohammed eine sehr herausragende Rolle, da er in seiner frühen Kindheit der alleinige Vormund des Propheten war. Bei diesen Legenden handelt es sich größtenteils um spätere Ergänzungen, aber der Kern der Wahrheit darin ist nicht schwer zu entdecken. Wie alle Vorläufer der großen Lehrer steht er in Gemeinschaft mit himmlischen Boten, dem Symbol seiner Reinheit des Herzens. Er ist bescheiden, mitfühlend und fromm und lebt ständig in der Gegenwart seines Gottes – ein passender Beschützer für die Erneuerung des Glaubens seiner Nation. Die bedeutendste Legende ist die Geschichte seines Gelübdes, einen Sohn zu opfern, wenn ihm zehn geboren würden, und der Wahl von Abdullah, Mohammeds Vater, und dem wiederholten Zurückhalten der

Hand des Vaters, so dass das Opfer erst durchgeführt werden konnte Das Leben seines Sohnes wurde mit dem Blut von hundert Kamelen erkauft. Diese und alle damit verbundenen Legenden sind das Ergebnis des Wunsches, die göttliche Autorität von Mohammeds Mission zu verherrlichen, indem man sich mit dem Eingreifen einer höheren Macht in die Entscheidung über sein Schicksal beschäftigt.

Von Abd al Muttalibs zehn Söhnen war Abdallah der schönste in Gestalt und Statur, so dass sich der Ruhm seiner Schönheit in den Harems der Stadt verbreitete und viele Frauen ihn in ihren Herzen begehrten. Doch nachdem sein Vater an seiner Stelle die Kamele geopfert hatte, ging er sofort zum Haus von Amina, einer edlen und lieblichen Jungfrau, und blieb dort, um seine Hochzeit mit ihr zu vollenden. Dann, nach einigen Wochen, reiste er zum Warenaustausch nach Gaza, wurde aber bei seiner Rückkehr von einer Krankheit heimgesucht und starb in Medina.

Amina, so verlassen zurückgelassen, suchte das Haus von Abd al Muttalib auf , wo sie bis zur Geburt ihres Kindes blieb. Visionen seiner zukünftigen Größe wurden ihr vor seiner Geburt von einem Engel geschenkt, der ihr den Namen verriet, den er tragen sollte, und sein Schicksal als Prophet seines Volkes. Lange bevor sich die Augen des Kindes dem Licht öffneten, umgab ein Glanz seine Mutter, sodass man in der Ferne die Türme der Burgen im syrischen Bostra sehen konnte . Über der Geschichte von Mohammeds Geburt liegt eine Zärtlichkeit, ähnlich der unsterblichen Schönheit, die das Kommen Christi umgibt. Wir haben schwache Einblicke in Amina, in der Würde ihres Kummers, während sie auf die Geburt ihres Sohnes wartet, und im Haus des führenden Bürgers von Mekka, wo sie um sich herum nicht nur die himmlischen Stimmen ihrer geistigen Tröster hört, sondern auch Gerüchte über irdische Ereignisse Streit und die Bedrohung durch fremde Armeen aus dem Süden.

In Sana, der Hauptstadt des Jemen, regierte Abraha, der König der Südprovinz. Er baute innerhalb seiner Mauern einen riesigen Tempel und beabsichtigte, Sana zur Pilgerstadt für ganz Arabien zu machen. Aber der alte Brauch hing immer noch an Mekka, und als er feststellte, dass er die Menschen keineswegs dazu zwingen konnte, die Kaaba aufzugeben, beschloss er, in Mekka selbst einzudringen und die rivalisierende Kultstätte zu zerstören. Also versammelte er eine große Armee, zu der auch ein Elefant gehörte, ein furchteinflößender Anblick für die Mekkaner, die noch nie ein so großes Tier gesehen hatten. Mit dieser Streitmacht marschierte er nach Mekka und war gerade dabei, in die Stadt einzudringen, nachdem Abd al Muttalib vergeblich versucht hatte, ein Quartier zu erhalten, als Gott eine Geißel der Krankheit auf seine Armee herabsandte und er zum Rückzug gezwungen wurde und elend mit einer Niederlage nach Sana zurückkehrte Rest seiner Männer. Aber die Anwesenheit des Elefanten hatte die Mekkaner so sehr beunruhigt, dass das Jahr (570 n. Chr.) seit jeher „Das Jahr des Elefanten" genannt wurde und im August dieses Jahres Mohammed geboren wurde.

Dann schickte Amina nach Abd al Muttalib und erzählte ihm die Wunder, die sie gesehen und gehört hatte, und sein Großvater nahm das Kind und stellte es in der Kaaba vor, nach der Art der Juden, und gab ihm den Namen Mahomet (der Gepriesene). wie der Engel Amina befohlen hatte.

Die zahllosen Legenden rund um Mohammeds Geburt, selbst das physische Wunder, das sie begleitete, können nicht als völlig wertlos abgetan werden. Sie dienen dazu, die Stimmung der Nation, die sie hervorgebracht hat, zu zeigen, sind zutiefst einfallsreich und unzusammenhängend poetisch, und sie zeigen das Gewicht der Persönlichkeit an, an der sie festhalten. Die ganze Hingabe des Ostens informiert sie; Aber da der Geist, der sie hervorgebracht hat, seinem Wesen nach ein Geist unermüdlicher Aktivität ist, weder kontemplativ noch mystisch, fehlt ihnen die subtile Süße, die der buddhistischen und christlichen Geschichte eigen ist, und sie bewegen sich eher im Bereich des Wunderbaren als des Spirituellen symbolisch. Weder Mohammeds Vater noch seine Mutter sind uns im Detail bekannt; Sie sind lediglich die passiven Instrumente von Mohammeds prophetischer Mission. Seine echten Eltern sind sein Großvater und sein Onkel Abu Talib; aber noch mehr als diese, die Wüste, die ihn körperlich und geistig nährte, die sein ganzes Leben lang seinen Horizont begrenzte und ihre mächtigen Geheimnisse seiner unbewussten Kindheit und seiner eifrigen, fantasievollen Jugend auferlegte.

KAPITEL II

KINDHEIT

„Das Paradies liegt zu Füßen der Mütter." – MAHOMET.

Um Mohammed ranken sich keine schöneren und zärtlicheren Legenden als jene, die sein Leben in der Wüste unter der liebevollen Fürsorge seiner Pflegemutter Hailima zieren . Sie war eine Frau aus dem Stamm der Beni Sa'ad , die seit Generationen als Zeltbewohnerin durch die Wüste streifte, Städte nur selten besuchte und sich die Abgeschiedenheit und Freiheit ihres abenteuerlichen Lebens unter Sonne und Sternen bewahrte.

Ungefähr zur Zeit von Mohammeds Geburt kam eine Hungersnot über die Beni Sa'ad , die nichts von all ihren Vorräten übrig ließ, und die Frauen des Stammes reisten erschöpft und vom Hunger geplagt in die Stadt Mekka, um sie zu erhalten Pflegekinder, deren Eltern ihnen Geld und Segen geben würden, wenn sie ihre Kleinen aus diesem ungesunden Ort wegbringen könnten. Zu ihnen gehörte Hailima , die der Überlieferung nach die Geschichte dieser schrecklichen Reise durch die Wüste mit ihrem Mann und ihrem Kind und nur einem Esel und einer Kamelstute als Transportmittel hinterlassen hat. Die Hungersnot und die Hitze der Wüstensonnen bedrängten sie so sehr, dass es für kein Lebewesen Nahrung mehr gab. dann erreichten sie, schwach und reisemüde, die Stadt und begannen ihre Suche.

Mohammed wurde jeder Frau des Stammes angeboten, aber sie lehnten ihn ab, da er keinen Vater hatte und es kaum Hoffnung auf eine große Bezahlung von den Müttern dieser Kinder gab. Für die Kinder reicher Eltern wurde gern geworben, aber niemand kümmerte sich um das kleine vaterlose Kind. Und es geschah, dass auch Hailima bei ihrer Suche keinen Erfolg hatte und am liebsten untröstlich zu ihrem Volk zurückgekehrt wäre, doch als sie Mohammed sah , besann sie sich und sagte zu ihrem Mann:

„Beim Gott meiner Väter, ich werde nicht ohne Pflegekind zu meinen Gefährten zurückkehren. Ich werde dieses Waisenkind nehmen."

Und ihr Mann antwortete: „Es kann dir nicht schaden, das zu tun, und wenn du ihn nimmst , kann es sein, dass Gott uns durch ihn segnen wird."

Also nahm Hailima ihn mit und erzählte, wie viel Glück sie von diesem Tag an hatte. Ihre Kamele gaben während der Heimreise reichlich Milch, und im unfruchtbaren Land Beni Sa'ad waren ihre Rinder immer am fettesten und gaben die meiste Milch, bis ihre Nachbarn sie anflehten, ihnen zu erlauben, ihr Vieh mit ihrem zu weiden. Aber, fügt der Chronist naiv hinzu, ihr Vieh sei ihnen trotzdem dürr und wenig ertragreich zurückgekehrt, während

Hailimas fett und fruchtbar geworden sei. Diese Legenden sind die poetische Umsetzung des Friedens und der Liebe, die Mohammed während der fünf Jahre, die er mit Hailima verbrachte, umgaben ; denn in allen primitiven Gemeinschaften muss jede Erfahrung durch Transmutation ins Bestimmte und Greifbare übergehen und einen lokalen Wohnort und einen Namen erhalten.

Als Mohammed zwei Jahre alt war und die Zeit gekommen war, ihn seiner Mutter zurückzugeben, brachte Hailima ihn zurück nach Mekka; Aber seine Mutter gab ihn ihr wieder, weil er unter dem Wüstenhimmel so gut gediehen war, und sie fürchtete die stickige Luft von Mekka für ihren einzigen Sohn. Also kehrte Hailima mit ihm zurück und zog ihn als eines ihrer Kinder auf, bis er fünf Jahre alt war, als sich die ersten Anzeichen seiner nervösen, überreizten Natur in einer Art epileptischem Anfall zeigten. Die Araber, ungebildet in allen medizinischen Wissenschaften, führten Manifestationen dieser Art auf böse Geister zurück, und es ist nicht verwunderlich, dass Hailima ihn in großer Angst zu seinem Großvater zurückbringt. So endete seine Pflege in der Wüste und bei Hailima .

Über diese fünf Jahre, die er unter den Beni Sa'ad verbrachte, haben die Chronisten sehr detailliert gesprochen, aber ihre verworrenen Berichte sind so mit Legenden verwoben, dass es unmöglich ist, die Ereignisse nachzubilden, und wir nur eine allgemeine Vorstellung von seinem Leben als Beni Sa'ad gewinnen können kleines Kind unter den Kindern des Stammes, das sein Schicksal teilte, mit ihnen spielte und stritt, und in Momenten, in denen der Geist über seinen Wohnort hinauszugehen schien, blickte er mit großen Augen auf die grenzenlose Wüste im Glanz der Sonne oder darunter die samtene Dunkelheit, mit schnellen, halbbewussten Fragen, die das universelle Warum und Wie [31] der Kindheit zum Ausdruck bringen. Die Legende betrachtet bereits diese frühe Zeit als eine Zeit der Vorbereitung auf seine Mission, und es gibt Geschichten über das Kommen zweier Männer in weißen und glänzenden Gewändern, die seinen Körper aufrissen, sein Herz herausnahmen und es von aller Ungerechtigkeit reinigten. Er gab es zurück und reinigte ihn symbolisch von der Sünde, damit er das Werk Gottes vorantreiben konnte. Es war eine fantasievolle Richtigkeit, die beschloss, dass Mohammeds beeindruckendste Jahre in der großen Wüste verbracht werden sollten, deren doppelte Einflüsse, Wildheit und Fatalismus, er sein ganzes Leben lang spürte und die schließlich zum Grundgedanken seiner Verehrung Allahs wurden.

Hailima , überzeugt davon, dass ihr Pflegesohn von bösen Geistern besessen war, beschloss, ihn zu Abd al Muttalib zurückzubringen , doch als sie durch das obere Mekka reiste, verirrte sich das Kind und blieb eine Zeit lang verloren. Hailima eilte sehr aufgeregt zu seinem Großvater, der sofort seine Söhne auf die Suche schickte, und nach kurzer Zeit kehrten sie mit dem

Jungen unversehrt und ohne Angst vor seinem Abenteuer zurück. Die Legende – es handelt sich um eine ziemlich späte Ergänzung – ist interessant, da sie eine Bekanntschaft mit und eine Parallele zu der Geschichte vom Verlust Jesu unter der Pessach-Menge und der Suche nach Ihm durch seine Verwandten zeigt. Mohammed wurde schließlich bei seiner Mutter untergebracht, die Hailima empört die wahre Bedeutung seiner Krankheit erklärte und von seinem zukünftigen Ruhm sprach, wie er ihr durch das Licht offenbart wurde, das sie vor seiner Geburt umhüllte. Nicht lange danach beschloss Amina, das Grab ihres [32] Mannes in Medina zu besuchen, und dorthin begleitete Mohammed sie, indem er nur mit seiner Mutter und einer Sklavin durch die felsigen, einsamen Täler und Hügel reiste, die die beiden trennten.

Mohammed war zu jung, um sich an viel von der Reise nach Medina zu erinnern, außer dass es heiß war und er oft müde war, und da sein Vater für ihn nur ein Name war, verschwand der Besuch seines Grabes ganz aus seinem Gedächtnis. Doch auf der Heimreise ereilte ihn ein Unglück, an das er sich sein ganzes Leben lang erinnern konnte. Amina, geschwächt durch die Reise und viel Kummer, und vielleicht spürte sie, dass ihr Wunsch nach Leben sie nach der Erfüllung ihrer Pilgerreise verließ, wurde krank und starb in Abwa , und Mahomet und die Sklavin setzten ihren traurigen Weg allein fort.

Amina wird von der Überlieferung in sehr vagen Umrissen gezeichnet, und Mohammeds im Kuran beschriebene Erinnerung an sie wirft weniger Licht auf die Frau selbst als vielmehr auf die Hingabe und liebevolle Erinnerung ihres Kindes an die Mutter, die es verlor, fast bevor er sie kannte. Seine Trauer um sie war sehr real; Sie blieb ständig in seinen Gedanken, und in den folgenden Jahren würdigte er an ihrem Grab ihre Zärtlichkeit und Liebe zu ihm.

„Dies ist das Grab meiner Mutter ... der Herr hat mir erlaubt, es zu besuchen ... Ich erinnerte mich an meine Mutter, und die liebevolle Erinnerung an sie überkam mich und ich weinte."

Das sensible, übernervöse Kind, das so einsam und von all seinen Verwandten zurückgelassen wurde, musste verwirrte, aber lebendige Eindrücke von der langen Reise und der Katastrophe, die an ihrem Ende lag, mit nach Mekka zurückgebracht haben. Die Ungewissheit seiner Zukunft und die Freude darüber, in Abd al Muttalib endlich einen Pflegevater zu finden , finden im Kuran ihren Ausdruck in einem kleinen Lobpreis an Gott: „Hat Er dich nicht als Waise gefunden und dir ein Waisenkind gegeben?" Zuflucht?"

Das zweijährige Leben als Pflegekind von Abd al Muttalib , dem ehrwürdigen, hochgeehrten Häuptling des Hauses Hashim, verlief für

Mahomet sehr angenehm. Er war der Liebling der letzten Lebensjahre seines Großvaters; denn vielleicht hatte er Mitleid mit seiner Wehrlosigkeit , vielleicht ahnte er mit der Vorahnung, die oft das Alter kennzeichnet, etwas von der Offenbarung, die dieses Kind für seine Landsleute sein sollte, und beschützte es vor der Härte seiner Onkel. Früher wurde ein Teppich in den Schatten der Kaaba gelegt, und dort ruhte der alte Herrscher während der Hitze des Tages, und seine Söhne saßen in respektvollem Abstand um ihn herum und lauschten seinen Worten. Aber der kleine Mohammed, der seinen Großvater liebte, rannte furchtlos herbei und hätte sich an Abd al Muttalibs Seite gesetzt. Dann versuchten die Söhne, ihn für seine mangelnde Ehrfurcht zu bestrafen, aber ihr Vater hinderte sie daran:

„Lassen Sie das Kind in Ruhe. Beim Gott meiner Väter, ich schwöre, dass er eines Tages ein mächtiger Prophet sein wird.“

So blieb Mohammed eng bei dem alten Mann, bis er im achten Jahr nach dem Jahr des Elefanten starb und in den Häusern seiner Söhne Trauer um ihn herrschte.

Als Abd al- Muttalib wusste, dass sein Ende nahe war , ließ er seine Töchter holen und forderte sie auf, über ihn zu klagen. Wir besitzen traditionelle Berichte über diese Trauerlieder; Sie stehen stellvertretend für die wilde rhetorische Beredsamkeit der damaligen Poesie. Sie verlieren enorm an der Übersetzung und sogar daran, mit dem Auge statt mit dem Hören zu lesen, denn sie sollten niemals Unsterblichkeit in den geschriebenen Worten finden, sondern in der Sprache der Menschen.

„Als in der Nacht eine Stimme lauter Klage die traurige Nachricht verkündete, weinte ich, sodass die Tränen wie Perlen über mein Gesicht liefen. Ich weinte um einen edlen Mann, größer als alle anderen, um Sheibar, den großzügigen, mit Tugenden ausgestatteten . “ ; für meinen geliebten Vater, den Erben aller guten Dinge, für den Mann, der seinem eigenen Haus treu bleibt, der nie vor dem Kampf zurückschreckt, der standhaft ist und keiner Stütze bedarf, mächtig, wohlbeehrt, reich an Gaben. Wenn ein Mann Aufgrund seiner edlen Natur könnte er ewig leben – aber niemandem ist dieses Los zuteil –, er würde aufgrund seines guten Ruhms und seiner guten Taten vom Tod verschont bleiben.“

Die Lieder liefern reichliche Beweise für die hohe Stellung, die Abd al Muttalib unter den Kureisch innehatte . Sein Tod war ein großer Verlust für seine Nation, aber ein größeres Unglück für sein kleines Pflegekind, denn er brachte ihn aus Bequemlichkeit und Reichtum in vergleichbare Armut und Dunkelheit wie sein Onkel Abu Talib. Keiner von Abd al Muttalibs Söhnen erbte die Natur ihres Vaters, und mit seinem Tod nahm die Größe des Hauses Hashim ab, bis es dem Omeyya -Zweig mit Harb an der Spitze Platz machte. Die Ämter in Mekka wurden von den Omeyya beschlagnahmt , und den Nachkommen von Abd al Muttalib blieb nur das Privileg, sich um den Brunnen Zemzem zu kümmern und sein Wasser zur Erfrischung der Pilger bereitzustellen. Nur zwei seiner Söhne, mit Ausnahme von Abu Talib, der sich vor allem als Hüter Mohammeds einen Namen macht, erreichen auch nur annähernd Berühmtheit. Hamza wurde zu Beginn von Mohammeds Mission bekehrt und blieb sein Helfer und Krieger, bis er im Kampf für den Islam starb; Abu Lahab (die Flamme) widersetzte sich Mohammeds Lehren mit einer Vehemenz, die ihm eine der schärfsten Verurteilungen in den frühen, leidenschaftlichen Suren des Kuran einbrachte :

„Verflucht seien die Hände Abu Lahabs ; er möge umkommen;
sein Reichtum und seine Gewinne werden ihm nichts nützen; verbrannt
wird er mit der feurigen Flamme, seine Frau wird mit Brennholz beladen
sein – um ihren Hals ein Seil aus Palmfasern . "

Mohammed, der zum zweiten Mal jemanden verloren hatte, den er liebte und von dem er abhängig war, ging in die Obhut seines Onkels Abu Talib über. Dies war ein Mann ohne große Charakterstärke, wohlgesonnen und freundlich, aber mit begrenzten Mitteln und ohne die Eigenschaften, die den Erfolg sichern. Später scheint er eine wichtigere Position erlangt zu haben, vor allem, wie man sich vorstellen kann, durch den Löwenmut und den unerschütterlichen Glauben an den Propheten seines Sohnes, des mächtigen Kriegers Ali, von dem geschrieben steht: „Mahomet ist die Stadt des Wissens." und Ali ist das Tor davon." Aber obwohl Abu Talib stark genug war, um der Volkswut der Kureisch gegen Mohammed zu widerstehen und ihn aus Gründen der Verwandtschaft eine Zeit lang zu beschützen, entschied er sich nie endgültig, auf welcher Seite er stehen würde. Wäre er ein weitsichtiger, einfallsreicher Mann gewesen, der in der Lage gewesen wäre, die Macht, die in das arabische Gemeinwesen eingedrungen war, auch nur ein wenig einzuschätzen, dann wäre die Geschichte der Gründung des Islam mit Mekka als Basis weitergeführt worden und hätte sich wahrscheinlich darin aufgelöst der Krieg zweier Fraktionen innerhalb der Stadt, wobei der neue Glaube, da er an die mächtigere politische Partei gebunden war, einen schnelleren Sieg errungen hätte.

Mit Abu Talib verbrachte Mahomet den Rest seiner Kindheit und Jugend – ruhige Jahre, abgesehen von einer Reise nach Syrien und seiner unbedeutenden Rolle im Krieg gegen die Hawazin , einen Wüstenstamm, der die Kureisch eine Zeit lang bekämpfte. In Abu Talibs Haus herrschte nichts von der Leichtigkeit, die ihn mit Abd al Muttalib umgeben hatte . Aber Mahomet war von Natur aus ein liebevolles Kind und war seinem Onkel genauso verbunden wie seinem Großvater.

Zwei Jahre später begab sich Abu Talib auf eine Handelsreise und wollte sein kleines Pflegekind zurücklassen, doch Mohammed kam zu ihm, als er auf seinem für die Reise ausgerüsteten Kamel saß, und klammerte sich leidenschaftlich an ihn und flehte seinen Onkel an, es nicht zu tun ohne ihn gehen. Abu Talib konnte seinem Flehen nicht widerstehen, und so begleitete ihn Mahomet auf dieser magischen Reise durch die Wüste, die für ein fantasievolles Kind so herrlich und doch beeindruckend war. Bostra war die wichtigste Handelsstadt für Waren, die zwischen dem Jemen, Nordarabien und den Städten zirkulierten Oberpalästina und Mohammed müssen also auf der Karawanenroute durch das Herz Syriens gereist sein, vorbei an Jerash, Ammon und dem Standort der schicksalhaften Städte der Ebene. Auch in Syrien begegnete er zum ersten Mal dem christlichen Glauben und pflanzte jene Erinnerungen, die auf seiner zweiten Reise durch dieses wundervolle Land wiederbelebt und gestärkt werden sollten – in der Religion und in geringerem Maße im Staatswesen, das ein eigenes Gesetz erarbeitete seine eigene Geschichte abseits des Hauptstroms des christlichen Lebens und Denkens.

Es gibt viele Legenden über diese Reise, und alle betonen den Einfluss des Christentums auf seinen Geist und auch die Bereitschaft, seine kommende Größe von allen Christen zu erkennen, die ihn sahen. Auf der Heimreise soll der Mönch Bahirah die Gruppe getroffen und sie zu einem Fest eingeladen haben. Als er sah, dass das Kind nicht unter ihnen war, wurde er wütend und befahl seinen Gästen, „jeden Mann der Gesellschaft" mitzubringen. Er befragte Mohammed und Abu Talib über die Abstammung des Jungen, und wir haben hier die erste traditionelle Aufzeichnung von Mohammeds Rede.

„Fragen Sie, was Sie wollen", sagte er zu Bahirah , „und ich werde antworten."

Also Bahirah fragte ihn nach den Zeichen, die ihm gewährt worden waren, und als er zwischen seinen Schultern blickte, fand er das Siegel des prophetischen Amtes, ein mit Haaren bedecktes Muttermal. Dann erkannte Bahirah , dass er es war, der vorhergesagt worden war, und riet Abu Talib, ihn in sein Heimatland zu bringen und sich vor den Juden in Acht zu nehmen, denn eines Tages würde er hohe Ehre erlangen . Zu dieser Zeit war Mohammed kaum mehr als ein Kind, aber obwohl ihm kaum Gedanken an Gott oder das menschliche Schicksal in den Sinn gekommen sein dürften, behielt er einen lebhaften Eindruck von den sagenumwobenen Orten, die er durchquerte – Jerash, Ammon, das Tal von Hejr , und sah in seiner Vorstellung den mächtigen Strom des Tigris, die zerstörten Städte und Palmyra mit seinen goldenen Säulen, die vor der Sonne standen. Die Stämme, denen die Karawane begegnete, waren reich an Legenden und Mythen, und ihr Einfluss, zusammen mit dem subtileren Zauber der Weite der Wüste, erzeugte in ihm jene Inbrunst des Geistes , eine springende, unruhige Flamme, die in der Poesie von der frühe Teil des Kuran , in dem die Vision der Majestät Gottes den Betrachter zu einer Rede zwingt, die wie ein Feuerstrom aus seinem Geist strömt:

„Bei der Sonne und seinem Mittagsglanz,
beim Mond, wenn er ihm
folgt , beim Tag, wenn er seine Herrlichkeit
offenbart , bei der Nacht, wenn sie ihn
umhüllt , beim Himmel und bei dem, der ihn gebaut hat, bei der Erde und bei dem, der sie ausbreitet hervor, durch die Seele und Ihn, der sie ausbalancierte, Eingehaucht in ihr Gutes, ja, und ihr Böses – Wahrlich, das Los des Menschen liegt inmitten der Zerstörung. Rettet jene, die glauben und gerecht handeln, und einander Standhaftigkeit und Wahrheit auferlegen.“

KAPITEL III

Streit und Meditation

„Gott hat Schatzkammern unter dem Thron, deren Schlüssel die Sprachen der Dichter sind." – MAHOMET.

Der arabische Kalender war schon immer in besonderer Weise von der Religion des Volkes abhängig. Bevor Mohammed Mekka seinen Glauben aufzwang, gab es vier aufeinander folgende heilige Monate, in denen kein Krieg geführt werden durfte. Vier Monate lang wurde daher der turbulente arabische Geist von dem zurückgehalten, was ihm am wertvollsten war; Es wurden Pilgerfahrten zu heiligen Stätten unternommen und es gab ein wenig Muße für die Kultivierung von Kunst und Wissen.

Dzul-Higg unternommen werden, was der Zeit entspricht Mahomet zu unserem Marsch. Der Monat davor, Dzul-Cada , war mit einer Art Vorbereitung und Freude beschäftigt, die die Form eines Jahrmarkts in Ocatz , drei Tagesreisen östlich von Mekka, annahm, bei dem sich Vertreter aller umliegenden Nationen zum Warenaustausch versammelten. an den Spielen teilzunehmen, den Wettbewerben in Poesie und Rhetorik zuzuhören und manchmal in unheimliche Aufregung versetzt zu werden, weil so viele Stämme in der Nähe sind, die sich von ihnen in der Nationalität und oft auch in ihrer Religion und ihrem Moralkodex unterscheiden.

In diese riesige Menge kam Mahomet, ein fünfzehnjähriger Junge, der unbedingt sehen, hören und wissen wollte. Er war bei den Poesiewettbewerben dabei und konnte bei den Protagonisten die Widerspiegelung ihrer lebendigen, wechselhaften Beredsamkeit mit der unaufhörlichen Unterströmung der Monotonie beobachten.

Romantik ist, sofern sie die Liebe zum Fremden darstellt, ein Produkt des Westens. Es gibt eine Starrheit im östlichen Geist, die große Veränderungen oder die Suche nach neuen Dingen nicht zulässt. So wild und schön diese Poesie Arabiens auch ist, ihre Themen und ihre Art der Behandlung variieren selten; So wie die Wüste einen unveränderlichen Umriss hat, erfüllt von einer strahlenden Gleichheit, die sich zuweilen in düstere Wut verwandelt und plötzlich wieder nachlässt, so ist es auch mit der Literatur, die sie hervorgebracht hat. Die Monotonie drückt sich in einer für den Intellekt des Westens barbarischen Wiederholung des Themas aus; Ausdauer entsteht aus dieser Monotonie, aus Stärke und aus der Zustimmung zu den Dingen, wie sie sind, nicht aber aus der Entdeckung und Entwicklung von Ideen. Arabien bringt nicht eine neue Darstellung der Schönheit hervor, die der lebhaften Wahrnehmung einer lieblichen Form folgt, sondern brütet darüber in einer

Art schlummernder Begeisterung, die sich schließlich zu einer Herrlichkeit der Metapher steigert und das Thema in intensivstem Licht ertränkt . Die rivalisierenden Dichter versammelten sich, um herauszufinden, wer die geschicktesten Phrasen in Satire auf den gegnerischen Stamm umsetzen oder den Mut und das Können seines eigenen Volkes, die Schönheit und Bescheidenheit seiner Frauen am beredtesten preisen konnte, und aus diesen wilden Ergüssen lernte Mohammed, die seinen zu kleiden Gedanken in diesem prächtigen Gewand, dessen Juwelen den früheren Teil des Kuran erhellen .

Vielleicht wichtiger als die poetischen Wettbewerbe war der religiöse Aspekt der Messe in Ocatz . Hier versammelten sich Juden, Christen und Araber, die viele Götter verehrten, in einem gewaltigen feindlichen Durcheinander. Mahomet war mit der jüdischen Kosmogonie vertraut, da er den Glauben in seinem eigenen Land kannte, und von den christlichen Prinzipien hatte er während seiner Syrienreise kaum etwas gehört. Aber obwohl sowohl Juden als auch Christen behaupteten, Anbeter eines einzigen Gottes zu sein, und obwohl die Juden Abraham, den mächtigen Gründer von Mohammeds eigener Stadt, als ihren Beschützer betrachteten, gab es zwischen allen Sekten nichts als fruchtlosen Streit. Er sah, wie die Juden die christlichen Hunde verächtlich betrachteten und wie die Christen fest davon überzeugt waren, dass in Kürze ein unwiderrufliches Schicksal über jeden Juden kommen würde. Beide vereinten sich darin, die Götzenanbeter der Kaaba zum ewigen Zorn zu verurteilen. Es war eine heftig ausgesprochene, erbarmungslose Feindschaft, die er um sich herum sah, und die Ohnmacht, die aus Misstrauen entstand, sah er auch.

Es ist nicht möglich, dass irgendein Hinweis auf seine zukünftige Mission ihm Aufschluss über die Rolle gab, die er bei der Lösung dieses Konflikts spielen sollte, aber es könnte nicht sein, dass in seinem Geist ein Samenkorn über die Nutzlosigkeit dieses ganzen Kampfes gesät wurde Religionen und die grenzenlose Macht, die seiner Nation zufließen könnte, wenn sie nur überredet werden könnte, sich in Treue zum einen wahren Gott zu vereinen? Denn schon in diesem frühen Stadium muss Mohammed, mit den Beispielen des Judentums und des Christentums vor ihm, die polytheistische Idee, wenn auch gedankenlos, abgelehnt haben.

Die poetischen und kriegerischen Wettkämpfe waren von der feurigen Ernsthaftigkeit der Kämpfer geprägt, und selten verging der Jahrmarkt in Ocatz ohne eine feindliche Demonstration. Die größten Rivalen waren die Kureisch und die Hawazin , ein zwischen Mekka und Taif ansässiger Stamm.

Die Hawazin waren unruhig und widerspenstig, und die Kureisch waren immer bereit, ihre Feindseligkeit durch zahlreiche kleine Beleidigungen und Verspottungen zu erregen. Wir lesen traditionell von einer Beleidigung einiger kureischer Jugendlicher gegenüber einem Mädchen der Hawazin ; Dieser Vorfall wurde friedlich beigelegt, aber einige Jahre später begingen die Kureisch (wegen ihrer Hochburg in Mekka immer die aggressive Partei) eine Untat, die nicht ignoriert werden konnte. Im Verlauf der Messe kam die Nachricht von der Ermordung eines Hawazin , dem Häuptling einer Karawane, und der Beschlagnahmung seines Schatzes durch einen Verbündeten der Kureisch . Dieser Stamm, der sich seiner Benachteiligung bewusst war und Rache fürchtete, floh zurück nach Mekka. Die Hawazin verfolgten sie erbarmungslos bis an die Grenzen der heiligen Bezirke, jenseits derer es ein Sakrileg war, Krieg zu führen. Einigen Überlieferungen zufolge folgten sie ihrem Feind unbeirrt aus Angst vor dem göttlichen Zorn und erlitten dadurch eine doppelte Schande, weil sie im heiligen Monat und innerhalb des heiligen Territoriums gekämpft hatten. Aber ihre Verfolgung kann nicht lange gedauert haben, denn wir stellen fest, dass sie die Kureisch im nächsten Jahr zur gleichen Zeit zum Kampf herausfordern. Alle Onkel Mohammeds beteiligten sich am darauffolgenden Sakrilegkrieg, und die bewegten Zeiten für Mohammed gingen weiter, bis nach vier Jahren ein Waffenstillstand geschlossen wurde. Er unterstützte seine Onkel im Krieg, und wir hören, dass er die Pfeile des Feindes, die harmlos in ihre Linien fielen, einsammelte, um die Kureisch- Munition zu verstärken.

Ein lebendiges Bild aus der Hand der Tradition ist dieser Zeitraum in Mohammeds Leben, denn er war zwischen achtzehn und neunzehn, gerade in dem Alter, in dem der Kampf seine wilde, aber dennoch entschlossene Natur ansprechen würde. Er muss aus diesem Umgang mit Kriegern Ressourcen und einiges von der List des Krieges gelernt haben, wenn er nicht mit viel körperlichem Wagemut erfüllt worden wäre, niemals einer seiner Eigenschaften, noch in der Tat von einem Mann mit seinem nervösen Temperament und seiner Vorstellungskraft war sicherlich angetan von dem Schauspiel der Schrecken und Triumphe des Streits. Es wurden mehrere Schlachten mit unterschiedlichem Erfolg ausgetragen, bis am Ende des etwa fünfjährigen Kampfes beide Seiten erschöpft waren und ein Waffenstillstand geschlossen wurde. Es wurde festgestellt, dass zwanzig Hawazin mehr als Kureisch getötet worden waren , und gemäß dem einfachen, aber gerechten Brauch der Zeit wurde den Hawazin eine ebenso große Anzahl Geiseln gegeben , damit es nicht zu einer Blutfehde zwischen ihnen kam.

Die Kureisch kamen so plötzlich in den Frieden, wie sie sich in den Streit gestürzt hatten. Nach dem Sakrilegienkrieg begann für die Stadt Mekka eine Zeit des Wohlstands. Es war wohlhabend genug, um seine Bevölkerung zu ernähren, und der Handel mit den Märkten von Bostra , Damaskus und Nordsyrien florierte . Sein politischer Zustand war nie sehr stabil, und es scheint, dass es während der Herrschaft der Omeyyaden die gleiche lockere, aber einigermaßen effektive Organisation bewahrt hat, die es unter dem

Hashim-Zweig besaß. Der Intellekt, der die Möglichkeiten eines solchen Gemeinwesens erkennen konnte, wenn es einmal durch ein gemeinsames Band zusammengefügt werden konnte, war nicht entstanden; Aber die Szene war auf sein Kommen vorbereitet, und wir müssen uns vorstellen, dass das damalige Mekka einem Geist, der bestrebt war, etwas hervorzubringen, sich aber über sein Medium noch nicht sicher war, unzählige Anregungen für seine religiöse und später für seine politische Erlösung bot.

Mohammed kehrte mit Abu Talib zurück und gelangte mit ihm in die Dunkelheit einer nicht allzu belastenden Armut und in einen ruhigen, einigermaßen nachdenklichen Haushalt. Bis zu seinem fünfundzwanzigsten Lebensjahr lebte er im Bann dieser Ruhe , und von dieser Zeit gibt es in den Überlieferungen nicht viel Notiz, aber ihre Betrachtung wird uns in den früheren Kapiteln des Kuran offenbart . Einst fungierte Mohammed als Hirte auf den Hügeln von Mekka – niedrigen, felsigen Gebirgszügen, die mit stumpfem Gestrüpp bedeckt waren und sich zu den grenzenlosen Gewölben des Himmels hin öffneten. Hier lernte er, ob unter der Sonne oder unter den Sternen, die Liebe und Ehrfurcht vor der Natur kennen, die in den ersten Kapiteln des Kuran wie ein tiefer Orgelton des Lobes pulsiert und fast immer von Angst dominiert wird.

„Betrachten Sie den Himmel – mit seiner Hand hat er ihn aufgebaut und ihm seine Weite verliehen – und die Erde hat er wie einen Teppich ausgebreitet, sanft hat er ihn ausgebreitet! Wahrlich, Gott ist der einzige Erhalter, der über Macht verfügt, die Unerschütterlichen! Flieg dann zu Gott."

Tatsächlich brütet ein quälender Schrecken über allen Seelen, die die Wüste kennen, und diese Angst wird in die Tat umgesetzt, führt zu heftigen und schrecklichen Taten und in der Welt des Geistes zu wütenden dogmatischen Befehlen. Es ist das Ergebnis der Erkenntnis, dass für diejenigen, die vom bekannten Weg der Wüste abweichen, der Tod droht; Ebenso sicher ist die Vernichtung der Seele für diejenigen, die gegen das Gesetz des Herrschers der Erde verstoßen. Der Gott des frühen Kuran ist der spirituelle Vertreter der Kräfte, die Mohammed umgeben, sei es der Natur oder der Regierung. Das Land um Mekka vermittelt dem Meditierenden einen zentralen Gedanken – das Gefühl der Macht, nicht der Macht eines Freundlichen und Vertrauten, sondern der unnahbaren Souveränität eines Fremden und Fernen, eines Bewohners weit entfernter Orte, der dennoch die Erde erfüllt mit seiner Herrschaft. Während Mohammed an den Fröhlichkeiten und Versuchungen der Jugend vorbeiging, war sein Geist wachsam für die Einflüsse dieser Natur voller schrecklicher Macht und für die Betrachtung des Lebens und des Universums um ihn herum.

Wie bei vielen Enthusiasten und Tatmenschen erwachten bestimmte Seiten seines Wesens, insbesondere die sexuellen und praktischen, erst spät, und es ging ihnen eine Phase der Besinnung voraus, in der der Dichter die volle Kontrolle hatte. Er wünschte sich nie die Gesellschaft von Gleichaltrigen und deren eher minderwertige Freuden. Es gibt Legenden darüber, dass er auf wundersame Weise vor der Verderbnis der jugendlichen Laster von Mekka bewahrt wurde, aber der wahrscheinlichere Grund, warum er sie gemieden hat, ist, dass sie seinen Wünschen nicht entsprachen. Manche Geister und Geschmäcker entfalten sich in unmerklichen Schritten – Blumen, die durch das Abwerfen ihrer früheren Blütenblätter Früchte tragen. Mahomet war von dieser Art. Zu dieser Zeit stand der Dichter im Mittelpunkt seiner geistigen Aktivitäten. Er liebte Stille und Einsamkeit, um die fantasievollen und kontemplativen Gaben zu nutzen, von denen er glaubte, dass sie einen so großen Anteil daran hatten.

Aus diesem Zeitabstand ist es nicht möglich, die Bedeutung dieser Periode für Mohammeds geistige Entwicklung einzuschätzen. Es liegen nicht genügend Daten vor, um eine detaillierte Skizze der Geschichte zu ermöglichen, aber die Umrisse können mithilfe seines späteren Lebens und der Aussage dieses Kommentars zu seinen Gefühlen und Handlungen, dem Kuran, sicher angedeutet werden . Sein Wesen scheint sich nun in einer Erwartungspause zu befinden, deren vergebliche Dringlichkeit anhielt, bis er von seiner prophetischen Mission überzeugt wurde. Er muss zu dieser Zeit der Sucher gewesen sein, dessen Jugend, wenn nicht sogar sein Eifer ihn daran hinderte, das zu erreichen, was er suchte. Er war ernst und aufrichtig, ernst, über sein Alter hinaus, und erlangte so von seinen Mitmenschen den Respekt, der in einer im Wesentlichen religionsliebenden Gemeinschaft stets jedem entgegengebracht wird, der eine zukünftige „Inspiration" verspricht, bevor die Realität ihn zu unbehaglich macht ein Einwohner. Er erhielt von seinen Kameraden den Titel Al-Amin (der Gläubige) und führte sein Leben getrennt von seinesgleichen fort, erfüllte seine Pflichten gut, blieb aber dennoch distanziert von den anderen als einer, der nicht zu ihrer Welt gehörte. Von seinem Aufenthalt in den Bergen kam die Inspiration, die die Poesie des Kuran hervorbrachte , und das nachdenkliche Interesse an dem, was er über seine Welt und ihre Religion wusste; Beide Embryonen, vor allem aber der letztere, keimten in seinem Geist, bis sie das volle Bewusstsein erlangten und zu seinem Feuer religiöser Überzeugung und seinem Eifer für die Grundlage und den Ruhm des Islam wurden.

KAPITEL IV

ABENTEUER UND SICHERHEIT

„Frauen sind die Zwillingshälften der Männer." – MAHOMET.

Abu Talibs schwierige Umstände hinderten ihn nie daran, sein Pflegekind mit all der Zuneigung zu behandeln, zu der sein freundlicher, aber etwas schwacher Charakter fähig war. Aber die Sorgen einer wachsenden Familie überstiegen bald seine Verhältnisse, und als Mohammed etwa fünfundzwanzig war, schlug sein Onkel vor, dass er sich auf eine Handelsreise für einen reichen Händler in Mekka begeben sollte. Wir können uns Mohammed vorstellen, der in seine Einsamkeit versunken war und widerwillig auf einen Ruf reagierte, dem man nicht ausweichen konnte. Er war von Natur aus kein Händler, und der Vorschlag war ihm zuwider, abgesehen von seinem Wunsch, seinem Onkel zu helfen, und darüber hinaus seiner Neugier, in einem assimilativeren Alter die Länder, an die er sich aus seiner Kindheit nur schwach erinnerte, in einem assimilierteren Alter noch einmal zu besuchen.

Khadijah, eine schöne Witwe, Tochter eines angesehenen Hauses und Cousine Mohammeds, reich und bei den Kureisch sehr begehrt , wünschte sich jemanden, der ihr Handelsunternehmen nach Bostra begleiten sollte , und als sie von der Weisheit und Treue Mohammeds hörte, schickte sie nach ihm: fragte, ob er für sie nach Syrien reisen und ihre Geschäfte in dieser Stadt im Norden abschließen würde. Sie war bereit, ihn viel großzügiger zu entlohnen als die meisten Kaufleute. Mahomet, bestrebt, seinen Onkel irgendwie zu entschädigen, und mit seiner jungen Fantasie, die von der Aussicht auf neue Szenen und Ideen entfacht wurde, bereitete er sich eifrig auf die Reise vor. Mit einem anderen Diener, Meisara , machte er sich mit der Ware auf den Weg nach Bostra und durchquerte als junger Mann denselben Wüstenpfad, den er als Kind zurückgelegt hatte.

Er war in einem Alter, in dem er alles zu schätzen wusste, was diese Erfahrung sowohl im Bereich der Natur als auch der Religion lehren konnte. Die einsame Wüste steigerte nur sein durchdringendes Gefühl für das Geheimnis, das außerhalb seines unmittelbaren Wissens lag, und ihre Weite bestärkte seinen vagen Glauben an eine Art Macht, die allein eine so mächtige Schöpfung wie die weiten Räume um ihn herum und die „Sternenübersäten" kontrollierte „Der Himmel oben. Auch auf dieser Reise sah er zum ersten Mal mit bewussten Augen die Wüstenstürme in ihrer ganzen Pracht und Schreckensgewalt und erfasste die Bedeutung dieser plötzlichen Sturmböen, die die Wasser der oberen syrischen Seen in einen Tumult der Zerstörung treiben. Häufige Anspielungen auf See- und Seestürme finden sich im früheren Teil des Kuran : „Wenn die Meere vermischt werden, wenn die Meere kochen, dann wird der Mensch vor seinem Schöpfer zittern." „Beim angeschwollenen Meer, wahrlich, die Strafe deines Herrn steht unmittelbar bevor." In jeder natürlichen Manifestation, die Mahomets Vorstellungskraft in diesen frühen Tagen beflügelte, erschien ihm Gott als Herrscher der Macht, so schrecklich und so fern, wie Er in den Blitzen auf dem Sinai war. Was ist es also verwunderlich, dass der Ruf, seine Mission anzunehmen, zu einem Befehl wurde, „aufzustehen und zu warnen"?

Die Chronisten wollen uns glauben machen, dass sein Kontakt mit dem Christentum wichtiger war als seine Verbindung mit der Natur. Die meisten Legenden rund um seine Beziehungen zum christlichen Syrien können mit Sicherheit als spätere Ergänzungen akzeptiert werden, aber es ist sicher, dass er der Religion der Menschen, durch deren Land er reiste, eine gewisse Aufmerksamkeit schenkte. Ein syrischer Mönch soll Mohammed unter einem Baum sitzen sehen und ihn als Propheten gefeiert haben; Es gibt sogar einen traditionellen Bericht über ein Interview mit Nestorius, aber dieser muss sofort als reine Fiktion beiseite gelegt werden.

Der Kern dieser Legenden scheint der Wunsch zu sein, zu zeigen, dass Mohammed das Christentum studiert hatte und keine neue Religion einführte, ohne die Möglichkeiten der bereits bestehenden berücksichtigt zu haben. Wie dem auch sei, das Christentum interessierte Mahomet sicherlich und muss ihn in Richtung der monotheistischen Idee beeinflusst haben. Die Araber selbst wussten davon nicht ganz; Sie waren Zeugen der Anbetung eines Gottes durch Juden und Christen an den Grenzen ihres Territoriums, und obwohl es ein sehr umstrittener Punkt ist, wie weit die Idee eines Gottes in Arabien fortgeschritten war, als Mohammed seine Mission begann, kann dies durchaus akzeptiert werden Unzufriedenheit mit den alten Stammesgöttern fehlte nicht. Mahomet sah die Länder, durch die er reiste, in einem Zustand religiösen Wandels und hörte um sich herum verschiedene Glaubensbekenntnisse, wobei er zweifellos eine unterschwellige Unruhe und den Wunsch nach einer Religion mit stärkerer Macht wahrnahm.

Mit dem einzigen Sklaven erreichte er Bostra in Sicherheit mit der Ware, und nachdem er seinen Tauschhandel sehr erfolgreich abgeschlossen hatte und viele Eindrücke dieser überfüllten Stadt im Gedächtnis behalten hatte, kehrte er auf demselben Wüstenweg nach Mekka zurück. Meisara , die Sklavin, erzählt (zweifellos eine spätere Ergänzung) von der heftigen Mittagshitze, die die Reisenden bedrängte , und wie, als Mohammed fast erschöpft war, zwei Engel auf seinem Kamel saßen und ihn mit ihren Flügeln beschützten. Als sie Mekka erreichten, verkaufte Khadijah die Waren und stellte fest, dass sich ihr Vermögen verdoppelt hatte, so sorgfältig war Mohammed darauf bedacht gewesen, das Wohlergehen seiner Klientin sicherzustellen, und schon bald wuchs in ihrem Herzen die Liebe zu diesem großen, ernsten Jugendlichen, der in kleinen Dingen treu war sowie in großartig.

Khadijah war bei den Männern von Mekka sehr begehrt gewesen, sowohl wegen ihres Reichtums als auch wegen ihrer Schönheit, aber sie hatte es vorgezogen, unabhängig zu bleiben und ihr geordnetes Leben unter ihren Mädchen fortzuführen, sich um ihren Haushalt zu kümmern und genügend Beschäftigung in der Aufsicht zu finden ihrer vielen kaufmännischen Unternehmungen. Sie war ungefähr vierzig, hatte ein schönes Gesicht und ein reiches Wesen, dessen Haupteigenschaften Zuneigung und Mitgefühl waren. Sie scheint vor allem eine jener aufgeschlossenen Frauen gewesen zu sein, an die man sich bei der Klärung von Ideen gut wenden kann. Ihre Intelligenz war schnell in der Lage, die Gedanken eines anderen zu erfassen, wenn sie diese Gedanken nicht in sich selbst hervorbrachte. Sie war eine Frau, die dazu geeignet war, die Helferin und Führerin eines Mannes wie Mohammed zu sein, eifrig, impulsiv und anfällig für einen raschen Wechsel von Niedergeschlagenheit und Hochgefühl. Eine subtile geistige Anziehung zog sie zusammen, und Khadijah ahnte intuitiv die Kraft, die im Geist dieses Jugendlichen lag, und auch sein Bedürfnis nach ihr, sowohl geistig als auch materiell, damit er sein ganzes Selbst verwirklichen konnte. Da sie also die erste war, die ihr Verlangen nach ihm erkannte, kamen die ersten Annäherungsversuche von ihr.

Sie schickte ihre Schwester zu Mohammed, um ihn dazu zu bewegen, seine Meinung über die Heirat zu ändern, und als er erfuhr, dass der reiche und gnädige Khadijah ihm ihre Hand reichte, konnte er sein Glück nicht fassen und versicherte der Schwester, dass er begierig sei um sie zu seiner Frau zu machen. Das Bündnis war, trotz seiner persönlichen Eignung, aus weltlicher Sicht alles andere als vorteilhaft für Khadijah, und die Überlieferungen darüber, wie die Zustimmung ihres Vaters eingeholt wurde, haben den ganzen Beigeschmack zeitgenössischer Beweise .

Der Vater wurde zu einem Fest eingeladen und trank dort königlich mit Wein. Als er wieder zur Vernunft kam , fragte er, was die große Auswahl an Speisen, der Baldachin und die mit Kränzen geschmückten Köpfe der Gäste zu bedeuten hätten. Daraufhin wurde ihm gesagt, es sei das Hochzeitsfest von Mohammed und Khadija, und sein Zorn und sein Erstaunen waren groß, denn hatte er nicht durch seine Anwesenheit die Hochzeit genehmigt? Der Vorfall wirft etwas Licht auf die damals geltenden Ehegesetze. Obwohl Khadijah vierzig und verwitwet war, stand sie immer noch unter der Vormundschaft ihres Vaters, der nach dem Tod ihres Mannes an ihn übergegangen war, und seine Zustimmung war erforderlich, bevor sie erneut heiratete.

Auf die aus gegenseitigem Wunsch geschlossene Ehe folgte eine Zeit der Muße und des Glücks, an die sich Mahomet sein ganzes Leben lang erinnerte. Nie empfand ein Mann sein Hochzeitsgeschenk (in Mohammeds Fall zwanzig junge Kamele) als passender als der junge Mann, den Khudijah aus der Armut rettete und dem sie den Segen ihrer Kameradschaft und ihres Rats schenkte. Die Ehe war fruchtbar; Es wurden zwei Söhne geboren, der älteste Kasim, weshalb Mahomet den Titel Abu- el -Kasim erhielt, der Vater von Kasim, aber beide starben im Kindesalter. Außerdem wurden Mohammed vier Töchter geboren – Zeineb , Rockeya , Umm Kolthum und Fatima. Diese waren später wichtig für die Ehen, die sie mit Mohammeds Anhängern schlossen, und tatsächlich wurde seine gesamte Position durch die Bündnisse zwischen seinen Töchtern und seinen wichtigsten Anhängern erheblich gefestigt.

So vergingen zehn Jahre voller Wohlstand und Studium. Mohammed war kein Unbekannter mehr, sondern das Oberhaupt eines wohlhabenden Hauses, das für seine Frömmigkeit verehrt wurde und bereits als einer von denen angesehen wurde, „denen Gott ins Ohr flüstert". Sein Charakter zeigte jetzt mehr denn je die Merkmale eines Dichters und Sehers; Es war die Zeit gekommen, in der die ganze gedämpfte Begeisterung seines Geistes in den ersten Suren des Kuran zum Vorschein kam . Die Inspiration hatte ihn noch nicht erreicht, aber sie stand unmittelbar bevor, und der Schatten ihrer strengen Anforderungen lag um ihn, während er sich seiner Aufgabe widmete, Khadidschas Reichtum zu überwachen, oder am religiösen Leben von Mekka teilnahm.

Im Jahr 605 n. Chr., als Mohammed 35 Jahre alt war, beschlossen die führenden Männer von Mekka, die Kaaba wieder aufzubauen. Die Geschichte ihres Wiederaufbaus ist vielleicht die interessanteste der vielen seltsamen, naiven Geschichten dieser abenteuerlichen Stadt. Talüberschwemmungen hatten das Haus der Götter zerstört. Es hatte kein Dach und war so unsicher, dass seine Schatzkammer bereits von gotteslästerlichen Männern geplündert worden war. Es war nur so hoch wie die Statur eines Mannes und bestand einfach aus übereinander gelegten Steinen. Der Wiederaufbau war absolut notwendig, aber es wurden Materialien benötigt, bevor mit den Arbeiten begonnen werden konnte, und dies verzögerte die Kureisch , bis ihnen der Zufall Mittel zur Verfügung stellte, mit denen sie ihren Entwurf verwirklichen konnten. Ein griechisches Schiff war in einem Sturm am Roten Meer an die Küste in der Nähe von Mekka getrieben worden und wurde schnell zerstört. Als die Kureisch davon hörten, machten sie sich gemeinsam auf den Weg zum Meeresufer und nahmen das Holz des Schiffes weg, um ein Dach für die Kaaba zu bauen. Es ist eine bedeutsame Tatsache, dass die Überlieferung einen griechischen Zimmermann in Mekka stationiert hat, der sie beim Bau beraten konnte. Die

Mekkaner selbst verfügten nicht über ausreichende Kenntnisse in der Baukunst.

Doch nun erwartete sie eine große Schwierigkeit. Wer sollte die Verantwortung übernehmen, einen so heiligen Ort abzureißen, und sei es nur, um ihn angemessener wieder aufzubauen? Um den Abriss ranken sich viele Legenden. Es scheint, dass die Götter erst nach und nach verstanden haben, dass eine vollständige Zerstörung der Kaaba nicht beabsichtigt war. Ihr Widerstand war zunächst unerbittlich. Die gelösten Steine flogen an ihren Platz zurück und schließlich ließ sich niemand mehr dazu bewegen, den Versuch zu wagen, die Kaaba niederzureißen. Es gab eine Pause in der Arbeit, während der sich niemand in die Nähe des Tempels wagte, dann nahm Al- Welid , ein kühner und gottesfürchtiger Geist, eine Axt und rief:

„Ich werde einen Anfang machen, lass nichts Böses passieren, o Herr!" er begann, die Steine wegzuräumen.

Dann warteten die übrigen Kureisch ziemlich feige bis zum nächsten Tag, aber da Al- Welid kein Unglück widerfahren war , waren sie bereit, die Arbeit fortzusetzen. Der Wiederaufbau florierte, bis der Punkt erreicht wurde, an dem der Schwarze Stein in die Ostmauer eingebettet werden musste.

Kureischen zu einem heftigen Streit darüber, wer die Ehre haben sollte , an seiner Stelle den Schwarzen Stein zu deponieren. Sie stritten tagelang und beschlossen schließlich, sich an Mohammed zu wenden, der für seine Weisheit und seinen Einfallsreichtum bekannt war. Nachdem Mahomet die Frage sorgfältig erwogen hatte, befahl er, ein großes Tuch zu bringen, und befahl den Vertretern der vier Haupthäuser Mekkas, jedes eine Ecke zu halten. Dann legte er den Schwarzen Stein in die Mitte und auf diese Weise wurde der heilige Gegenstand mit Hilfe aller Streitparteien auf die richtige Höhe gebracht. Als dies geschehen war, führte Mohammed den Schwarzen Stein mit seiner eigenen Hand zu seiner Nische in der Wand.

Der Bau der Kaaba wurde schließlich fertiggestellt und zu Ehren wurde ein großes Fest abgehalten . Anlässlich der Vollendung einer so schwierigen und wichtigen Arbeit wurden viele Lobeshymnen gesungen. Die Kaaba ist im Wesentlichen dieselbe geblieben wie beim ersten Wiederaufbau. Es ist ein kleiner Ort ohne architektonische Ansprüche, lediglich ein Platz ohne Fenster und mit einer winzigen, aus dem Boden ragenden Tür, durch die die Gläubigen, wenn sie entsprechend vorbereitet sind, in seltenen Fällen Zutritt haben. Der heilige Schwarze Stein liegt etwa einen Meter über dem Boden in der Ostwand eingebettet, zunächst ein dunkelgrüner Stein vulkanischen oder aerolithischen Ursprungs, der nun durch Tausende von Küssen schwarz abgenutzt und poliert wurde. Es gibt wenig in der Kaaba, was die ihr entgegengebrachte Verehrung erklärt, und ihre Bedeutungslosigkeit zeugt von der Fähigkeit des Ostens, die Idee zu verehren, für die ihre Symbole stehen. Dies war der heilige Tempel Abrahams und Ismaels, daher spielte sein Äußeres keine Rolle.

Mohammeds Anteil am Bau der Kaaba brachte ihm weitere Ehre bei den Kureischen . Von diesem Zeitpunkt an bis zum Beginn seiner Mission führte er ein ruhiges, entspanntes häusliches Leben, das nur von geistigen Stürmen und Depressionen unterbrochen wurde. Er fand Muße zum Meditieren und Beobachten, und von dieser zwangsläufig ereignislosen Zeit wird in den Geschichtsbüchern kaum oder gar nichts erwähnt. Er erhielt zweifellos Gelegenheit, die Lehren des Christentums einigermaßen genau zu untersuchen, als Zeid , ein christlicher Sklave, kultiviert und gut informiert über die Lehren seiner Religion, in seinen Haushalt eintrat, und seine Anwesenheit beeinflusste Mohammed zweifellos in seinen spirituellen Kämpfen begegnete ihm zu einer Zeit, als er sich weder über Gott noch über sich selbst im Klaren war. Neben Zeid trat eine weitere wichtige Persönlichkeit in Mohammeds Haushalt ein: Ali, Sohn von Abu Talib und zukünftiger Konvertit und Stolz des Islam, „der Löwe des Glaubens". Die Adoption Alis war Mohammeds kleine Belohnung für Abu Talibs Fürsorge für ihn, und die daraus resultierenden Vorteile für den Islam waren unschätzbar. Ali war kein Staatsmann, aber er war ein unbeugsamer Kämpfer, mit dessen Hilfe Mohammed seine Religion des Schwertes begründete.

So ruhig verbrachte Mohammed die Jahre unmittelbar vor der Entdeckung seiner Mission, und da in ihm religiöse Zweifel und Ängste mit Inbrunst und Hoffnung abwechselten, fehlten nicht die Anzeichen eines forschenden Geistes, der in Arabien überall anzutreffen war und mit den alten Religionen unzufrieden war , auf der Suche nach einer klareren Begeisterung und von seinem Ziel zurückgehalten. Legenden ranken sich um die Gestalten von vier Forschern, die angeblich zu Mohammed gekommen sind, um Aufklärung zu erhalten, und die Geschichte ist nur das primitive Mittel, um all diese vagen Regungen des Gemeinschaftsgeists hin zu einer überzeugenderen Vorstellung von der Welt – Legenden – konkret und greifbar zu machen die Ideen in Persönlichkeiten verkörpern, vor allem weil ihre Sprache keine Worte für den Ausdruck des Abstrakten hat und weil sie, gekleidet in lebendige Gewänder, die Herzen der Menschen erobern können. Die Zeit für das Kommen eines Propheten und eines Lehrers konnte nicht lange auf sich warten lassen, und eine Vorahnung seines herrschaftlichen Schicksals, düster vom Krieg und flammend vom Urteil Gottes, hatte bereits begonnen, sich in Mohammeds zögernde Seele einzuschleichen.

KAPITEL V

INSPIRATION

„Rezitiere im Namen deines Herrn, der erschaffen hat,
Yan, der den Menschen aus Blutgerinnseln erschaffen hat. Rezitiere, denn
dein Herr ist äußerst großzügig." *Der Kuran* .

Die geistige Entwicklung, durch die Mohammed die Fähigkeiten eines
Propheten und Herrschers erlangte, wird immer einen nebligen Schleier über
sich ausgebreitet haben, in dem seltsame Gestalten und schreckliche
Visionen undeutlich zu erkennen sind. War seine Seele mit der Leere
konfrontiert, die den menschlichen Geist mit irgendwelchen
Überzeugungen, den allmählichen Produkten von Gedanken und
Erfahrungen verblüfft und verführt, oder war es ein bedeutungsloses Chaos
in ihm, das ihn zum Glauben stolperte und sein eigenes Glaubensbekenntnis
entwickelte? Seine Kenntnisse des Christentums und des Judentums trugen
zweifellos dazu bei, in ihm seine zentrale Idee der Unteilbarkeit Gottes zu
fördern. Aber wie spiegelte sich dieser Glaube in seiner Vorstellung von sich
selbst als Prophet seines Volkes wider?

Es ist unmöglich, eine Entscheidung über die Triebfeder seines Glaubens zu
treffen, außer im Lichte seines Charakters und seiner geistigen Entwicklung.
Er war leidenschaftlich und dennoch praktisch und trug in sich die Elemente
eines Sehers und Staatsmannes, eines Propheten und eines Gesetzgebers. Er
zweifelte noch an der Stimme, die ihn inspirierte, wurde aber in seiner Suche
nach der Wahrheit von einer Intensität des Geistes angetrieben, die ihn trug
strebte widerstandslos nach vorne, sobald er die Überzeugung verspürte. Der
Mann, der einem ganzen Volk seine unerschrockene Entschlossenheit
auferlegte, der ein System religiöser und sozialer Gesetze gründete, der
Armeen dazu bewegte, in erster Linie für eine Idee zu kämpfen, konnte nicht
leichtfertig gewinnen, wenn es darum ging, zu ermahnen und zu kontrollieren
. Seine Natur ist fast katastrophal, und sobald er mit dem Feuer des Herrn
erfüllt ist, bricht er unter seine Mitmenschen hervor, „mit der rechten Hand
zuschlagend", um seine eigene lebendige Metapher zu verwenden, aber vor
diesem Machtbeweis ist eine qualvolle Zeit vergangen des Zweifels.

Spuren seines geistigen Aufruhrs sind in seiner körperlichen Natur reichlich
sichtbar. Wir lesen von seiner Erschöpfung nach der Inspiration und von
„den schrecklichen Suren", die danach ihren Tribut an seiner Vitalität
forderten. Die ihm auferlegte Mission war keine leichte Bürde und verlangte
von ihm sowohl körperliche als auch geistige Stärke. Die
aufeinanderfolgenden Phasen, in denen er von seiner göttlichen Berufung
überzeugt wurde, werden in den Geschichten nur im Zusammenhang mit

dem Zusammentreffen des Übernatürlichen detailliert beschrieben. Er sieht materielle Visionen und träumt leidenschaftliche Träume. Der Legende nach unterhält er sich mit der Ekstase des Himmels um ihn herum mit dem Engel Gabriel, dem Erzboten Gottes, und die göttlichen Gebote müssen in geistige Begeisterung umgesetzt werden, bevor die wahre Entwicklung von Mohammeds Geist auch nur vage erahnt werden kann.

Mit vierzig Jahren suchte er mehr als früher die Einsamkeit. Es gab Tiefen in seinem eigenen Wesen, die ihm erst jetzt bewusst wurden. Eine geistige Unruhe befiel ihn, und er zog sich immer wieder in eine Höhle am Fuße des Berges Hira zurück, wo er ungestört meditieren konnte. Dieser von den Anhängern des Islam für immer geheiligte Berg wird angesichts seiner natürlichen Kargheit heute etwas ironisch Jebel Nur, der Berg des Lichts, genannt. Mahomet hatte ein nervöses Temperament, die Natur, die stärker unter seiner fantasievollen Weitsicht leidet als unter tatsächlicher Erfahrung. Er gehörte zu denen, die ihren Glauben scharf sehen und fühlen. Sein Glaube an Gott brachte nichts von der selbstverleugnenden Verzückung hervor, die in den Andachten vieler früher Christen zu finden war; Es war eine persönliche Leidenschaft, die sein gesamtes Wesen erfasste und die Umhüllten nicht zur Meditation, sondern zum sofortigen Handeln anspornte.

In all den legendären Berichten herrscht die Aufregung, die von einem Geist erzählt, der auf höchstem Niveau ist, voller Visionen, voller Verlangen. Dann, als sein Eifer seinen Höhepunkt erreichte, kam Gabriel schlafend zu ihm, mit einem seidenen Tuch in der Hand, das mit Schrift bedeckt war, und sagte zu Mohammed:

"Lesen!"

"Ich kann nicht lesen."

Dann wickelte der Engel das Tuch um ihn und befahl noch einmal: „Lies!"

Wieder kam die Antwort: „Ich kann nicht lesen", und wieder deckte ihn der Engel zu und wiederholte immer noch: „Lies!"

Dann wurde sein Mund geöffnet und er las die erste Sure des Kuran : „Rezitiere im Namen deines Herrn, der dich erschaffen hat", und als er aufwachte, schien es ihm, als seien diese Worte in sein Herz eingegraben.

Mohammed stieg sofort auf den Berg, und dort erschien ihm Gabriel beim Erwachen und sagte:

„Du bist Gottes Prophet und ich bin Gabriel."

Der Erzengel verschwand, aber Mohammed blieb wie angewurzelt stehen, bis Khadijas Boten ihn fanden und zu ihr brachten. Die einfache Geschichte von Mohammeds Berufung zum prophetischen Amt aus den Lippen der alten Chronisten ist besonders duftend, aber sie lässt uns erhebliche Zweifel an den wahren Mitteln aufkommen, durch die er seinen Glauben erlangte und ermutigt wurde, seinem Volk zu predigen. Es ist sicher, dass er zu dem Zeitpunkt, als er seine Inspiration erhielt, keine Ahnung hatte, welche politische Rolle ihm letztendlich bevorstand. Er war jetzt einfach der Mann, der die Menschen vor ihren Sünden warnte und auf der Souveränität eines Gottes bestand. Mohammed nutzt kaum Argumente, um seinen Glauben zu verbreiten. Er sprach eine klare Botschaft, und diejenigen, die sie missachteten, waren unfehlbar dem Untergang geweiht. Er sah sich an vorderster Front als der Mann, der Gott kannte und sich bemühte, seine Landsleute für eine rechte Lebensweise zu gewinnen; Er sah sich nicht an der Spitze irdischer Armeen, die den Kern eines mächtigen und geeinten Arabiens kontrollierten, und bis zu seiner Flucht von Mekka nach Medina betrachtete er sich lediglich als Religionslehrer, wobei die politische Seite seiner Mission aus den Erfordernissen erwuchs der Umstände, fast ohne seinen eigenen Willen.

Seine Erhöhung auf dem Berg des Lichts verwandelte sich angesichts des Einflusses der strengen Weisheit der Welt bald in Unsicherheit und Furcht. Mohammed erlebte eine Zeit des Zögerns und der Tristesse, in der er an sich selbst, an seiner Vision und an der göttlichen Gunst zweifelte . Seine Seele reiste auf dunklen und unruhigen Meeren und blickte in abgründige Weiten. Einmal würde er das Licht der sieben Himmel in seinem Geist empfangen und die Inbrunst der hebräischen Propheten der alten Zeit auf sich spüren, und wieder würde er vergeblich zu Gott anrufen und, nachdem er gesucht hatte, auf einen zurückgeworfen werden Dunkelheit des Zweifels, schrecklicher als die Blitze des göttlichen Zorns.

An all diesen Hochstimmungen und Düsternisse hatte Khadija Anteil; Sie tröstete seinen Kummer und teilte seine Hochstimmung, bis die traurige Zeit der Fattrah , der Pause in der Offenbarung, vorbei war. Der Zeitraum wird von den Chronisten unterschiedlich geschätzt, und es gibt viele nebulöse und falsche Legenden, die mit ihm verbunden sind, aber unabhängig von seiner Länge scheint es sicher zu sein, dass Mohammed in dieser Zeit ein umfassenderes Wissen über jüdische und christliche Lehren erlangte, wahrscheinlich durch Zeid, den christlichen Sklaven in Sein Haushalt, und die meisten Berichte stimmen darin überein, dass die Fattrah durch die Offenbarung der Sure mit dem Titel „Der Umhüllte" beendet wurde, dem Auftrag des Engels Gabriel:

„O du in deinen Mantel gehüllt,
erhebe dich und warne!"

Die Erklärung des Begriffs „in deinen Mantel gehüllt" zeigt den vorherrschenden Glauben an gute und böse Geister, der für Mohammeds Zeit charakteristisch ist. Als er auf dem Berg umherwanderte, sah er in einer Vision den Engel Gabriel, der auf einem Thron zwischen Himmel und Erde saß. Er fürchtete sich vor so viel Herrlichkeit und rannte zu Khadija und flehte sie an, ihn mit seinem Mantel zu bedecken, um die bösen Geister zu bekämpfen, die er so nahe fühlte man könnte ihm aus dem Weg gehen. Daraufhin kam Gabriel auf die Erde und offenbarte die Sure der Ermahnung. Dieser übernatürliche Befehl scheint die Übertragung des Seelenfriedens, der Mohammed überkam, und der Überzeugung von der Realität seiner Inspiration in die Vorstellungswelt zu sein, die auf eine Zeit der Verzweiflung folgte.

Der Befehl fiel an jemanden, der aufgrund seiner Natur und der Umstände besonders geeignet war, ihm effektiv zu gehorchen. Für Mahomet, der das Chaos der ihn umgebenden Religionen einigermaßen kannte – Heiden, Juden und Christen kämpften in unheiligem Streit miteinander –, entpuppte sich die Vorstellung von der Einheit Gottes, sobald sie die Kraft einer Überzeugung erlangt hatte, zwangsläufig zu einer mahnenden Mission . „Es gibt keinen Gott außer Gott", daher haben alle, die etwas anderes glauben, seinen Zorn auf sich gezogen; Beeilt euch also, die Menschen vor ihren Sünden zu warnen. So trat seine Überzeugung aus dem Bereich des Denkens in die Tat über und erhielt den Stempel von Zeit und Ort, wodurch sie zwangsläufig begrenzter und intensiver wurde.

Von nun an wird der Verlauf von Mohammeds Leben unbestreitbar klarer, wenn wir über das berühmte und vielgeschmähte Dokument, den Kuran , verfügen , praktisch eine Aufzeichnung seiner inspirierten Aussprüche, wie sie von seinen unmittelbaren Nachfolgern in Erinnerung behalten und niedergeschrieben wurden. Abgesehen von seinem inneren Wert als allgemein anerkanntes Vehikel des islamischen Glaubens, ist es als Kommentar zu Mohammeds Karriere von immenser Bedeutung. Wenn man die unzähligen Widersprüche und Wiederholungen berücksichtigt, bleibt es immer noch das beste Mittel, um Mohammeds geistige Entwicklung sowie den Verlauf seiner religiösen und politischen Dominanz nachzuzeichnen. Obwohl das Originaldokument unabhängig von der Chronologie zusammengestellt wurde, ist es der Expertenforschung gelungen, die Reihenfolge der meisten seiner Inhalte zu bestimmen , und wenn wir nicht die genaue Reihenfolge jeder Sure sagen können, können wir sie zumindest einer der beiden großen Suren zuordnen Perioden, die Mekka und Medina, und können sogar mit vergleichsweiser Genauigkeit drei Abteilungen innerhalb der ersteren unterscheiden.

Nach Mohammeds Auftrag, zu predigen und seine Mitmenschen vor ihrer Gefahr zu warnen, werden die Suren zeitweise sein ganzes Leben lang fortgesetzt. Diejenigen der ersten Periode, als seine Mission außerhalb seiner Familie kaum angenommen wurde, tragen den Stempel einer feurigen Natur, die von einer einzigen Idee besessen war; Aber hinter den wilden Worten verbirgt sich ein noch unentdeckter Energievorrat, der nur in der Tat seine Erfüllung finden wird. Dieser Eifer für eine Idee, die den Kuran entstehen ließ, drückte sich zunächst nur in Worten aus, wurde aber später in politisches Handeln umgesetzt, und es ist die Entleerung dieser Vitalität aus seinen Worten in seine Werke, die für die kontrastierende Prosa von verantwortlich ist die späteren Suren.

Aber in den Suren, die unmittelbar auf seine Berufung zum prophetischen Amt folgen, mangelt es ihm nicht an poetischem Feuer, und aus ihnen lässt sich viel über die Tiefe und Intensität seines Glaubens ableiten. Sie sind fast schrill vor Gefühl; Seine Sätze fallen wie Schläge auf einen Amboss, sind grob in ihrer Betonung und werden von der Flamme seines Eifers so schnell ausgesprochen, dass sie vor reflektierter Herrlichkeit glühen:

„Sprich: Er ist Gott allein,
Gott, der Ewige. Er zeugt nicht und wird nicht gezeugt.
Es gibt niemanden, der ihm gleicht."

„Wahrlich, wir haben ihn (den Kuran) in der Nacht der Macht
herabsteigen lassen
, und wer wird dir lehren, was die Nacht der Macht ist?
Die Nacht der Macht dauert tausend Monate,
darin steigen die Engel und der Geist mit Erlaubnis herab." der Herr."

„Bei den schnaubenden Streitrossen,
bei denen, die Feuerfunken ausstoßen, und bei denen, die am Morgen zum Angriff stürmen! Und darin den Staub aufwirbeln und ihnen den Weg durch ein Heer in der Mitte spalten! Wahrlich, der Mensch ist seinem Herrn gegenüber undankbar, und das ist selbst ein Zeuge; und wahrlich, er ist begierig in der Liebe zum Guten dieser Welt. Ach, er weiß nicht, dass, wenn das, was im Grab liegt, entblößt wird,
und was hervorgebracht wird, was in den Brüsten der Menschen ist,
wahrlich, an jenem Tag wird der Herr kommen über sie weise gemacht werden?

Nachdem ihn das erste Feuer prophetischen Eifers erleuchtet hatte, widmete sich Mohammed der Bekehrung seines eigenen Haushalts und seiner Familie. Khadijah war der erste Konvertit, wie man aufgrund der engen gegenseitigen Abhängigkeit ihrer Geister erwarten konnte. Sie war fast ebenso wie ihr Mann in sein Prophetentum eingeweiht worden , und es waren ihr Mut und ihr festes Vertrauen in seine Inspiration, die ihn in der schrecklichen Zeit der Verneinung getragen hatten. Zeid , der christliche Sklave, der durch sein Wissen über die christliche Lehre dazu beigetragen hatte, Mohammeds

Gedanken zu formen, war sein nächster Konvertit, aber beide wurden durch die Hingabe an Mohammeds Evangelium von Ali, dem zukünftigen Krieger und Sohn von Abu Talib, in den Schatten gestellt dazu bestimmt, eine führende Rolle bei der Gründung des Islam zu spielen.

Mit der Bekehrung seines Freundes Abu Bekr , eines erfolgreichen Kaufmanns, der im selben Viertel der Stadt wie der Prophet lebte, drang Mohammeds Evangelium dann über die Grenzen seines Haushalts hinaus. Abu Bekr , dessen Ehrlichkeit ihm den Titel Al- Siddick (der Wahre) einbrachte, und Ali waren bei weitem die wichtigsten „Gefährten" Mohammeds. Sie halfen zu Mohammeds Lebzeiten, den Islam zu regieren, und übernahmen nach seinem Tod nach und nach die Geschicke des Islam. Ali war zu dieser Zeit zu jung, um seine Qualitäten als Krieger und Herrscher zu zeigen, aber Abu Bekr war mittleren Alters und sein Charakter blieb im Wesentlichen derselbe wie zu Beginn des Islam. Er war kleinwüchsig, hatte tiefliegende Augen und einen nachdenklichen, etwas unentschlossenen Mund, von Natur aus war er klug und intelligent, besaß aber wenig von dem ursprünglichen Genie, das in schwierigen Zeiten für die Staatsführung notwendig war. Sein milder, mitfühlender Charakter machte ihn bei seinen Mitmenschen beliebt, und seine ruhige Vernünftigkeit brachte ihm die Dankbarkeit aller ein, die sich ihm anvertrauten. Er ließ sich nie von Impulsen leiten und wusste nichts von dem Feuer, das in Mahomet nahezu unzerstörbar brannte.

Es ist seltsam, darüber nachzudenken, welche Wirkung diese beiden unterschiedlichen Seelen in eine so enge Beziehung gebracht hat. Für den Rest seines Lebens fand Mohammed in Abu Bekr einen nie versagenden Freund , und die Verbundenheit zwischen den beiden muss, abgesehen von ihrem gemeinsamen Eifer für den Islam, so groß gewesen sein, dass sie von denen unterschiedlicher Natur inspiriert ist. Mahomet sah einen freundlichen, fast alltäglichen Mann, in dessen süßer Vernunft seine aufgewühlte Seele ein wenig Frieden finden konnte. Er war zeitweise mit Überentschlossenheit belastet, die sich wie Säure in seinen Geist fraß. In Abu Bekr konnte er den beruhigenden Einfluss finden, den er so oft brauchte, und nach dem Tod von Khadijah könnte man sagen, dass diese Freundin gewissermaßen ihren Platz einnahm. Abu Bekr hingegen verehrte seinen Anführer als einen Mann von feinerem, subtilerem Zeug als er selbst, der die Tugend der Geschwindigkeit stärker besass und von einem größeren Wagemut und einem tieferen Impuls erfüllt war als er. Wie die meisten Männer, die den Titel eines Großen verdienten, besaß Mohammed die Fähigkeit, lebenslange Freundschaften zu schließen und andere zu Glauben und Hingabe zu erwecken.

Durch Abu Bekr konnten fünf Konvertiten für die neue Religion gewonnen werden, von denen Othman der wichtigste ist. Sein Anteil an der Errichtung der islamischen Herrschaft war nicht gering, aber bis heute ist er einfach einer der ersten begeisterten Bekehrten zu Mohammeds Evangelium, während er sich durch die Heirat mit Rockeya, einer von Mohammeds Töchtern, in das Schicksal seines Lehrers verwickelte .

Der Übertritt zum Islam vollzog sich bei den Kureischen langsam aber sicher ; Mehrere Sklaven konnten gewonnen werden, aber am Ende von vier Jahren gab es nur vierzig Konvertiten, unter denen sich jedoch Bilal befand, ein Sklave, der später der erste Muaddzin oder Gebetsrufer wurde. In diesen vier Jahren wurden die Suren der ersten mekkanischen Periode offenbart, und aus ihnen lässt sich genug zusammentragen, um sowohl die Grenzen von Mohammeds Predigt als auch die Einstellung der Kureisch dazu zu beurteilen .

Mohammed begnügte sich zu dieser Zeit damit, in beredten, fast zusammenhangslosen Worten sein zentrales Thema hervorzuheben – die Einheit Gottes. Er ruft die Menschen zum Glauben auf und warnt sie vor ihrem Schicksal, wenn sie sich weigern. Die Suren verdeutlichen die gleichgültige Haltung der Kureisch gegenüber Mohammeds Mission zu Beginn. Wo es anprangernde Suren gibt, dienen sie entweder der Züchtigung von Ungläubigen oder, wie in der Sure cxi, als Rache für die Weigerung seiner Verwandten, an seine Inspiration zu glauben. Es gibt häufig Prophezeiungen über die Glückseligkeit, die den Gläubigen bevorsteht, und über das entsprechende Leid für die Ungläubigen. Das Ganze ist vom Geist des Dichters und Visionärs durchdrungen, einer turbulenten, aber starken Poesie, einer gruseligen, aber inspirierenden Vision.

Die kleine Schar von Konvertiten unter der Führung dieser heftigen Rhetorik vereinte und stärkte ihren Glauben und war bereit, ihn zu verteidigen und ihn so weit wie möglich unter ihren Verwandten zu verbreiten.

Ungefähr drei Jahre nach Mohammeds Empfang seiner Mission, im Jahr 618 n. Chr., kam es zu einer wichtigen Veränderung in der Haltung der Kureisch gegenüber dem Islam. Bisher hatten sie gespottet oder waren gleichgültig geblieben. Mohammeds Onkel, Abu Talib und Abu Lahab , repräsentierten die beiden Pole der kureischitischen Gefühle. Abu Talib blieb von dem neuen Glauben unberührt, aber sein freundliches Wesen erlaubte ihm nicht, strenge Maßnahmen zu seiner Unterdrückung zu ergreifen, und außerdem gehörte Mohammed zu seinen Verwandten und war bereit, ihm im Bedarfsfall Schutz zu gewähren. Abu Lahab spottete offen und brachte seine Verachtung durch deutliche Reden zum Ausdruck. Doch als die Schar von Konvertiten immer größer wurde, empfanden es die Kureisch als unerwünscht, ihre gleichgültige Haltung beizubehalten. Sie begannen zu verfolgen, indem sie den Gläubigen zunächst die Zusammenkunft verweigerten und sie dann einzeln aufsuchten, um sie durch Folter zum Widerruf zu zwingen .

Aus dieser Zeit stammt die Schaffung eines der wichtigsten Prinzipien im Glaubensbekenntnis des Propheten. Wenn ein Gläubiger in Gefahr ist, gefoltert zu werden, kann er seinen Glauben verstellen, um sich vor Schande und Tod zu schützen. Obwohl diese Ermahnung im auffallenden Gegensatz zu den christlichen Lehren stand, war sie weder feige noch unvorsichtig. Seiner Meinung nach würde ein rücksichtsloses Werben um den Tod der Verbreitung des Islam nichts nützen, und obwohl ein Mann für einen guten Dienst auf dem Schlachtfeld sterben und seine Feinde schlagen würde, wäre ihm kein kluges Ende gedient, wenn sein Tod lediglich die Begierden seiner Mörder befriedigen würde .

Die Verfolgung dauerte trotz Mohammeds Versuchen, ihr zu widerstehen, an, bis er gezwungen war, nach Abu Talib zu gehen, um Schutz zu suchen. Dies wurde aufgrund der verwandtschaftlichen Bindungen bereitwillig gewährt, aber zwischen Onkel und Neffen dürfte es in dieser Angelegenheit wenig Herzlichkeit gegeben haben, denn Mohammed war mehr denn je auf die Aufrechterhaltung und Weiterentwicklung seiner Grundsätze bedacht. Dennoch gingen die Konvertierungen zum Islam und die Verfolgung seiner Anhänger weiter, bis den Kureisch die deutliche Ahnung kam, dass diese neue Sekte, die in ihrer Mitte entstand, keine flüchtige Angelegenheit von ein paar Wochen war, sondern ein langwieriges Unterfangen , das Ideal von zu verfolgen ein einziger Gott. Im Jahr 615 brach die erste Gruppe muslimischer Konvertiten aus dem begrenzten religiösen Gebiet von Mekka aus und reiste nach Abessinien, wo sie ihren Glauben in Frieden ausüben konnten. Dieser Schritt überzeugte die Kureisch von der Aufrichtigkeit ihrer Gegner, denn sie waren fast stark genug, um diesen Namen zu verdienen, und zwang sie, ein wenig an die Kraft zu glauben, die hinter dieser seltsamen Manifestation religiösen Eifers in ihrer Mitte steckte.

Kureisch gestellt zu haben . Er war immer noch auf verhandelbaren Bedingungen mit ihnen, und sie waren ein wenig misstrauisch gegenüber seinen Fähigkeiten und wussten nichts von seiner Macht. Die Stufen, in denen er sich von einem in Misskredit geratenen, von einer Idee besessenen Bürger zu einem politischen Gegner entwickelte, der ihrer besten Kräfte und mutigsten Männer würdig war, verliefen zwangsläufig schrittweise, und tatsächlich hatte der Prophet selbst keine Kenntnis von der Rolle, die ihm von ihm zugedacht wurde Persönlichkeit und die Schicksale Arabiens. Die Sache des Islam befand sich noch in prekärem Zustand, halb formuliert, unhandlich und wartete darauf, dass die formende Hand der Verfolgung sie zu einem politischen und sozialen System entwickelte.

KAPITEL VI

Abfindung

„Sehen Sie Al-Lat und Al- Ozza und Manat als drittes Idol daneben? Das sind die erhabenen Frauen, und ihre Fürsprache ist wirklich zu erwarten." – *Der Kuran* (die letzten beiden Zeilen wurden später von Mahomet herausgeschnitten).

Die kleine Gruppe von Konvertiten, die von den Kureisch dazu getrieben wurden, Frieden und Freiheit in Abessinien zu suchen, blieb zwei Jahre in ihrem Zufluchtsland, kehrte aber im Jahr 615 aus Gründen, die nie vollständig erklärt wurden, obwohl es leicht ist, nach Mekka zurück Angesichts zukünftiger Ereignisse ist es wichtig, die Beweggründe für einen solchen Schritt herauszufinden.

Mohammed war noch nicht von der Unmöglichkeit eines Kompromisses überzeugt, und die mächtige Partei unter den Kureisch war auch nicht völlig gleichgültig gegenüber Mohammeds Abstammung als Mitglied des Hauses Hashim und seiner Stellung als Ehemann von Khadija. Er war unter den Menschen für seine Aufrichtigkeit geachtet worden, bevor er ihre Vorurteile beleidigte, indem er ihre Götter verachtete. Seine Macht entwickelte sich täglich zu einer Quelle von Streit und Spaltung innerhalb der Stadt, und die Kureischen waren nicht abgeneigt, eine Einigung zu versuchen. Mohammed seinerseits scheint, soweit die dürftigen Zeugnisse der Geschichte seinen Geisteszustand enthüllen, geradezu verzweifelt darauf bedacht gewesen zu sein, eine Verständigung mit den Kureisch herbeizuführen . Seine Sache ging immer noch gefährliche Wege, und zu dieser Zeit hingen die Hoffnungen auf seinen zukünftigen Erfolg offenbar vom guten Willen der dominierenden mekkanischen Partei ab.

Die Geschichte besagt, dass die führenden Männer von Mekka in der Kaaba die Angelegenheiten der Stadt besprachen. Mohammed kam zu ihnen und rezitierte die Sure liii – Der Stern –, einen überschwänglichen Psalm zum Lob Gottes und der himmlischen Freuden. Als er zu den Versen kam:

„Sehen Sie Al-Lat und Al- Ozza und Manat als dritten daneben ?", fügte er hinzu:

„Wahrlich, das sind die erhabenen Frauen, und ihre Fürsprache kann wahrlich erwartet werden."

Die Kureisch freuten sich über diese Huldigung an ihre Gottheiten und begrüßten Mohammeds Frontwechsel schnell; aber er kehrte beunruhigt in sein Haus zurück, wo ihm Gabriel mit strenger Zurechtweisung erschien:

„Du hast vor dem Volk Worte wiederholt , die ich dir nie gegeben habe."

Angelegenheit, die zweifelsohne einem Impuls entsprungen war, oder ob er überzeugt war, dass ein Kompromiss mit den Kureisch unmöglich und angesichts seiner wachsenden Macht auch unerwünscht sei eine abenteuerliche Stimmung, die ihn dazu veranlasste, „zu sehen, was passieren würde", wenn er sich um die Vorurteile der Kureischen kümmerte . Es muss jedoch anerkannt werden, dass die Reue für seine Verehrung heidnischer Götzen die Triebfeder seines Widerrufs war, denn die unmittelbar darauffolgende Zeit war für ihn eine Zeit voller Not und Verfolgung, und sein vorübergehendes Versagen schadete seiner Sache bei den Brüdern seines Glaubens erheblich . Der Versuch wurde ehrenvoll unternommen und scheiterte nur daran, dass Mahomet schnell erkannte , dass seine Anerkennung von Lat und Ozza als Geistern die Verehrung ihrer Bilder durch seine Mitbürger sanktionierte, und sein strenger Monotheismus konnte dies keinen Moment lang zulassen.

Die Muslime, deren Zahl nur sehr langsam zunahm, wurden von den Kureisch erneut bedrängt , sobald Mohammed seine Zugeständnisse zurückgezogen hatte, und die meisten von ihnen waren schließlich gezwungen, nach Abessinien zurückzukehren. Seine erbärmliche kleine Schar, die von Stadt zu Stadt wanderte, zweifelnd daran, jemals Sicherheit zu erlangen und unsicher über ihr endgültiges Schicksal, war in ihrer Vagabundierung der Prototyp jener größeren und selbstbewussten Schar, die ihre Traditionen und die Stadt ihrer Geburt beiseite legte, angeführt von einem Der Geist ist heldenhaft in der Katastrophe und überragend im Glauben, um sein Ziel in der Gründung einer neuen Ordnung für Arabien zu finden. Die wichtigsten unter ihnen waren Othman und Rockeya , und diese waren die einzigen, die nach Mekka zurückkehrten, denn der Rest blieb in Abessinien bis nach der Auswanderung nach Medina, und zwar bis nachdem Mohammed die Expedition nach Kheibar durchgeführt hatte .

Ohne jegliche Unterstützer in der Stadt war Mahomet allen Schmähungen und Beleidigungen ausgesetzt, die ihm seine jüngste Kompromissverweigerung eingebracht hatte. Die Kureisch richteten nun alle ihre Kräfte darauf, Abu Talib davon zu überzeugen, seinen Neffen zu verstoßen. Wenn dies einmal gelingen würde , hätten die Kureisch freie Hand, ihrem Wunsch nachzugehen, die Muslime auszurotten und die Macht des Propheten zu stürzen. Er war immun gegen körperliche Angriffe, vor allem wegen Abu Talibs Stellung in der Stadt als nominellem Oberhaupt des Hauses Hashim. Kein Kureisch konnte das Risiko eingehen, eine so große Anzahl von Mitbürgern zu verärgern, und ein persönlicher Angriff auf Abu Talibs Neffen hätte nur zu diesem Ergebnis führen können.

So düster und stürmisch das muslimische Schicksal in dieser Zeit des Übergangs von religiösen zu politischen Vorstellungen auch erschien, so wurde es doch nun durch die Bekehrung zweier der einflussreichsten Persönlichkeiten seines späteren Schicksals bereichert – Hamza und Omar. Viele Geschichten ranken sich um ihre Entdeckung der Wahrheit des Islam, und wenn spätere Kommentatoren zwischen den Zeilen lesen, könnten sie herausfinden, welche Kräfte am Werk sind, um sie zu diesem zweifelhaften Schritt zu bewegen. Es steht außer Frage, dass Mohammeds Persönlichkeit der treibende Faktor bei der Bekehrung eines jeden war, denn jeder erzählt einen Vorfall, der die Anziehungskraft des Propheten auf besondere Weise veranschaulicht.

Hamza, „der Löwe Gottes" und ein Sohn von Abd-al- Muttalib in seinem hohen Alter, wurde auf seinem Weg durch die Stadt von einer Sklavin angesprochen. Sie erzählte ihm atemlos, dass sie „den Herrn Mohammed" gesehen hatte „Von Abu Jahl beleidigt und geschmäht , und da er schutzlos und allein war, konnte er nur schweigend leiden." Hamza hörte ihre Geschichte mit Empörung an und beschloss, die Beleidigung seines Onkels und seines Pflegebruders zu rächen, denn durch die Bande der Verwandtschaft waren sie eins. In der Kaaba erklärte er öffentlich seine Treue zum Islam und rächte an Abu Jahl die Verletzungen, die er seinem Verwandten zugefügt hatte. Hamza hat seinen Vorrang gegenüber Mohammed nie bereut. Die abenteuerlichen Schicksale des Islam befriedigten seinen Kriegergeist, und unter Mohammeds Führung half er, seinen militärischen Eifer zu kontrollieren und zu lenken, bis er seine Religion zwangsweise durch das Schwert etabliert hatte. Mahomets persönliche Anziehungskraft hatte ihn unwiderstehlich zu der Religion hingezogen, die er trotz Schmähungen und Gefahren so standhaft vertrat.

Omar war Mohammeds erbittertster Feind und hatte seine Fähigkeiten durch seinen beharrlichen Widerstand gegen den Islam unter Beweis gestellt. Er wurde von der ganzen Gruppe religiöser Anhänger gefürchtet, die in der Nähe von Mohammed ihre prekären Quartiere bezogen hatten. Er besuchte das Haus seiner Schwester Fatima, als er das Gemurmel einer rezitierenden Person hörte. Er erkundigte sich, was es sei, und erfuhr voller Zorn, dass es sich um das heilige Buch der verabscheuten muslimischen Sekte handele. Seine Schwester und Zeid , ihr Ehemann, bekannten sich zitternd zum Islam und warteten entsetzt auf das wahrscheinliche Ergebnis. Omar wollte gerade Zeid überfallen , doch seine Frau kam dazwischen und erhielt selbst den Schlag. Beim Anblick des Blutes seiner Schwester hielt Omar inne und fragte dann nach dem Band, damit er die Botschaft selbst beurteilen konnte, denn er war ein Schriftsteller von nicht geringem Ansehen. Fatima bestand darauf, dass er zuerst Waschungen durchführen sollte, damit seine Berührung das Heilige Buch nicht verunreinigte.

Dann nahm Omar es und las es, und die Kraft und Schönheit davon war überwältigend. Er verspürte die Dringlichkeit eines göttlichen Befehls und bat sofort darum, vor Mohammed geführt zu werden, damit er ihm seine Überzeugung ausschütten könne. Er umgürtete sein Schwert und kam zum Haus des Propheten. Als er an die Tür klopfte, schaute ein Gefährte Mohammeds durch das Gitter, und als er Omar mit dem angeschnallten Schwert sah, floh er verzweifelt zu seinem Herrn. Aber Mahomet antwortete:

„Lasst ihn eintreten; wenn er gute Nachrichten bringt , werden wir ihn belohnen; wenn er schlechte Nachrichten bringt, werden wir ihn schlagen, ja, mit seinem eigenen Schwert.“

Also wurde die Tür geöffnet und Mohammed trat vor und fragte, was seine Mission   sei.
Omar antwortete:

„O Prophet Gottes, ich bin gekommen, um zu bekennen, dass ich an Allah und an seinen Propheten glaube.“

"Allah Akbar!" „Gott ist groß“, antwortete Mahomet ernst, und das ganze Haus wusste, dass Omar einer von ihnen geworden war.

Die Bekehrung Umars war für den Islam von unendlicher Bedeutung, und das Festhalten dieses ungestümen und unerschrockenen Geistes war direkt auf die Stärke und Standhaftigkeit von Mohammeds Glauben an sich selbst und seine Botschaft zurückzuführen. Omar war eine einflussreiche Persönlichkeit unter den Kureisch , aufbrausend, aber eifrig wie Stahl und voller Freude an Streit; Er sticht unter den vielen Kriegerseelen heraus, denen der Islam die Gelegenheit gab, „die Pracht der Speere“ in ihrer Fülle zu genießen. Mohammed hatte tatsächlich eine Gruppe von Männern um sich versammelt, die sich durch ihren Charakter und ihren Einfluss auf den Islam auszeichneten. Ali, der Krieger schlechthin, Abu Bekr , Staatsmann und Ratgeber, Othman, der Soldat, Hamza und Omar, sind nicht nur blinde Anhänger, sondern kraftvolle Persönlichkeiten, die jeder auf seine Weise zu jenen Vorzügen an Ausdauer, Führung und unerschütterlichem Glauben beiträgt sicherte den Fortbestand der medinischen Kolonie und ihren endgültigen Sieg über die Kureisch .

Omars Bekehrung hatte nicht zur Folge, dass die Wut der Kureischiten gemildert wurde . Im Gegenteil scheint das Ereignis sie zu weiterer Verfolgung angespornt zu haben, als ob sie eine Vorahnung ihrer schwindenden Macht gehabt hätten und mit verzweifelter Energie beschlossen hätten, diese Zwietracht in ihrer Mitte für immer , wenn überhaupt, zu unterdrücken. Ihr nächster Schritt bestand darin, das politische Element in diesen Glaubenskonflikt einzuführen, indem sie das Haus Hashim verbot und es auf Abu Talibs Viertel Sheb beschränkte . Diese Tat, die hauptsächlich von Abu Jahl angestiftet wurde, der heute als der schrecklichste von Mohammeds Verfolgern gilt, hatte einen sehr bemerkenswerten Einfluss auf seine Position sowie auf die Qualität der Sache, für die seine Partei kämpfte.

Zum ersten Mal drängt sich der politische Aspekt des Islam in den Vordergrund. Mohammeds Anhänger sind jetzt nicht nur Gegner des Kureischiten- Glaubens und Feinde ihrer Idole, sondern auch ihre politischen Feinde und haben das gesamte Haus Hashim in eine Fraktion gegen die herrschende Macht – das Haus der Omeyyaden – verwickelt. Darüber hinaus waren Mohammed und seine Gefährten, die jetzt in einem bestimmten Viertel der Stadt eingeschlossen und fast belagert waren, von allen Versuchen ausgeschlossen, ihren Glauben zu verbreiten. Mohammed hatte sich seine kleine Schar von Anhängern gesichert, aber abgeschnitten vom Rest der Stadt blieb seine Sache in den Jahren 617–619 stationär und gewann oder verlor weder Anhänger.

Die Suren dieser Zeit zeigen etwas von der Entmutigung, die er damals empfand, aber durch sie alle weht ein Hauch von Ausdauer und Zuversicht: Gott steht ständig hinter seiner Sache, daher wird diese Sache alle Hindernisse überwinden. Mohammed ist mit den jüdischen Schriften vertrauter geworden, und viele der Suren sind Wiederholungen des Lebens jüdischer Helden, wobei Abraham als mythischer Gründer seiner Rasse und Lot als typisches Beispiel eines gesandten gerechten Mannes besonders bevorzugt werden warnt die Übeltäter. Der Stil ist sicherlich gereift und hat dabei viel von seinem ursprünglichen Feuer verloren. Es ist immer noch mitreißend und lebendig, aber Passagen einer fast kahlen Erzählung sind dazwischengelegt, Schatten auf dem glänzenden Boden seines ursprünglichen Eifers. Er ist auch immer wiederkehrender geworden – eine Eigenschaft, die leicht von jenen erreicht wird, die nur eine Botschaft haben, in diesem Fall eine Botschaft der Warnung und Ermahnung, und fieberhaft darauf bedacht sind, ihre Dringlichkeit in die Herzen ihrer Mitmenschen einzuprägen.

Auf einen so begrenzten Raum beschränkt, sackte seine Energie in sich zusammen, und die Mutlosigkeit, die tatkräftige Männer so leicht befällt, wenn ihnen diese Notwendigkeit verweigert wird, überwältigte seinen Verstand. Erst auf der alljährlichen Pilgerfahrt konnte er sich bei seinen mekkanischen Brüdern Gehör verschaffen, und dann, sagt der Chronist bitter, „wollte niemand glauben." Die Hashim durften mit niemandem außerhalb ihres Clans Handel treiben oder eine Heirat eingehen, und es schien keine Chance zu geben, dass die Umstände ihre Behinderungen beseitigen würden. Mohammeds Hoffnungen, ganz Mekka in seinem Glauben zu umfassen, schwankten und flohen, bis es schien, als ob Allah seine Auserwählten nicht länger beschützen würde.

Doch nach zwei Jahren der Verleugnung und Ohnmacht war ein Ende der Verfolgung der Muslime in Sicht und im Jahr 619 wurde das Verbot aufgehoben. Der Legende nach sahen die Häuptlinge der Kaaba das Dokument von Ameisen verschlungen und sahen es als Zeichen des Missfallens ihrer Götter. Das Verbot wurde somit durch übernatürliche Kräfte aufgehoben, obwohl seine Verlängerung für Mohammed eine endgültige Katastrophe bedeutet hätte. Im Lichte späterer Erkenntnisse ist es offensichtlich, dass die Aufhebung des Verbots das Ergebnis der Bemühungen von Abu Talib war, und es war seinem hohen Ansehen bei den Kureisch zu verdanken , dass sie seinen turbulenten und gotteslästerlichen Neffen begnadigten. Auch nach Ablauf von zwei Jahren waren die Muslime erheblich geschwächt, sowohl was ihr Durchhaltevermögen als auch ihren Ruf anbelangte. Sie durften sich nun frei in der Stadt bewegen, und die unmittelbare Aussicht schien für Mahomet sicherlich rosiger zu sein, als der schwerste Schlag fiel, der seinen sensiblen Geist hätte treffen können.

Beschimpfungen und Entmutigungen mit sich getragen hatte, seine Quelle der Kraft, auch wenn keine Aussicht auf eine Linderung seiner Nöte zu bestehen schien, geschweige denn auf seinen Erfolg Ursache. Mahomets Trauer war zu tief, als dass der vorübergehende Schatten davon die Seiten des Kuran auch nur verdunkeln könnte . Er machte ihr das Kompliment des Schweigens; aber ihre Erinnerung blieb ihm stets erhalten, selbst als er viele schönere Frauen zur Frau genommen hatte. Ayesha spottete in aller Unverschämtheit der Schönheit über Khadijahs Alter und seinen Mangel an Anmut:

„Bin ich dir nicht lieber als sie?“

„Nein, bei Allah!“ rief Mohammed; „denn sie glaubte, als niemand sonst glaubte.“

Es waren ihre Charakterstärke und ihre Sanftheit, die ihn dazu trieben, die erstaunlichen Worte auszusprechen – erstaunlich für seine Zeit und Umgebung, das Arabien des siebten Jahrhunderts – „Frauen sind die Zwillingshälften der Männer.“

Aber weder das Glück noch Allah hatten das „starke Leid“ beendet, das Mohammed dazu zwang, seine Ankerplätze zu verlassen und sich auf fremde und gefährliche Meere zu wagen. Fünf Wochen nach dem Tod seiner Frau starb sein Onkel Abu Talib. War die erste Katastrophe eine Katastrophe gewesen, die seinen Mut und seine Seelenruhe beeinträchtigte, so war sie darauf ausgelegt, sowohl ihn selbst als auch seine Gefährten zu vernichten. Abu Talib wurde von Mohammed sehr geliebt, der sein ganzes Leben lang die stärkste Fähigkeit zur Freundschaft an den Tag legte. Aber wichtiger als die persönliche Trauer war der Verlust des einen Mannes, dessen Bemühungen die immer größer werdende Kluft zwischen ihm und den

Kureisch überbrückten . Daher war sein Tod ein irreparabler Schaden für Mohammeds Sicherheit vor ihren Feindseligkeiten.

Zwar war Abu Lahab ein wenig berührt von den Sorgen, die seinen Neffen so stark belasteten, und er beschützte ihn eine Zeit lang, zog aber sehr bald seine Unterstützung zurück und schloss sich der Opposition an. Im Kampf gegen Abu Lahab und Abu Jahl mit ihren einflussreichen Gefolgsleuten und ohne die bisherige Unterstützung von Abu Talib erkannte Mohammed, dass sich schnell eine Krise näherte. Seine Truppe war zu zahlreich, als dass sie von den Kureisch ignoriert oder gar geduldet worden wäre , aber gegen die Widrigkeiten der mächtigsten Bürger Mekkas war Mohammed zu klug, um Widerstand zu leisten. Es schien keinen anderen Weg zu geben, als seine kleine Truppe an einen sicheren Ort zurückzuziehen, der es ihnen ermöglichen würde, sich zu stärken und sich auf den unvermeidlichen Kampf um die Vorherrschaft vorzubereiten. Seit Omars und Hamzas Treue zum Islam hatten keine bedeutenden Konvertierungen mehr stattgefunden, und nun waren drei Jahre vergangen. Mahomet verspürte zunehmend das Bedürfnis nach einem Exodus aus seiner Geburtsstadt. Aus den Chronisten geht nicht hervor, dass er konkrete politische Ziele verfolgte, als er erstmals über den Evakuierungsplan nachdachte. Sein Beweggrund war einfach, Frieden zu erlangen, in dem er auf seine eigene Weise anbeten und andere dazu gewinnen konnte, mit ihm anzubeten. Mit dieser Idee im Hinterkopf suchte er nach einem geeigneten Rastplatz für seine kleine Herde und entdeckte, was er sich sein Ziel vorstellte: Taif, ein Dorf südöstlich von Mekka, an den Osthängen des Jhebel Kora .

Taif liegt auf der fruchtbaren Seite dieser Bergkette, der vom Meer entfernten Seite. Es liegt inmitten einer Fülle von Gärten und ist für seine Früchte und Blumen bekannt. Dorthin machte sich Mohammed im Jahr 620 auf den Weg, erfüllt vom Wissen um seine unbesiegbare Mission und stark in seiner Eroberungs- und Überzeugungskraft. Zeid , sein Sklave und Pflegekind, war sein einziger Gefährte, und gemeinsam hatten sie beschlossen, Taif zur einzig wahren Religion zu bekehren. Aber ihr Abenteuer war zum Scheitern verurteilt, und obwohl wir notwendigerweise kurze Beschreibungen davon haben und alle Biographen Mohammeds eine so schmerzhafte Szene natürlich schnell übergehen, gibt es genügend Beweise dafür, wie katastrophal sich ihr Unternehmen erwies.

Die führenden Männer der Stadt waren nicht überzeugt, und schließlich stachelte die Bevölkerung in einer jener blinden Wutanfälle, die Menschenmengen beim Anblick von Ohnmacht angreifen, den Pöbel an, sie zu steinigen. Verletzt, blutend und verzweifelt aus der Stadt vertrieben, fand Mohammed Zuflucht in einem der Hügelgärten des Ortes. Dort wurde er von einigen freundlichen Besitzern des Ortes mit Früchten getröstet, und dort blieb er und meditierte in tiefer Niedergeschlagenheit über sein

Versagen, aber immer noch mit größtem Vertrauen in die Unterstützung seines Gottes.

„O Herr, ich suche Zuflucht im Licht Deines Antlitzes;
es ist Dein, die Dunkelheit zu beseitigen und Frieden sowohl für diese als auch für die nächste Welt zu geben."

in diesem Tal von Nakhla , so heißt es, wurde er von Genien getröstet, die ihn erfrischten, nach der Art von Engeln, die die müden Propheten in der Wildnis unterstützten. Mahomet befand sich nun in einer schlimmen Lage; er konnte nicht sofort nach Mekka zurückkehren, da das Ziel seiner Taif-Reise bekannt war; Da Taif ihn verschmäht hatte, war er gezwungen, in Hira anzuhalten, bis er den Schutz von Mutaim , einem einflussreichen Mann in Mekka, erhielt, und machte sich nach einigen Schwierigkeiten auf den Weg zurück in die Stadt, diskreditiert und einsam, abgesehen von seinen früheren Anhängern. Einige Monate lang ruhte er in Mekka im Dunkeln und in der Verachtung, ohne etwas für seine Sache zu gewinnen, war aber dennoch von der glühenden Überzeugung seines künftigen Triumphs erfüllt, der weder schwankte noch ins Stocken geriet. Das göttliche Feuer, das ihn während der Zeit seiner heftigen Verfolgung stützte, brannte in seiner Seele, und nie kam seine Standhaftigkeit im Charakter und sein Glaube an sich selbst und seine Mission stärker zum Ausdruck als in diesen verzweifelten Monaten.

Er begann nun in größerem Maße die Gesellschaft der Frauen zu suchen, obwohl das verzehrende Sexualleben seiner späteren Jahre kaum erwacht war. Solange Khadijah bei ihm war, blieb er ihr treu, aber nachdem ihre strahlende Präsenz sich zurückgezogen hatte, wurde er von einer Art leidenschaftlicher Suche nach ihrem Ersatz getrieben, den er jedoch nicht bei einer Frau fand, um seine Suche unter anderen fortzusetzen. Er heiratete nun Sawda , eine unbedeutende Person mit einem gewissen körperlichen Charme, aber ohne Persönlichkeit, und klagte um die Hand von Ayesha, der kleinen Tochter von Abu Bekr .

Mohammed war zu dieser Zeit nicht mit vielen Reichtümern gesegnet. Sein sparsames, ängstliches Leben führte dazu, dass er viele kleine Pflichten im Haushalt selbst erledigte. Seine Nahrung war grob und oft dürftig, und er lebte unter seinen Anhängern wie einer der Ihren. Es ist kein geringer Tribut an seine Einfalt im Geiste und seinen erhabenen Charakter, die er im „trostlosen Verkehr des täglichen Lebens", in jener primitiven, gemeinschaftlichen Art und Weise lebte, die keine Illusionen und kaum Geheimnisse zulässt, die er durch die Kraft seiner Persönlichkeit bewahrte Ehrfurcht vor den Gläubigen, die in dieser Stunde der Niederlage und Verneinung immer ihr Anführer und Herr blieben – tatsächlich das Symbol ihrer Loyalität gegenüber Allah und ihres höchsten Glaubens an seine Führung und Fürsorge.

Kapitel VII

DIE AUSGEWÄHLTE STADT

Nachbarin und Geliebten in den Schatten gestellt zu werden, wurde eher durch Zufall als durch Absicht zum Schauplatz von Mohammeds Kämpfen um weltliche Macht und seiner rücksichtslosen Ausübung des Schwertes für Gott und den Islam. Die Stadt liegt nordöstlich von Mekka, auf der gegenüberliegenden Seite des Bergsporns, der die Ostgrenze umgibt. Immer schwach bevölkert, blieb es seit jeher ein Schauplatz des Streits, denn es lag im Grenzgebiet, der Grenze mehrerer Stämme, und weit genug nördlich, dass die äußeren Wellen syrischer Unruhen ihre wechselnden Gezeiten an seine Küsten schleudern konnten – eine karge Lage Stadt, immer erbittert im Bürgerkrieg, machtlos, unfruchtbar.

In den dunklen Tagen der Demütigung Judäas durch Titus strömten zwei jüdische Stämme, die Kainukua und die Koreitza , ausgestoßen und verlassen, wie sie in ihrer Herrschaftszeit gewarnt worden waren, auf der verzweifelten Suche nach einem Wohnort nach Medina und eine Atempause von der Verfolgung, und nahm sofort Besitz von der kleinen, von Hügeln umgebenen Stadt. Sie ließen sich dort nieder und vertrieben oder versöhnten die ehemaligen Bewohner, bis im vierten Jahrhundert ihr dürftiger Wohlstand durch das Eindringen zweier Beduinenstämme, der Beni Aus und der Beni Khazraj , gestört wurde . Die Wüste war weit und diese Stämme waren mit ihren vielfältigen Möglichkeiten und abwegigen Wegen vertraut. Gegen einen solchen Feind, der plötzlich auf die Stadt herabstürzte, plünderte und dann ins grenzenlose Unbekannte flüchtete, hatten die Juden keine Chance auf Vergeltung.

Schon bald hatten die Beni Aus und Khazraj die jüdischen Gemeinden unterworfen, und ihre Herrschaft in Medina wurde nur durch ihre verheerenden Streitigkeiten untereinander geschwächt. Die Stadt bot daher eine besondere Möglichkeit für die Lehre des Islam. Sein religiöses Leben war tatsächlich vielfältig und chaotisch. Juden, arabische Götzendiener, Einwanderer aus dem christlichen Syrien, die von Spaltungen zerrissen waren, drängten sich auf seinen öffentlichen Plätzen, und diese Glaubensverwirrung schärfte die religiösen und debattierenden Instinkte seines Volkes. Damit war der Boden frei für die Annahme des neuen Glaubensbekenntnisses eines Gottes und seines Gesandten, der Mekka bereits in Gläubige und Ketzer geteilt hatte und von dem in der Stadt mit der Ehrfurcht gesprochen wurde, die fernen Wundern eigen ist.

Der Verkehr mit Mekka fand hauptsächlich zur Zeit der jährlichen Pilgerreise statt; die Große Pilgerreise, die nur während Dzul unternommen wird Hijj , entsprechend unserem Marsch, und in Dzul Hijj , 620, kam eine Gruppe von Fremden über die Hügel, entlang der beschwerlichen Karawanenroute zur Kaaba, dem Ziel ihrer Absichten, dem Schrein all ihrer Gebete. Sie führten alle notwendigen Zeremonien in Mekka durch und waren auf dem Weg nach Mina, einem kleinen Tal östlich von Mekka, um ihre heiligen Pflichten zu erfüllen, als sie von Mohammed angesprochen wurden.

Der Prophet war verzweifelt und zweifelte an seiner Überzeugungskraft, obwohl sein Glaube an die Macht Allahs nie nachließ. Es war ihm bisher nicht gelungen, einen entscheidenden Eindruck auf das mekkanische Volk zu hinterlassen, aber könnte es nicht eine andere Stadt in Arabien geben, die seine Botschaft empfangen würde? Die kleine Pilgerschar schien ihm eine Antwort auf sein Selbstmisstrauen und sein Scheitern in Taif zu sein, das durch diesen plötzlichen Erfolg in den Schatten gestellt wurde. Die Karawane kehrte in ihre Heimatstadt zurück, und Mahomet blieb nichts anderes übrig, als auf die Ankunft der Pilger des nächsten Jahres zu warten und die Flamme seiner religiösen Leidenschaft weiter zu leuchten und zu umhüllen . Er blieb praktisch auf Duldung in Mekka und erkannte schnell , dass der Versuch weiterer Konvertierungen sinnlos war. Seine Hoffnungen waren nun eindeutig auf Medina gerichtet, und zu diesem Zweck schien er sich mehr denn je der Durchsicht und Interpretation der jüdischen Schriften zu widmen.

Der zu dieser Zeit verfasste Teil des Kuran enthält kaum mehr als biblische Geschichten, die bis zur Erschöpfung erzählt und nacherzählt werden. Lot ist natürlich die charakteristische Figur; Aber wir haben auch die Lebensgeschichten von Abraham, Moses, Jona, Joseph und vielen anderen. Der Stil hat einen deutlichen Rückgang seiner poetischen Qualitäten erlitten. Es ist immer wiederkehrender und sogar mühsamer geworden . Er setzt seine Praxis der Anspielungen auf aktuelle Ereignisse fort, die er in Medina so weit verfolgen sollte, dass er den Kuran zu einer Art krampfhafter Geschichte seiner Zeit sowie zu einem elementaren Lehrbuch für Recht und Moral machte. In einer der Suren – „Die Kuh" – erwähnt Mohammed erstmals die bequeme Doktrin der „Annullierung", mit der spätere Verse des Kuran alle früheren Offenbarungen, die sich mit demselben Thema befassen, annullieren, wenn diese sich als widersprüchlich erweisen: „Welche Verse wir auch annullieren." Oder lass dich vergessen, wir bringen etwas Besseres oder Ähnliches ; weißt du nicht, dass Gott Macht über alle Dinge hat?"

Über den Einfluss des christlichen Denkens auf den Islam gibt es im Kuran kaum Hinweise . Wir haben einige Geschichten über Elisabeth und Maria und vereinzelte Anspielungen auf den verachteten „Propheten der Juden". Aber der große Teil des christlichen Denkens, seine zentralen Dogmen der Inkarnation und der Erlösung, gingen an Mohammed völlig vorbei, denn sein Geist war praktisch und nicht spekulativ, und tatsächlich waren für ihn selbst und seine Anhänger die Grundlagen des Christentums zwangsläufig zu philosophisch mit jeder Intensität des Glaubens verwirklicht werden . Auch die christlichen Tugenden der Sanftmut und Resignation mögen zwar abstrakt respektiert werden – Passagen im Kuran und in der Überlieferung bestätigen uns, dass dies der Fall ist –, aber sie standen der wilden, freien Natur des Arabers so völlig im Widerspruch, dass sie nie in seine Religion eingingen Leben. Mohammed verehrte den Begründer des Christentums und platzierte Ihn zusammen mit Johannes im zweiten Himmel seiner Unsterblichen. Aber obwohl Er unter den Lehrern der Welt sicher ist, kann Er niemals mit der Allmacht und Herrlichkeit des Propheten konkurrieren.

Während der Lebensphase Mohammeds unmittelbar vor seiner Abreise nach Medina wird sein persönliches Erscheinungsbild von Ali ausführlich beschrieben. Er ist ein Mann von mittlerer Statur, mit einem prächtigen Kopf und einem dicken, wallenden Bart. Seine Augen waren schwarz und glühend, sein Kiefer fest, aber nicht hervorstehend. Er wirkte wie ein aufrechter Mann mit offenem Gesicht, gütig und kraftvoll, der auf seinen Schultern das Zeichen seiner göttlichen Mission trug. Er hatte große Geduld, sagt Ali, und „verachtete in keiner Weise die Armen wegen ihrer Armut, noch ehrte er die Reichen wegen ihres Besitzes. Und wenn jemand seine Hand nahm, um ihn zu begrüßen, war er nicht der Erste, der seinen Griff aufgab."

Er lebte offen unter seinen Jüngern, unterhielt sich häufig mit ihnen, reparierte seine eigene Kleidung und sogar seine Schuhe, war eine genügsame Leber und ein eifriger Prediger des flammenden Glaubens in ihm. Zu dieser Zeit wurde er mit Ayesha verlobt, der großartigen Frau, die jetzt nur noch ein fröhliches Kind war und die bis zum Ende seines Lebens ihren dominanten Platz in seiner Zuneigung behalten sollte. Als Tochter von Abu Bekr vereinte sie für Mohammed sowohl Politik als auch Attraktivität, denn durch diese Verlobung wurde er mit Abu Bekr blutsverwandt und stärkte dadurch die Treue seines Freundes. Die Verbindung markiert den Beginn seiner Politik der Ehebündnisse, durch die er die Anhänger seines Glaubens enger an sich bindet, entweder durch seine eigene Heirat mit ihren Töchtern oder durch die Schenkung seiner Nachkommen an sie.

Ayesha war lieblich und herrisch, von luxuriöser, aber kluger Natur, und Mohammed suchte immer ihren Rat. Andere Frauen tauchten häufig wie Kometen an seinem Himmel auf, flammten kurz ins helle Licht auf und verschwanden in der ehelichen Dunkelheit, aber Ayeshas Stern blieb fest, auch wenn er vorübergehend vom Glanz einer Neuankömmlingin verdunkelt wurde. Sexuelle Beziehungen besaßen für Mohammed gegen Ende seines Lebens eine besondere Kraft, die aus seiner intensiven energischen Natur resultierte. Er suchte die Gesellschaft der Frau wegen der geistigen Klarheit, die für ihn jedem Ausdruck von Gefühlen folgte. Er war einer jener Männer, die sich ausdrücken mussten – eigentlich der Künstler;

sondern ein Künstler, der das Medium der Aktion nutzte, nicht das der Literatur, Malerei oder Musik. „ Poète , il ne connut que la poésie „d'action ", und wie bei Napoleon wurde seine Selbstbeobachtung völlig von seiner verzehrenden Energie überschattet. Daher waren Emotionen für ihn unbewusst das Mittel, mit dem diese unsterbliche Geistesenergie konserviert werden konnte, und er nutzte sie schonungslos.

Ayesha hat uns die intimsten Details aus Mohammeds Leben offenbart, und ihr ist es zu verdanken, dass spätere Überlieferungen ihn als einen Mann unter Männern darstellen können. Er erscheint uns wild und subtil, mal ungestüm und berechnend, ein Mann, der nie eine Gelegenheit verpasste und die Anstrengungen, die nötig waren, um jede Absicht zu verwirklichen, genau abschätzte. Für ihn hatte „jede Festung ihren Schlüssel und jeder seinen Preis". Er war ein ebenso begeisterter Politiker wie ein religiöser Reformator, aber vor allem huldigte er dem Schwert, dem wichtigsten Kunsthandwerker seiner Eroberungskarriere. Aber in diesen vertrauensvollen, intimen Überlieferungen, die uns von seinem unmittelbaren Umfeld und insbesondere von Ayesha überliefert wurden, finden wir ihn abwechselnd leidenschaftlich und sanft, er übt seine Macht mit bewusster Autorität aus, mild im Umgang mit den Armen, schrecklich gegenüber seinen Feinden, autokratisch , intolerant, mit einer seltsamen Anziehungskraft, die die Menschen an ihn fesselte. Das Geheimnis, das große Männer schon zu Lebzeiten unter primitiven Rassen umgibt, schleicht sich in diese Dokumente ein und verbirgt einen Großteil seiner Persönlichkeit vor uns, aber seine Werke verkünden seine Energie und unermüdliche Organisationsfähigkeit, auch wenn das mythische, allegorische Element in den früheren überwiegt Traditionen. Dem Mann, der die gigantische Aufgabe der Organisation einer neuen sozialen, politischen und religiösen Ordnung auf sich genommen und erfüllt hat, kann zu Recht zugeschrieben werden, dass er die lebhaften Vorstellungen dieses leichtgläubigen Zeitalters hervorgerufen und in sich zentriert hat.

Das Jahr 620–621 verging hauptsächlich in Erwartung der Großen Pilgerfahrt, bei der die Jünger aus Medina kommen sollten, um über Fortschritte zu berichten und ihren Glauben zu bestätigen. Die entscheidende Zeit kam, und Mahomet machte sich fast ängstlich auf den Weg, um den Kern seines zukünftigen Königreichs in Acaba, einem Tal in der Nähe von Mina, zu treffen. Aber seine Befürchtungen waren unbegründet, denn die kleine Gruppe war ihrem Anführer treu geblieben und hatte auch ihre Zahl vergrößert.

Sie trafen sich im Geheimen, und wir können uns vorstellen, dass sie an einem so seltsamen Ort ein wenig zurückhaltend waren und immer auf den schnellen Einmarsch der Kureisch und ihre eigene Vernichtung hofften. Dennoch waren sie enthusiastisch und von ihrem Anführer überzeugt. Wenn man dieses Treffen liest, wird man unwiderstehlich an die kleine ausgestoßene Bande aus Judäa erinnert, die schließlich durch ihren mächtigen Glauben die Oberhand über Cäsar Imperator gewann. Die akkreditierten Worte des ersten Versprechens, das in Acaba gegeben wurde, sind traditionell erhalten; Sie verbinden seltsamerweise religiöse, moralische und soziale Bündnisse und behaupten schon in diesem frühen Stadium, dass der Prophet das Oberhaupt seiner Diener sei:

„Wir werden niemanden außer Gott anbeten; wir werden nicht stehlen, wir werden weder Ehebruch begehen noch unsere Kinder töten; wir werden in keiner Weise verleumden, noch werden wir dem Propheten in allem, was richtig ist, ungehorsam sein."

Die Konvertiten reisten dann in ihre Heimatstadt ab, denn Mohammed hielt die Zeit noch nicht für reif genug, dorthin auszuwandern. Er besaß die schwierige Kunst, zu warten, bis die richtige Zeit gekommen war, und es besteht kein Zweifel daran, dass er inzwischen konkrete Pläne geschmiedet hatte, seine Herrschaft in Medina zu errichten, wenn es dort genügend Unterstützer geben würde, um seinen Erfolg zu garantieren. Musab, ein Mekka-Konvertit mit einiger Gelehrsamkeit, wurde beauftragt, die Bürger von Medina in ihre Stadt zu begleiten und dort allen, die bereit waren, den muslimischen Glauben zu studieren, Unterricht zu erteilen.

Ein weiteres Jahr lang sollte Mohammed seine Seele in Geduld üben, doch mit einem Gefühl weitaus größerer Zuversicht wartete er auf das Verstreichen der Zeit. Mehr denn je war er sich der leitenden Hand Allahs sicher, die unbestreitbar auf die fremde Stadt als Ziel seiner Bemühungen hinwies. In dieser Stadt lebten viele Juden, weshalb die Verbindung zwischen seinem Glauben und dem Judentum immer wieder betont werden muss .

Wir haben gesehen, wie viel Platz die jüdische Legende und Geschichte in den zeitgenössischen Suren des Kuran einnahm , und Mohammeds Freundschaft mit Israel nahm während seiner letzten beiden Jahre in Mekka merklich zu. Er erwies ihnen die Ehre , Jerusalem als seine Kibla oder heiligen Ort zu nehmen, an den sich alle Gläubigen im Gebet wenden, und der Ausgangspunkt seiner unsterblichen Mitternachtsreise war die Heilige Stadt, die den Tempel des Herrn umfasste.

Kein Bericht über diese Reise erscheint außer in den von Al Bokharil kristallisierten Überlieferungen , aber es gibt eine kurze Erwähnung davon im Kuran , Sure xviii.

„Ehre sei dem, der seinen Diener nachts vom heiligen Tempel in Mekka zum weiter entfernten Tempel, nämlich nach Jerusalem, getragen hat."

Die Vision ist jedoch in den Köpfen seiner Anhänger so weit verbreitet und hatte einen so tiefgreifenden Einfluss auf ihre Wertschätzung für

Mohammed, dass sie etwas Licht auf das Ausmaß seines Aufstiegs während seiner letzten Jahre in Mekka wirft und unbestreitbar feststellt, was er zu tun hatte Der inspirierte Charakter seines Prophetentums spiegelte sich in den Vorstellungen der wenigen Gläubigen wider. Unter Theologen gab es feierliche und wortreiche Auseinandersetzungen darüber, ob er die Reise im Fleisch antrat oder ob nur sein Geist die schrecklichen Tore durchquerte, die unsere Nacht vom himmlischen Tag trennten.

Er lag in der Kaaba, so heißt es in der Legende, als ihm der Engel des Herrn erschien und ihn, nachdem er sein Herz von aller Sünde gereinigt hatte, zum Tempel in Jerusalem trug. Er drang in das heilige Gehege ein und sah das Tier Borak , „größer als ein Esel, kleiner als ein Maultier", und ihm wurde gesagt, es solle aufsteigen. Die Gläubigen zeigen noch immer die Stelle in Jerusalem, wo der Huf seines Rosses den Boden markierte, als er es mit fliegenden Füßen verschmähte. Mit Gabriel an seiner Seite, auf einem Tier von gewaltiger Kraft, erklomm Mohammed die entsetzlichen Weiten und gelangte schließlich in den äußeren Himmel, vor das Tor, das die himmlischen Bereiche bewacht. Der Engel klopfte an die Messingtüren und eine Stimme rief:

„Wer bist du und wer ist bei dir?"

„Ich bin Gabriel", kam die Antwort, „und das ist Mahomet."

Und siehe, die ehernen Tore, die für den sterblichen Menschen nicht geöffnet werden dürfen, wurden weit geöffnet, und Mohammed trat allein mit dem Engel ein. Er drang in den ersten Himmel ein und sah Adam, der ihn mit denselben Worten befragte und dieselbe Antwort erhielt. Und alle himmlischen Hierarchien, bis hin zum siebten Himmel, Johannes und Jesus, Joseph, Henoch, Aaron, Moses, Abraham, erkannten Mohammed mit denselben Worten an, bis die beiden zu „dem Baum namens Sedrat" kamen, über den kein Mensch hinausgehen darf vergehe und lebe, dessen Früchte leuchtende Schlangen und deren Blätter große Tiere sind, um die vier Flüsse fließen, der Nil und der Euphrat, die sie außen bewachen, und in diesen die himmlischen Ströme, die das Paradies bewässern, zu wundersam für einen Namen.

Ehrfurchtsvoll, aber unerschrocken ging Mahomet allein über den heiligen Baum hinaus, denn selbst der Engel konnte eine so wilde Herrlichkeit nicht länger ertragen, und kam nach Al- M'amur , sogar in die Halle der himmlischen Audienz, wo sich siebzigtausend Engel befinden. Er stieg die Stufen des Throns zwischen ihren dichtgedrängten Reihen hinauf, bis er bei der Berührung von Allahs schrecklicher Hand stehen blieb und spürte, wie ihre eisige Kälte sein Herz durchdrang. Ihm wurde Milch, Wein oder Honig zu trinken gegeben, und er entschied sich für Milch.

„ Hättest du Honig gewählt, oh Mohammed", sagte Allah, „würde dein ganzes Volk gerettet werden, jetzt wird nur ein Teil die Vollkommenheit finden."

Und Mahomet war beunruhigt.

„Bitte mein Volk, fünfzig Mal am Tag zu mir zu beten."

Auf den widerstandslosen Befehl hin drehte sich Mohammed um und begab sich wieder in den siebten Himmel, wo Abraham wohnte.

„Die Menschen auf der Erde werden in keiner Weise gezwungen sein, fünfzig Mal am Tag zu beten. Kehre zurück und bitte darum, dass die Zahl verringert wird."

So kehrte Mohammed auf Abrahams Befehl immer wieder zurück, bis er die Zahl auf fünf reduziert hatte, was der Vater seines Volkes als ausreichende Last für seine schwachen Untertanen ansah. Daher sind die fünf Gebetszeiten im muslimischen Glauben entsprechend heilig, und mit diesem göttlichen Auftrag endete die Vision.

Da seine Hoffnungen nun darauf gerichtet waren, mit der Hilfe Allahs eine irdische Herrschaft zu errichten, musste er sich zwangsläufig mit der politischen Situation befassen und seine Politik für den Umgang damit weiterentwickeln, sobald sich die Ereignisse als günstig erwiesen . Die Errungenschaften der Perser an der griechischen Grenze hatten bereits 616 seine Aufmerksamkeit erregt; Es gibt eine Anspielung auf die Schlacht und die griechische Niederlage im Kuran und eine vage Prophezeiung ihres endgültigen Erfolgs, denn Mohammed sympathisierte mit dem griechischen Reich, da es aus arabischer Sicht das weniger bedrohliche war Feind.

Doch in Wirklichkeit beunruhigten ihn die Ereignisse in solchen entlegenen Gebieten nur im Hinblick auf Medina, denn seine ganzen Gedanken waren nun auf die erwählte Stadt seiner Träume gerichtet . Seine Anhänger wurden in Mekka weniger aggressiv, als sie erfuhren, dass der Prophet den Kern einer neuen Kolonie in einer anderen Stadt hatte. Die Verfolgung in Mekka ließ daher erheblich nach, und die Zeit ist auf beiden Seiten eine Zeit des Innehaltens, in der die Kureisch beobachten, was der nächste Schritt sein wird, während Mahomet sorgfältig und heimlich seine Pläne reift.

In diesem Jahr kam es in Mekka zu einer Dürre, gefolgt von einer Hungersnot, die die Gläubigen direkt auf den göttlichen Zorn über die Ablehnung der himmlischen Botschaft des Propheten zurückführten und die Mohammed als Strafe Gottes interpretierte, und dies trug zweifellos zur Gesamtsumme bei Gründe, die ihn dazu bewogen, seine Heimatstadt aufzugeben.

Von diesem Zeitpunkt an bis zur Hegira, der Flucht aus der Stadt, gehen die Ereignisse in der Welt der Action für Mahomet nur langsam voran. Er achtete darauf, bei den Kureisch keinen unangemessenen Verdacht zu erregen , und wir können uns vorstellen, wie er schweigend und beschäftigt seine Pflichten unter ihnen erfüllte, die Kaaba besuchte und sich etwas kühl in ihr tägliches Leben mischte. Er hielt an seinem Ziel fest und versuchte, den Glauben seiner Anhänger für die Prüfungen zu stärken, von denen er wusste, dass sie kommen würden. Dadurch gewann der Kuran als Sprachrohr seiner Ermahnungen an Bedeutung. Die Suren dieser Zeit sind voller ermutigender und zuversichtlicher Worte. Er steht kurz davor, der Anführer eines gefährlichen Unterfangens zu Ehren Gottes zu werden. Der Erwartungsreflex in den Herzen der Muslime kann in seinen Botschaften an sie verfolgt werden. Ihre ganze Welt wartete gleichsam atemlos, still und angespannt auf die Aufzeichnung der Jahresleistungen in Medina und auf die von Gott festgelegte Zeit. Aber inwieweit die Handlungen ihres Anführers das Ergebnis sorgfältiger Berechnungen, einer Einsicht in die Qualitäten und Energien der Menschen, einer in ihrer Reichweite und Genauigkeit verblüffenden Voraussicht waren, ahnten sie nie; Doch in ihrer Zuversicht gelassen hielten sie an ihrem großartigen Glauben an die göttliche Führung und an die Inspiration ihres Propheten fest.

KAPITEL VIII

DER FLUG NACH MEDINA

„ Weißt du nicht, dass die Herrschaft über die Himmel und die Erde Gott gehört? Und dass du außer Gott keinen Schutzpatron oder Helfer hast?" – *Der Kuran* .

Die Erwartung, die wie ein belebendes Feuer in den Herzen der mekkanischen Muslime brannte und von ihrem Anführer selbst entfacht und genährt wurde, sollte zur Zeit der jährlichen Pilgerfahrt im Jahr 622 ihren Höhepunkt erreichen. In diesem Monat fand die große Pilgerschar von Yathreb nach Mekka statt . unter ihnen siebzig der „Gläubigen", die in Medina den Glauben angenommen hatten, angeführt von ihrem Lehrer Musab und gestärkt durch das Wissen, dass sie bald ihrem Propheten gegenüberstehen würden.

Musab hatte Mohammed vom Erfolg seiner Mission in der Stadt berichtet und ihn auf die Ankunft der kleinen Gruppe von Anhängern vorbereitet, die sich für den Islam entschieden hatten. Geheimhaltung war unerlässlich, denn die Muslime aus Medina waren im Herzen Fremde unter ihrem eigenen Volk und befanden sich in einer so prekären Situation, dass jeder Verrat ihre völlige Vernichtung bedeutet hätte, wenn sie nicht durch die Hände ihrer Landsleute erfolgt wären, die sich zweifellos auf ihre Seite gestellt hätten desto stärker, sicherlich durch die Hände der Kureisch , der unversöhnlichen Feinde des Islam, in deren Territorium sie sich fürchteten. Die Pilgerriten wurden dementsprechend gewissenhaft durchgeführt, obwohl viele freier atmeten, als sie zur letzten Zeremonie in Mina aufbrachen. Alles war nun vollendet, und die Gruppe aus Medina bereitete sich auf die Rückkehr vor, als Mohammed die Gläubigen bei Nacht zum alten Treffpunkt im düsteren Tal von Akaba zusammenrief.

Ungefähr siebzig Männer und zwei Frauen beider Medina-Stämme, die Beni Khazraj und die Beni Aus , versammelten sich auf diese Weise an diesem kargen Ort unter dem strahlenden Nachthimmel Arabiens, um sich erneut einem unsichtbaren, unerprobten Gott und seinem Dienst zu verpflichten Prophet, der bisher nur wenige zu seinen Anhängern zählte und dessen Wort bei den Großen ihrer Welt kein Gewicht hatte.

Zu diesem Treffen brachte Mohammed Abbas mit, seinen Onkel, den jüngeren Sohn von Abd-al- Muttalib , einen schwachen und unbedeutenden Charakter, der sich bei Mohammed vor allem wegen seiner hündischen Hingabe beliebt gemacht hatte. Er war kein Konvertit, aber er verehrte seinen energischen Neffen zu sehr und hatte auch zu große Ehrfurcht vor ihm, um sich so etwas wie Verrat vorzustellen. Er war teils eine Garantie für den guten Glauben des Khazraj von Mohammed, teils ein Vorteil für ihn gegenüber den Kureisch , denn seine Familie war in Mekka immer noch einflussreich.

Die beiden verließen die Stadt unbegleitet über steile und steinige Wege, bis sie nach Akaba kamen, und Mahomet sah die von seiner Beharrlichkeit und seinem unermüdlichen Glauben herbeigerufene Schar auf sich warten – eine Schar, die ein Teil von ihm selbst, fast sein eigenes Kind, auf die er wartete alle seine Hoffnungen waren nun erfüllt. Als er so in diesen Kreis von Gesichtern trat, die schwach von den Fackeln erleuchtet waren, die die Klugheit schon jetzt zu löschen drängte, konnte er nicht umhin, eine Vorahnung der gewaltigen Zukunft zu spüren, die diese kleine Versammlung erwartete, die noch kraftlos und zitternd war, aber in sich schlummerte die Saat jener Loyalität und des Mutes, die „den Glauben“ über die halbe Welt verbreiten sollten.

Als die Begrüßung beendet war, trat Abbas vor und sprach, während sich die dunklen Gesichter um ihn herum schlossen und ihn ernsthaft prüfend betrachteten.

„Ihr Männer der Beni Khazraj , dieser meine Verwandten wohnt in Ehre und Sicherheit unter uns ; sein Clan wird ihn verteidigen, aber er zieht es vor , Schutz bei euch zu suchen. Darum, ihr Khazraj , überlegt euch die Sache gut und überlegt die Kosten.“

Dann antwortete Bara, der sie als Häuptling vertrat:

„Wir haben auf Ihre Worte gehört. Unser Entschluss ist unerschütterlich. Unser Leben steht im Dienst des Propheten. Jetzt ist es an ihm, zu sprechen.“

Mahomet trat in den Kreis ihrer Blicke vor und trug ihnen mit der Feierlichkeit des Anlasses Verse des Kuran vor, deren Feuer und Beredsamkeit diese leidenschaftlichen Seelen zu einem Enthusiasmus entfachte, der von düsterer Entschlossenheit glühte, und sie zum Einsatz veranlasste alle auf ihrem Unternehmen. Am Ende dieser turbulenten Worte versicherte er ihnen, dass er zufrieden sein würde, wenn sie sich verpflichten würden, ihn zu verteidigen.

Verteidigung sterben , welche Belohnung haben wir dann?“

"Paradies!" antwortete Mohammed hocherfreut und hob die Hand als Zeichen seines Glaubens an Allah und der Gewissheit seiner Sache.

Dann erklang ein tiefes und langes Murmeln, ein Beteuern der Loyalität, das sich in einen triumphalen Beifall zu steigern drohte, aber Abbas, der die Partei fürchtete, hielt sie aus Angst vor Spionen zurück. So ließ der Tumult nach, und Bara, der die Autorität seiner Gefährten auf sich nahm, streckte seine Hand nach Mahomet aus, und mit ihrer Umarmung wurde das zweite Versprechen der Akaba besiegelt. Sie trennten sich schnell, weil sie fürchteten, ihr Treffen zu verlängern, denn überall um sie herum herrschte Gefahr und die Luft war voller mutmaßlicher Verrätereien.

Und ihre Besorgnis war nicht unbegründet, denn die Kureisch hatten durch einen geheimen Boten von ihrer Versammlung erfahren, allerdings erst, als die Medina-Karawane mit ihrer Schar aus Gläubigen und Ungläubigen auf dem Heimweg über die trostlosen Wüstenpfade war, die nach Mekka führten aus Medina. Ihr Zorn war groß, und voller Zorn verfolgten sie ihn; aber entweder wussten sie nicht, welchen Weg die Gruppe eingeschlagen hatte, oder die Medinner entkamen ihnen mit größerer Geschwindigkeit, denn sie kehrten untröstlich von der Verfolgung zurück, nachdem es ihnen nur gelungen war, zwei glücklose Männer zu finden, von denen einer entkam, der andere, Sa 'd ibn Obada wurde nach Mekka zurückgeschleppt und vielen Brutalitäten ausgesetzt, bevor er schließlich in seine Heimatstadt fliehen konnte.

Die Kureisch begnügten sich nicht mit Repressalienversuchen gegen Medina, oder sie waren möglicherweise wütend, weil sie so wenig bewirkt hatten, denn sie begannen die Verfolgung des Islams in Mekka mit großer Gewalt erneut. Von März bis April belästigten sie die Gläubigen in ihrer Stadt, verhängten ihnen Beschränkungen und fügten in vielen Fällen den unglücklichen und nun wehrlosen Anhängern Mohammeds Körperverletzung zu . Die erneute Verfolgung verstärkte zweifellos den Entschluss des Propheten, Mekka zu verlassen.

Tatsächlich war die Zeit völlig reif, und mit der Weitsicht, die ihn in seiner Rolle als Führer eines religiösen Staates stets auszeichnete , hatte er das Gefühl, dass nun, da in Medina der Boden bereitet war, die Auswanderung der Muslime aus Mekka zwangsläufig von Vorteil sein würde ihn.

Der Befehl wurde im April 622 erteilt und fand sofort großen Anklang, außer bei einigen Unzufriedenen, die großes Interesse an ihrer Heimatstadt hatten. Dann begann die langsame Entfernung einer ganzen Kolonie. Die Familien von Abu Talibs Viertel in Mekka verließen in geordneten Gruppen friedlich ihren Geburtsort und nahmen ihre Haushaltsschätze mit, bis in der Nachbarschaft Häuser ohne Mieter zu sehen waren, die dem raschen Verfall verfielen, der in einem solchen Klima mit der Vernachlässigung einhergeht, verbarrikadierte Türen und klaffende Fenster, die nur noch mit Wasser gefüllt waren ein immenses Gefühl der Trostlosigkeit und der Leere, das eine Stadt überkommt, wenn ihre Menschheit an einen anderen Aufenthaltsort umgezogen ist. In den verlassenen Straßen wuchs Unkraut, und über allem lag ein feiner Staubfilm, der fast unmerkliche Versuch der Wüste, das

Territorium, das ihr der menschliche Wille abgerungen hatte, wieder mit sich selbst zu verschmelzen.

Die Auswirkungen dieser Auswanderung auf die Kureischen lassen sich kaum abschätzen. Sie waren erstaunt und hilflos davor; denn mit ihrem heißen Zorn gegen Mahomet war es, als ob ihr Gegner zu substanzlosen Dämpfen geschmolzen wäre , die sie wütend und atemlos zurückließen und ein Phantom verfolgten, das sich ständig entzog. Die Auswanderung verlief so still, dass man sie erst bemerkte, als das Viertel fast menschenleer war. Die verstreuten Reisegruppen entlang der Wüstenpfade hatten keine Feindseligkeiten hervorgerufen, und kein Verrat brach die Loyalität gegenüber dem Islam in Mekka. Die Kureisch wurden tatsächlich überlistet und wurden sich der Feinheiten ihres Gegners erst bewusst, als sein Plan verwirklicht wurde.

Doch trotz der scheinbar günstigen Lage zögerte der Anführer, weil „der Herr ihm noch nicht den Befehl zur Auswanderung gegeben hatte". Das ganz natürliche Zögern Mahomets ist nur für ihn charakteristisch. Er wusste sehr gut, um welche Probleme es ging, und hatte keine Lust, seine Boote vorschnell niederzubrennen; Tatsächlich trug er zu diesem Zeitpunkt die ganze Verantwortung für die Zukunft seiner kleinen Herde auf seinen Schultern, die ihr Schicksal so vertrauensvoll in seine Hände überließ. Sollte sein Plan in Medina scheitern, wusste er, dass ihn nichts vor der Wut der Kureischiten retten würde, und er empfand auch großen Widerwillen, Mekka selbst zu verlassen, denn zu dieser Zeit musste dies den Untergang seiner Hoffnungen bedeuten, seine Heimatstadt zu erobern sein Glaubensbekenntnis. Er muss seine Machtergreifung in Medina vorhergesehen haben, und möglicherweise hatte er Visionen von ihrer Ausweitung auf benachbarte Stämme, aber er konnte die Demütigung seiner Heimatstadt zu seinen Füßen nicht vorhersehen, da er froh war, endlich den Glauben von jemandem zu empfangen, dem sie angehörte gilt heute als souveräner Potentat des arabischen Territoriums.

Und bei ihrem Freund und Führer blieben Abu Bekr und Ali – Abu Bekr , weil er seinen Gefährten im Gebet und in der Verfolgung nicht im Stich ließ, und Ali, weil seine Tapferkeit und sein Enthusiasmus ihn zu einem Beschützer gegen mögliche Angriffe machten. Hier bot sich für die Kureisch die Gelegenheit . Sie kannten das Ausmaß der Auswanderung und wussten, dass Abu Bekr und Ali außer dem Propheten die einzigen bedeutenden Muslime waren, die noch übrig waren. Sie beschlossen, einen letzten Versuch zu unternehmen, diesen fantastischen, aber entschlossenen Führer zur Unterwerfung zu zwingen, der in höchstem Maße die Macht besaß, den Glauben und die Hingabe der Menschen zu gewinnen.

Der Überlieferung nach war die Ermordung Mohammeds definitiv geplant, und Mohammed dachte das sicherlich auch, als er erfuhr, dass aus jedem Stamm ein Mann ausgewählt worden war, der sein Haus nachts besuchen sollte. Das Motiv kann kaum ein Attentat gewesen sein, aber zweifellos waren die Häuptlinge bereit, ziemlich strenge Maßnahmen zu ergreifen, um Mohammed zurückzuhalten, und diese Aktion entschied schließlich für den Propheten, dass eine Verzögerung gefährlich sei.

In dieser Krise seines Schicksals hatte er zwei treue Helfer, die nicht zögerten, in seinen Diensten ihr Leben zu riskieren, und mit ihnen kam er seinen Feinden zuvor. Ali wurde ausgewählt, um seinen geliebten Herrn vor den Bedrohungen der Kureisch zu vertreten . Mohammed legte ihn in sein eigenes Bett und hüllte ihn in seinen heiligen grünen Mantel; Dann, der Legende nach, nahm er eine Handvoll Staub und rezitierte die Sure „ Ya Sin“, die er selbst als „das Herz des Kuran “ verehrte. Er verstreute den Staub und rief Verwirrung auf die Köpfe der Menschen Ungläubige. Zusammen mit Abu Bekr floh er dann schnell und lautlos aus der Stadt und machte sich ungesehen auf den Weg zur Höhle von Thaur , ein paar Meilen außerhalb ihrer Grenzen.

Um die Höhle von Thaur ranken sich so viele und ebenso schöne Legenden wie um den Stall von Bethlehem. Die wilden Tauben flogen unverletzt hinaus und hinein und schützten den Propheten durch ihre ungestörte Anwesenheit vor den Nachforschungen der Kureisch , und ein Dornenbaum breitete seine Äste über den Eingang der Höhle aus und stützte das zarte und glitzernde Netz einer Spinne, das jedes Mal erneuert wurde, wenn ein Freund auftauchte besuchte die beiden Gefangenen, um Essen und Neuigkeiten zu überbringen.

Hier blieben Mahomet und Abu Bekr , fortan als „Zweiter von Zwei“ bekannt, bis die Heftigkeit der Verfolgung nachließ. Asma, Abu Bekrs Tochter, brachte ihnen bei Sonnenuntergang Essen und welche Neuigkeiten sie den Gerüchten im Ausland und den Lippen Alis entnehmen konnte. Es bestand eine sehr reale Gefahr, dass sie überrascht und gefangen genommen würden, aber einmal mehr ließ Mohammeds großartiger Glaube an Gott und seine Sache nie nach. Abu Bekr hatte Angst um seinen Herrn:

„Wir sind nur zwei, und wenn die Kureisch uns unbewaffnet vorfinden, welche Chance haben wir dann?“

„Wir sind nur zwei“, antwortete Mohammed, „aber Gott ist in der Mitte ein Dritter.“

Er suchte unerschütterlich Beistand und Schutz bei Allah, und sein Glaube war gerechtfertigt. Seine Danksagung ist im Kuran enthalten: „Gott stand deinem Propheten früher bei, als die Ungläubigen ihn nur in Begleitung eines zweiten vertrieben; als sie beide in der Höhle waren; als der Prophet zu seinem Gefährten sagte: ‚Sei nicht beunruhigt; wahrlich Gott ist mit uns.' Und Gott sandte seinen Frieden auf ihn herab und stärkte ihn mit Heerscharen, die ihr nicht saht, und machte das Wort derer, die nicht glaubten, zum Erniedrigten, und das Wort Gottes wurde zum Erhabenen."

Nach drei Tagen ließ die Suche der Kureischiten nach, und in dieser Nacht beschlossen Mahomet und Abu Bekr , die Höhle zu verlassen. Zwei Kamele wurden gebracht und von Asma und ihren Dienern mit Essen beladen. Die Verschlüsse waren nicht lang genug, um die Lebensmittelbörse festzubinden; Deshalb riss Asma ihren Gürtel in zwei Teile und band sie darum, so dass sie bis heute unter den Gläubigen als „Sie aus zwei Fetzen" bekannt ist. Nach einem Dankgebet zu Allah für ihre Sicherheit bestiegen Mahomet und Abu Bekr die Kamele und machten sich auf den Weg, um dem unbekannten Schicksal zu begegnen, das sie auf dem Weg nach Medina erwarten würde. Sie erreichten schnell die Meeresküste in der Nähe von Asfan und waren vergleichsweise sicher, geschützt vor den Angriffen der Kureisch , die ihre Beute nicht so weit in ein fremdes Land verfolgen wollten.

Die Kureisch hatten ihren Zorn gegen Mohammed tatsächlich erheblich abgeschwächt. Er war nun sicher aus ihrer Mitte heraus, und möglicherweise glaubten sie, einen Mann losgeworden zu sein, dessen einziges Ziel aus ihrer Sicht darin bestand, Streit zu schüren, und sie hatten das Gefühl, dass jeglicher Groll gegen ihn selbst oder seine Verwandten unnötig wäre und ihre Mühen nicht wert. Mit bemerkenswerter Toleranz für ein so rachsüchtiges Zeitalter ließen sie die Familien von Mahomet und Abu Bekr völlig frei von Belästigungen, und sie leisteten auch keinen Widerstand gegen Ali, als sie herausfanden, dass er sie erfolgreich vereitelt hatte, und er machte sich auf den Weg aus der Stadt drei Tage nachdem sein Anführer es verlassen hatte.

Mahomet und Abu Bekr reisten weiter, zwei Pilger, die sich einsam, aber unbeeindruckt auf den Weg zu einer fremden Stadt machten, deren Stimmung und Stimmung sie nur vage verstanden. Aber es fehlte nicht an Beweisen für seine Freundlichkeit, und diese wurden erneuert, als Abu Bekrs Cousin, ein früherer Auswanderer nach Medina, ihnen auf halbem Weg entgegenkam und erklärte, dass die Stadt voller Freude und Erwartung auf die Ankunft ihres Propheten warte. Nach einigen Tagen überquerten sie das Tal von Akik bei extremer Hitze und kamen schließlich nach Coba , einem abgelegenen Vorort von Medina, wo Mohammed müde und besorgt eine Weile ruhte, in dem klugen Wunsch, dass ihm sein Empfang in Medina schon vor ihm gesichert werden könnte wagte sich in seine Grenzen.

Sein Eintritt in Coba genossen einen Triumphzug; Die Menschen drängten sich um sein Kamel und riefen: „Der Prophet, er ist gekommen!" In ihre Schreie mischten sich Huldigung und staunende Ehrfurcht, dass der göttliche Diener, von dem sie so viel gehört hatten, ihnen in so menschlicher Gestalt erscheinen sollte, ein Mann unter ihnen, wahrlich einer von ihnen. Mohammeds Kamel hielt am Haus von Omm Kolthum , und er entschied sich, während seines Aufenthalts in Coba dort zu bleiben , da er zeitlebens eine Ehrfurcht vor dem Instinkt der Tiere hegte, der die östlichen Rassen aller Zeiten charakterisiert . Dort stieg er ab, wandte sich an die Menschen, bat sie, guten Mutes zu sein und dankte ihnen für ihren freudigen Empfang:

„Ihr Volk, zeigt eure Freude, indem ihr euren Nachbarn die Erlösung des Friedens schenkt; sendet Anteile an die Armen; knüpft die Bande der Verwandtschaft und bringt eure Gebete dar, während andere schlafen. So werdet ihr in Frieden ins Paradies eintreten."

Vier Tage lang wohnte Mohammed in Coba , wo er auf unermüdliche Unterstützung und Freundschaft gestoßen war, und Ali schloss sich ihm an. Seine Erinnerungen an Coba waren immer dankbar, denn zu Beginn seines zweifelhaften und sogar gefährlichen Unternehmens hatte er ein gutes Vorzeichen erhalten. Bevor er nach Medina aufbrach, legte er den Grundstein für die Moschee in Coba , wo die Gläubigen ungestört und unter der Gunst Allahs nach ihrer Sitte beten konnten , und verfügte, dass der Freitag als besonderer Tag festgelegt werden sollte des Gebets, bei dem in der Moschee Ansprachen gehalten und die Lehren des Islam dargelegt wurden.

Schon damals spürte Mohammed, wie sich der Mantel der Souveränität auf ihn senkte, denn wir hören jetzt von den ersten dieser Verordnungen oder Dekrete, durch die er in späteren Zeiten das Leben und Handeln seiner Untertanen bis ins letzte Detail regelt. Offensichtlich sah er sich selbst als einen Führer unter den Menschen, der es in seiner Macht hatte, nach seinen eigenen Vorgaben eine Gemeinschaft aufzubauen, die durch Konsolidierung sogar mit den bereits in Arabien bestehenden konkurrieren könnte. Er übernahm das Kommando über eine schwache und unruhige Stadt und erkannte , dass ihr Wohlstand oder Untergang in seinen Händen lag ; Er war in der Tat der Schiedsrichter über sein Schicksal und das Schicksal seiner Kollegen, die alles mit ihm gewagt hatten.

Aber er konnte nicht lange in Coba bleiben , während die endgültige Prüfung der Mediner noch durchgeführt werden musste, und so finden wir ihn am vierten Tag seines Aufenthalts bei den Vorbereitungen für den Einzug in die Stadt. Aufgrund der bereits an Coba gesendeten Botschaften wurde er mit einiger Zuversicht auf Erfolg unternommen und erwies sich als ebenso triumphaler Einzug wie sein erster. Die Bevölkerung erwartete ihn voller Erwartung und Ehrfurcht und begrüßte ihn als ihren Propheten, den mächtigen Anführer, der zu ihrer Befreiung gekommen war. Sie umringten sein Kamel Al- Caswa und die Kamele seiner Anhänger, und als Al- Caswa vor dem Haus von Abu Ayub Halt machte , empfing Mohammed erneut die

Vorahnung des Tieres und blieb dort bis zum Bau der Moschee. Als Al-Caswa den gepflasterten Hof betrat, stieg Mohammed ab, um die Treue von Abu Ayub und seinem Haushalt zu empfangen. Dann wandte er sich an die Menschen und begrüßte sie mit Worten des guten Mutes und der Ermutigung, und sie antworteten mit Zurufen.

Sieben Monate lang wohnte der Prophet im Haus von Abu Ayub und kaufte den Hof, in dem Al- Caswa Halt machte, als Zeichen seines ersten Einzugs in Medina und als Erinnerung an seinen Aufenthaltsort während der schwierigen Zeit seiner Gründung in späteren Jahren . Der entscheidende Schritt war getan. Die Würfel waren nun gefallen. Es war, als hätte die kleine Flotte menschlicher Seelen endlich ihre Ankerplätze abgeworfen und sich unter dem Kommando eines Mannes, dessen Lotsenfähigkeiten noch unbekannt waren, in die unberührten Gewässer der weltlichen Herrschaft gewagt. In der Führung des Unternehmens waren viele Veränderungen notwendig, nicht zuletzt die Änderung der Einstellung zwischen dem Führer und seinen Anhängern. Mohammed, bisher religiöser Visionär und Lehrer, wurde das weltliche Oberhaupt einer Gemeinschaft und mit der Zeit das Oberhaupt eines politischen Staates. Der veränderte Aspekt seiner Mission kann gar nicht genug betont werden , denn er veränderte den Tenor seiner Gedanken und den Fortschritt seiner Worte. Die gesamte Poesie und das ganze Feuer, die die ersten Seiten des Kuran prägen, verschwinden mit seinem Empfang in Medina, abgesehen von gelegentlichen Blitzen, die die Chronik der detaillierten Verordnungen erhellen, zu der das Buch nun geworden ist.

Dieser offensichtliche Tod der poetischen Energie hatte sich allmählich über die Kuran ausgebreitet, unterstützt durch den kontroversen Charakter der letzten beiden mekkanischen Perioden, als er versuchte, das jüdische Element in Arabien mit jener Weitsichtigkeit zu versöhnen, die Medina bereits als seinen möglichen Zufluchtsort erkannte . In Wirklichkeit wurde die gesamte Energie seiner Natur von seinen Worten auf seine Taten übertragen und darin fand er seinen passenden Bereich, denn er war im Wesentlichen der Handelnde, jemand, dessen Werke der Ausdruck seines Geheimnisses sind, dessen Persönlichkeit tatsächlich nur beurteilt werden kann durch seine Taten. Als Ergebnis seiner politischen Führung offenbarte sich unweigerlich der Despotismus seiner Natur, der seiner Vorstellung von Gott innewohnte; er hatte ein Wesen postuliert, das die Menschheit in seiner Hand hielt und dessen Entscheidungen unter seinen Untertanen absolut waren; Da er nun ein irdisches Königreich unter der Führung Allahs gründen sollte, überschattete die Majestät des göttlichen Despotismus seinen Propheten und ermöglichte ihm, einem willigen Volk denselben Gehorsam gegenüber der Autorität aufzuzwingen, der die militärische Idee förderte.

Wir müssen unbedingt an Mohammeds Treu und Glauben glauben. In der Neuzeit besteht die Tendenz, ihn als einen Mann zu betrachten, der wissentlich die Leichtgläubigkeit seiner Anhänger ausnutzte, um eine Souveränität zu etablieren, deren Oberhaupt er sein sollte. Aber kein Student der Psychologie kann diese Vorstellung vom Propheten des Islam unterstützen. In allen großen Bewegungen gibt es eine subtile *Annäherung* zwischen Führer und Volk, die jeden Betrug instinktiv errät. Mohammed benutzte und formte Menschen aufgrund seines Glaubens an sein eigenes Glaubensbekenntnis. Die Etablierung der Verehrung Allahs brachte die Verherrlichung seines Propheten mit sich , aber sie wurde nicht durch Entweihung der Quelle erreicht, aus der seine Größe kam.

Mohammed ist der letzte dieser Führer, der sowohl die religiöse Hingabe als auch das politische Vertrauen seiner Anhänger gewinnt. Er setzte seine Souveränität mit Gewalt durch und schuf sein eigenes *Milieu* ; Vor allem aber verbreitete er die Tradition der Loyalität gegenüber einem Gott und einem Staat mit dem Schwert als Handwerker um sich herum, die ihren Schöpfer über Jahrhunderte arabischen Wohlstands hinweg überdauerte. Stein für Stein baute sich sein Reich auf, ein Gebäude, dessen Umriss seinem ausgeprägten Gespür für Details und seiner unerschrockenen Energie verdankte. Die letzten Tage in Mekka hatten gezeigt, dass er ein sorgfältiger Intrigant war, die ersten Tage in Medina bewiesen seine Führungsqualitäten und seine Fähigkeiten in Organisation und Regierung.

KAPITEL IX

DIE KONSOLIDIERUNG DER MACHT

„Die Ungläubigen werden darüber hinaus sagen: Du bist nicht von Gott gesandt.
Sag: Gott ist Zeuge genug zwischen mir und dir und jedem, der das Buch kennt." – *Der Kuran* .

Mahomet, der sich nun in Medina niedergelassen hatte, begann sofort mit der sorgfältigen Planung des Lebens seiner Anhänger und der unablässigen Förderung seiner eigenen Ideen in ihnen, die ihn bei den Gläubigen als Anführer und Herrscher beliebt machten und es ihm ermöglichten, seine Pläne rechtzeitig gegen ihn durchzusetzen seine Gegner mit Vertrauen in ihren Glauben und ihre Loyalität.

Sein Gespür für Details war wunderbar; ohne Eile und ohne Zwang unterwarf er die turbulenten Fraktionen in Medina und seine eigenen hartnäckigen Anhänger einer ebenso despotischen wie heilsamen Disziplin; Mahomet wurde zu dem, was die Umstände aus ihm machten; Aufgrund seiner mächtigen Gabe, die Männer und Kräfte, die ihm begegneten, zu formen , prägte er seiner Zeit seine Persönlichkeit ein; aber die materielle Gestaltung seiner Energie, die Blüte seiner schöpferischen Kunst, bezog ihre formende Nahrung aus dem Boden seiner Umgebung. Die Zeit der Ermahnung, die Zeit des Schreiens in der Wildnis, die Zeit des Lobpreises und der Poesie, die Zeit des Ausdrucks dieser hingerissenen, unsterblichen Leidenschaft, die seinen Geist erfüllte, während er über Gott nachdachte — all das war vorbei und nur noch ein verweilender Glanz über die stürmische Dringlichkeit seines späteren Lebens.

Nun verlangte seine Herde von ihm Organisation , Führung, politische und soziale Führung. Deshalb offenbart sich uns die volle Kraft seines Wesens nicht mehr so sehr wie bisher im Kuran , sondern vielmehr in seinen Institutionen und Verordnungen, seinen Feindschaften und Versöhnungen. Er ist nicht nur der Prophet, sondern auch der Gesetzgeber, der Staatsmann, fast der König geworden.

Seine erste Amtshandlung nach seiner Eingliederung in das Haus von Abu Ayub war die Vereinigung der Muhajerim und Ansar zur Bruderschaft. Dies waren zwei unterschiedliche Einheiten innerhalb Medinas; die Muhajerim (Flüchtlinge) hatten ihren Herrn entweder aus Mekka begleitet oder waren zuvor ausgewandert; Zu den Ansar (Helfern) zählten alle Konvertiten zum Islam innerhalb der Stadt. Diese Parteien waren nun in einer engen Bindung verbunden, wobei jeder Einzelne einen anderen der Gegenpartei mit sich brüderte, um die Rechte und Privilegien der Verwandtschaft zu erhalten. Mohammed nahm Ali als seinen Bruder, der tatsächlich nicht nur sein Verwandter, sondern auch sein militärischer Befehlshaber und Stabschef wurde. Die Weisheit dieser Vereinbarung, die etwa anderthalb Jahre währte – bis ihre Nützlichkeit durch die Vereinigung beider medinischer Stämme unter seiner Führung tatsächlich zunichte gemacht wurde – war unmittelbar und weitreichend. Es ermöglichte Mohammed, die Medina-Konvertiten genau zu überwachen, die möglicherweise widerriefen, wenn sie sich der Gefahren bewusst wurden, die eine Partnerschaft mit dem Muslim mit sich bringt. Es verlieh den beiden Parteien auch Kohärenz und ermöglichte den Muhajerim , in einer fremden Stadt Fuß zu fassen, die noch nicht einhellig befreundet war. Und die Muhajerim brauchten jede Freundlichkeit und Hilfe, die sie bekommen konnten, denn die ersten sechs Monate in Medina stellten sowohl ihre Gesundheit als auch ihr Durchhaltevermögen auf die Probe, so dass viele ihr Unterfangen bereuten und zurückgekehrt wären, wenn die Ansar sich nicht mit ihren Fürsorgemaßnahmen gemeldet hätten und Geschenke, und auch wenn ihre Chancen, Mekka lebend zu erreichen, nicht so prekär gewesen wären.

Das Klima in Medina ist feucht und wechselhaft. Heiße Tage wechseln sich mit kalten Nächten ab und im Winter gibt es fast ununterbrochen Regen. Die Mekkaner, die an die trockenen, heißen Tage und Nächte ihrer Heimatstadt gewöhnt waren, wo nur wenig Regen fiel und selbst dieser sofort vom ausgedörrten Boden absorbiert wurde, erduldeten viel Unbehagen, sogar Schmerzen, bevor sie sich akklimatisierten . Unter ihnen brach Fieber aus, und es dauerte einige Monate, bis die Epidemie mit den primitiven medizinischen Fähigkeiten, die ihnen zur Verfügung standen, eingedämmt werden konnte.

Doch trotz ihrer Schwäche und den Schwierigkeiten ihrer Position wurde in diesen ersten sieben Monaten die Mohammed-Moschee gebaut. Der Legende nach beteiligte sich der Prophet selbst an der Arbeit, indem er mit den bescheidensten seiner Anhänger Steine und Werkzeuge trug Wir können durchaus glauben, dass er die Arbeit seiner Glaubensbrüder nicht beachtete und dass sein verzehrender Eifer ihn dazu veranlasste, die ihm anvertraute Arbeit auf jede erdenkliche Weise voranzutreiben.

Die Medina-Moschee, die von den Muslimen und ihrem Anführer mit glühendem Herzen und eifrigen Gebeten erbaut wurde, enthält den Embryo aller späteren Meisterwerke der arabischen Architektur – dieser einzigartigen und großartigen Kunst, die sich mit dem islamischen Geist entwickelte, bis sie in dem herrlichen Tempel von Medina ihren Höhepunkt fand Delhi, dessen Vertreter der Welt die Paläste Südspaniens und die geheimnisvolle, abgelegene Schönheit des alten Granada geschenkt haben. In seinen embryonalen Minaretten und Kuppeln, seinen schlanken Bögen und zarten

Maßwerken drückte es die latente Poesie im Herzen des Islam aus, die die Ansprüche Allahs und die heftig eifersüchtige Verehrung für ihn bisher verdeckt hatten; Denn wie Jahweh in alter Zeit war Allah ein anspruchsvoller Geist, der keine Emotionen außer der Anbetung duldete, um Herr über die Herzen seines Volkes zu sein.

Die Moschee hatte einen quadratischen Grundriss, war aus Stein und Ziegeln gebaut und mit der besten Kunstfertigkeit errichtet, zu der sie fähig waren. Die Kibla , oder Richtung des Gebets, war in Richtung Jerusalem gerichtet, ein Symbol für Mohammeds Wunsch, die Juden zu versöhnen und sie schließlich mit seinem eigenen Volk in einer Gemeinschaft zu vereinen, in der er selbst das weltliche Oberhaupt war. Gegenüber befand sich das Bab Rahmah , das Tor der Barmherzigkeit und der allgemeine Eingang zum heiligen Ort. Rund um die Außenmauer der Moschee befanden sich Häuser für die Frauen und Töchter des Propheten, kleine Steingebäude mit zwei oder drei Räumen, fast Hütten, in denen Mohammeds Haushalt untergebracht war – Rockeya , seine Tochter, und Othman, ihr Ehemann; Fatima und Ali, Sawda und Ayesha, die bald seine Braut werden sollten und die auch jetzt noch überaus lieblich und charakterstark waren.

Mohammed selbst hatte kein eigenes Haus, sondern wohnte nacheinander bei jeder seiner Frauen und bevorzugte Ayesha am meisten, und als sein Harem wuchs, wurde für jede Frau ein Haus hinzugefügt, so dass sein Gefolge ständig in seiner Nähe war und unter seiner Aufsicht stand. Auf der Nordseite war das Gelände offen, und dort versammelten sich die ärmeren Anhänger Mohammeds, die von der nie versagenden Gastfreundschaft des Ostens und seiner bereitwilligen Großzügigkeit bei den Notwendigkeiten des Lebens lebten.

Sobald die Moschee gebaut wurde, entstand in Medina ein organisiertes religiöses Leben. In der Moschee selbst wurde ein täglicher Gottesdienst eingeführt und der vom Himmel gesandte Befehl, für jeden Muslim fünfmal am Tag zu beten, wurde durchgesetzt. Fünfmal in jedem Winkel der Welt empfängt Allah seinen flehenden Weihrauch; Im Morgengrauen, mittags, nachmittags, bei Sonnenuntergang und in der Nacht erweist der Muslim dem Herrn seines Wohlergehens seine gebührende Ehrerbietung und Lobpreisung und dankt Allah, seinem höchsten Führer und Verehrer, für die Gabe des Propheten, Führers und Beschützers der Gläubigen. Die Lustration vor dem Gebet wurde als Symbol für die Reinigung des Herzens der Gläubigen vor dem Eintritt in die Gegenwart Gottes und als Vorbereitung für die Zeremonie in der Moschee eingeführt. Der öffentliche Gottesdienst am Freitag, der in Coba eingeführt wurde, wurde in Medina fortgesetzt und bestand hauptsächlich aus einer Predigt, die Mohammed von einer Kanzel hielt, die im Inneren der Moschee aufgestellt war, deren Heiligkeit sprichwörtlich und unangefochten war . So wurde die Saat eines gemeinschaftlichen religiösen Lebens gesät, der Embryo, aus dem die arabische Militärorganisation , ihr Gemeinwesen und sogar ihr Gesellschaftssystem hervorgehen sollten.

Trotz der wachsenden Zahl der Ansar gab es in Medina immer noch eine Partei, die „Unzufriedenen", die den Propheten oder sein Glaubensbekenntnis noch nicht akzeptiert hatte. Über diese übte Mohammed eine strenge Aufsicht aus, getreu seiner Überzeugung, dass ein erfolgreicher Herrscher der Vorsehung nichts überlässt, was er selbst entdecken und regeln könnte. „Vertraue auf Gott, aber binde dein Kamel an." Auf diese Weise sowie durch persönlichen Einfluss und Ermahnung wurden „Unzufriedene" kontrolliert und schließlich in gute Muslime umgewandelt; denn die Vorsichtigeren unter ihnen – diejenigen, die abwarteten, wie sich die Ereignisse entwickeln würden – überzeugten sich bald von Mohammeds Fähigkeiten, und die schwach Passiven gerieten in den Wirbel der Begeisterung, der den Propheten umgab, der ständig alle Zustände der Menschen in sich auf sich zog - sich erweiternder Kreis.

Nachdem er seine eigenen Anhänger organisiert und ihre Immunität vor internen Konflikten gesichert hatte, war Mohammed gezwungen, seine Aufmerksamkeit auf das jüdische Element in seiner Wahlheimat zu richten und schnell seine Politik gegenüber den drei israelitischen Stämmen zu beschließen, die die wohlhabendere und handelnde Bevölkerung von Medina bildeten .

Von Anfang an zielten Mahomets Wünsche auf eine föderale Union ab, in der jede Partei ihrem eigenen Glauben folgen und die Kontrolle über ihre eigenen Stammesangelegenheiten und Finanzen haben würde, es sei denn, die Notwendigkeit des gegenseitigen Schutzes vor Feinden erforderte eine Union der Kräfte. Wiederum gründete Mohammed seine Politik auf der Doktrin des Opportunismus. Sein oberstes Ziel bestand zweifellos darin, Juden und Medinaner unter seiner Herrschaft in einem gemeinsamen religiösen und politischen Band zu vereinen, aber er erkannte , dass eine solche Aktion angesichts der größeren Stabilität der Juden und der Schwäche seiner Partei innerhalb der Stadt derzeit unmöglich war. Seine Verhandlungen und Versöhnungen mit den Juden sind eines der vielen Beispiele seiner herausragenden Fähigkeiten als Staatsmann.

Die Juden selbst, die von Mohammeds plötzlichem Eintritt in ihr bürgerliches Leben fast überrascht waren, stimmten dem von ihm vorgeschlagenen Vertrag zu und stimmten unbewusst seinen subtilen Versuchen zu, die beiden Glaubensrichtungen zu einem Ganzen zu verschmelzen, in dem der Islam der dominierende Faktor sein würde. Als Mohammed Jerusalem zu seiner Kibla , der Gebetsrichtung, machte und den Zusammenhang zwischen jüdischer und arabischer Geschichte betonte, ließen sie diese Fortschritte zu und stimmten einem Vertrag zu, der die Grundlage für eine politische und soziale Konvergenz und die endgültige Übernahme ihrer eigenen Geschichte gelegt hätte Nation.

Mohammed wusste, dass der Föderalismus mit den Juden ein notwendiger Schritt zu seinem gewünschten Ziel war, und deshalb entwarf er einen Vertrag, in dem der gegenseitige Schutz vor äußeren Feinden sowie vor inneren Aufruhr gewährleistet war. Gastfreundschaft sollte frei gewährt und verlangt werden, und keine der Parteien durfte einen Ungläubigen gegen einen Gläubigen unterstützen. Es wurden Garantien für gegenseitige Sicherheit ausgetauscht, und man kam überein, dass jeder die Freiheit haben sollte, auf seine eigene Art und Weise zu beten. Der Vertrag wirft Licht auf das Clansystem, das im Arabien des 7. Jahrhunderts immer noch herrschte. Die Juden waren ihre eigenen Herren in der Ordnung ihres Lebens, ebenso wie die medinischen Stämme, selbst nach vielen Jahren der Nachbarschaft und häufigem Austausch von Geschäften und gegenseitigen Zusicherungen. Das bedeutendste politische Werk Mohammeds, die Einführung der föderalen und später der nationalen Idee in Arabien anstelle der Stammesidee, wurde damit ins Leben gerufen, und im Laufe der Entwicklung seiner politischen Macht wird man sehen, dass die Kämpfe zwischen er selbst und die umliegenden Völker hingen praktisch von der Annahme oder Ablehnung ab.

Die Juden mit ihrer engen Vorstellung von der politischen Einheit konnten sich weder mit dem Föderalismus noch mit der Union abfinden, und sobald Mohammed ihre Unfähigkeit erkannte , wurde er unerbittlich und vertrieb sie entweder oder erzwang ihre Unterwerfung durch Terror und Blutbad. Aber vorerst erforderten seine Politik und seine Klugheit einen Kompromiss, und er war stark genug, seinen Willen durchzusetzen.

Die politischen und sozialen Probleme seines embryonalen Staates hatten eine vorübergehende Lösung gefunden, und Mohammed hatte die Freiheit, seine Aufmerksamkeit auf äußere Feinde zu richten. In seiner Haltung gegenüber denen, die ihn verfolgt hatten, zeigte er mehr denn je seine Entschlossenheit, nicht nur eine religiöse Gesellschaft, sondern einen mächtigen weltlichen Staat aufzubauen.

Die Mekkaner wären damit zufrieden gewesen, die Dinge so zu belassen, wie sie waren, und waren durchaus bereit, Mohammed seine Macht in Medina unbehelligt etablieren zu lassen, vorausgesetzt, sie hätten eine Art Immunität gegen Angriffe erhalten. Aber von Anfang an beschäftigten sich die Gedanken des Propheten mit anderen Plänen, und obwohl die Rache für seine Entbehrungen als Auslöser seiner Angriffe auf den Kureisch- Handel erklärt wurde, muss nach dem bestimmenden Motiv viel tiefer gesucht werden. Das große Projekt der Belästigung und des endgültigen Sturzes der

Kureisch war in Mahomets Geist nur schwach vorhersehbar, und er wurde sich immer tiefer der Rolle bewusst, die dabei das Schwert spielen musste.

Noch zögerte er, den Krieg als obersten Schiedsrichter über sein eigenes Schicksal und das seiner Anhänger anzuerkennen, denn die Tapferkeit seiner Truppen und die Geschicklichkeit seiner Anführer waren unbewiesen. Die vor der Schlacht von Bedr unternommenen Streifzüge sind eigentlich nichts weiter als Essays der Muslime im Kriegsspiel, und erst nachdem der Beweis ihrer Macht gegen die Kureisch erbracht worden war, gab Mohammed seine zukünftige Politik auf, um diese zu wahren helle, unheilvolle Gottheit, die alle Menschensöhne anlockt. In gewissem Maße stimmte es zwar, dass der Zusammenstoß zwischen Mohammed und den Kureisch unvermeidbar war, aber dass er am Horizont von Medinas Politik eine so große Rolle spielte, ist auf die Entschlossenheit des Propheten zurückzuführen, sofort den Reichtum und die Sicherheit seines Rivalen anzugreifen. Auch die Plünderungslust verstärkte Mohammeds Vergeltungsmaßnahmen gegen Mekka; Selbst wenn diese Stadt zufrieden damit war, ihn in Ruhe zu lassen, waren die Karawanen der Kureischiten nach Bostra und Syrien, die so nahe an Medina vorbeizogen, zu verlockend, als dass man sie ignorieren konnte.

Auf diesen jahrhundertealten Routen reisten die mekkanischen Waren immer noch auf ihrem tückischen Weg, waren der Gnade der Sonne und der Wüstenstürme und der rücksichtslosen Wildheit dieses katastrophalen Landes ausgeliefert, das Opfer aller marodierenden Stämme war und dessen Existenz von der Stärke seiner Eskorte abhängig war. Und da Plünderung süßer ist als Arbeit , hoffte jeder Häuptling mit schnellen Reitern und guten Speerkämpfern, seinen Reichtum auf Kosten Mekkas zu erlangen. Aber ihre Versuche scheiterten größtenteils, hauptsächlich aufgrund des Mangels an Zusammenhalt und Generalität; Bis Mohammed stellte keines wirklich eine ernsthafte Bedrohung für den Reichtum der Kureischiten dar .

er im Ramadan (Dezember) desselben Jahres seinen ersten Feldzug gegen die Kureisch aussenden konnte. Die Gruppe wurde von Hamza angeführt, dessen Soldatenqualitäten sich erst am Anfang ihrer Entwicklung befanden, und bestand wahrscheinlich aus einigen muslimischen Reitern auf ihren schönen, schnellen Reittieren und einem oder zwei Speerkämpfern sowie möglicherweise mehreren Kriegern, die sich mit Pfeilen auskannten. Sie brachen von Medina auf und gingen der Karawane entgegen, die sich darauf vorbereitete, an ihrer Stadt vorbeizuziehen. Der Kureisch hatte Abu Jahl als Befehlshaber eingesetzt – einen Mann, dessen unbesiegbarer Hass auf den Islam und den Propheten sich in der Verfolgung in Mekka manifestiert hatte und dessen Feindseligkeit mit dem Vormarsch der muslimischen Macht zunahm.

Die Karawane wurde bewacht, aber nicht allzu stark, und Hamzas Truppe verfolgte sie und hätte sie beinahe angegriffen, als ein Beduinenhäuptling der Wüste, der mächtiger war als die beiden Parteien, eingriff und den Muslim zum Rückzug zwang, während er Abu Jahl verbot, sie zu verfolgen oder Rache zu üben . So setzte die Karawane unbehelligt ihren Weg nach Syrien fort und tauschte dort Gummi, Leder und Weihrauch gegen Seiden und Edelmetalle, feine Stoffe und luxuriöse Vorhänge, die die syrischen Märkte zu einem lebendigen Gemisch aus Glanz und Glanz machten, gespickt mit hellen Farben und Farben brünierte Oberflächen, die im heißen Glanz des Ostens schimmern. Im Januar 623 machte sich die Karawane auf den Heimweg „auf ihrer einsamen Reise durch die Wüste", und erneut schickte der Muslim eine Angriffsgruppe aus, in der Hoffnung, sich diese größere Beute zu sichern. Aber die Kureisch waren klug und hatten sich mit einer stärkeren Eskorte ausgestattet, vor der den Muslimen nichts anderes übrig blieb, als sich zurückzuziehen – allerdings nicht, bevor sie ein paar vorsichtige Pfeile auf die Kavallerie geschickt hatten. Obeida , ihr Anführer und ein Cousin Mohammeds, gab den Befehl zum Schießen und ist fortan als „derjenige bekannt, der den ersten Pfeil für den Islam schoss".

Nach einem Monat verfasste Sa'd einen weiteren Aufsatz über eine nach Norden ziehende Karawane , wiederum ohne Erfolg, da er die Daten falsch berechnet hatte und seine Beute um einige Tage verfehlte. Jeder Anführer wurde bei seiner Rückkehr nach Medina von Mohammed ehrenvoll empfangen , weil er seine Tapferkeit für die Sache des Islam unter Beweis gestellt hatte , und ihm wurde ein weißes Banner überreicht.

Bisher hatte der Prophet selbst das Feld noch nicht betreten ; Jetzt jedoch, im Sommer und Herbst 623, begab sich Mohammed persönlich ins Feld und führte drei größere, aber immer noch erfolglose Expeditionen durch, obwohl es Anzeichen dafür gab, dass mit dem jüdischen Bündnis zu Hause nicht alles in Ordnung war. Das letzte Angriffsaufgebot vom Oktober 623 bestand aus 200 Mann, aber selbst dann konnte Mohammed nichts gegen die kureischitische Eskorte ausrichten. Der versuchte Raubzug hatte dennoch ein wichtiges Ergebnis, denn durch diese Demonstration seiner Stärke gelang es Mohammed, einen benachbarten Wüstenstamm, der Mekka bisher freundlich gesinnt war, von der Zweckmäßigkeit eines Bündnisses mit den Muslimen zu überzeugen.

Der Vertrag zwischen Mohammed und dem Beduinenstamm markiert den Beginn einer bedeutenden Entwicklung in seiner Außenpolitik . Wie die Römer und alle Militärnationen wusste er, wie wertvoll es war, vorteilhafte Bündnisse einzugehen, und war gleichzeitig klarsichtig genug, um zu erkennen , dass der Kampf mit Mekka unvermeidlich war. In den Monaten vor der Schlacht von Bedr schloss er mehrere Verträge mit Wüstenstämmen, und dieser Politik verdankt er zum Teil seine Macht, seine aggressive Haltung gegenüber den Kureisch aufrechtzuerhalten , denn mit der Allianz der Stämme rund um die Karawanenrouten konnte Mahomet dies tun Stellen Sie sicher, dass Sie den Handel mit Mekka nicht behindern.

Während der Prophet vor Ort war , überließ er es seinen Vertretern, sich um die Angelegenheiten seiner Stadt zu kümmern. Diese Vertreter wurden von ihm ernannt und gehörten stets zu seinem persönlichen Gefolge. Ali und Abu Bekr wurden am häufigsten ausgewählt, bis All seinen Wert als Krieger unter Beweis stellte, und so begleiteten oder befehligten sie normalerweise die Expeditionstruppe. Die Vertreter hatten ihre Autorität direkt von Mohammed und hatten in allen Angelegenheiten die gleiche Macht wie der Prophet während seiner Abwesenheit. Es spricht für die Loyalität und den Scharfsinn dieser Minister, dass Mohammed die Stadt so oft und so selbstbewusst verlassen konnte und dass die Regierung wie unter seiner persönlichen Aufsicht weitergeführt wurde.

Ob die Juden aufgrund der häufigen Abwesenheit Mohammeds übermutig waren oder ob sie sich nun der Tendenz von Mohammeds Politik bewusst wurden, das jüdische Element innerhalb der Stadt in den Islam zu integrieren, wird nie geklärt werden, abgesehen von der Tatsache, dass die jüdischen Stämme dies waren Sie waren nicht begeistert von ihrer Verbindung mit den Muslimen und ihr nationaler Charakter hinderte sie daran, ein Bündnis anzunehmen, das die Autonomie ihrer Religion bedrohte. Es ist jedoch sicher, dass die Unzufriedenheit der Juden im Laufe des Jahres immer lauter zum Ausdruck kam. Die Suren dieser Zeit sind voller Beschimpfungen und Drohungen gegen sie und bilden einen größeren Kontrast zu den späteren mekkanischen Suren, in denen Israel geehrt und seine Helden als Vorbilder hochgehalten wurden. Einige Juden waren für seine Sache gewonnen worden, aber die Masse zeigte sich entweder feindselig oder gleichgültig gegenüber der föderalen Idee. Bislang war noch kein endgültiger Abbruch der Beziehungen eingetreten, aber alles deutete auf eine baldige Auflösung des Vertrags hin, es sei denn, die eine oder andere Seite mäßigte ihre Ansichten.

Im Herbst 628 etablierte sich Mohammed vollständig in Medina. Er hatte seinen Wert durch seine Energie und Organisationsfähigkeit , durch seine Hingabe an Allah und seinen Eifer für den Glauben, den er gegründet hatte, bekannt gemacht. Die Mediner betrachteten ihn bereits als ihren natürlichen Anführer, und er hatte ihre Stadt definitiv als sein Hauptquartier übernommen. Durch seine Fähigkeiten als Staatsmann und seine Loyalität gegenüber einer Idee, die er ausgearbeitet hatte, bildeten ihn die Grundlagen seines zukünftigen Staates, und wenn er in den letzten Monaten des Jahres 623 noch nicht stark genug war, um die Mekkaner zu besiegen, war er zumindest so fest etabliert, dass er konnte es sich leisten, auf jegliche Annäherungsversuche an die immer feindseliger werdenden Juden zu verzichten, und er hatte genügend Anhänger gewonnen, um mit Gleichmut über die Aussicht auf einen scharfen und längeren Kampf mit den Kureisch nachdenken zu können .

KAPITEL X

Die Abspaltung der Juden

„Auch wenn du denen, die die Schriften empfangen haben, jede Art von Zeichen bringen solltest , werden sie doch deine Kibla nicht annehmen; du sollst auch nicht ihre Kibla annehmen ; noch wird ein Teil von ihnen die Kibla des anderen annehmen." – *Der Kuran*

Mohammed erkannte die Lage der Dinge in Medina zu genau, als dass er persönlich irgendwelche Raubzüge gegen die Kureisch im Herbst und Winter 623 unternommen hätte. Die Juden ärgerten sich über seine stillschweigende Annahme der staatlichen Kontrolle, und obwohl ihr Murren nicht bis ans Ende reichte Trotz der Rücksichtslosigkeit des Streits erkannten sowohl ihre Führer als auch die Muslime, dass ihre Unzufriedenheit unvermeidlich war. Die Unsicherheit zu Hause hinderte ihn jedoch nicht daran, unter Abdallah eine Expedition in Rajab (Oktober) desselben Jahres auszusenden. Rajab ist ein heiliger Monat im mohammedanischen Kalender, in dem Krieg verboten ist. Streng genommen verstieß Mohammed also, als er gerade eine Expedition aussandte, gegen die Gesetze dieser Religion, die er, von ihrem Götzendienst befreit, für sich beanspruchte. Aber es war eine günstige Gelegenheit, die kureischitische Karawane auf ihrem Weg nach Taif anzugreifen , und deshalb scheute Mohammed nichts von dem Verbot.

Taif war ein sehr weit entferntes Ziel für eine Expeditionstruppe aus Medina, und dass Mohammed erwog, seinen Feind durch eine so weit von seinem Stützpunkt entfernte Kompanie anzugreifen, ist ein überzeugender Beweis dafür, dass er auf die Tapferkeit seiner Anhänger und seine Versöhnung vertraute der Stämme, die zwischen den beiden feindlichen Städten liegen.

Abdallah erhielt versiegelte Befehle mit der Anweisung, das Pergament erst zu öffnen, als er sich zwei Tage südlich von Medina befand. Am zweiten Tag kam er bei Sonnenuntergang mit seinen acht Anhängern zu einem Brunnen mitten in der Wüste. Dort, unter den wenigen Dattelpalmen, die ihnen Schutz boten, brach er das Siegel und las:

„Wenn du diese Schrift liest, begib dich nach Nakhla , zwischen Taif und Mekka. Dort lauerst du auf die Kureisch und überbringst deinen Kameraden Neuigkeiten über sie."

Während Abdallah las, schwankten seine Gedanken zwischen Besorgnis und Wagemut, und er wandte sich an seine Gefährten und beriet sich mit ihnen.

Nakhla zu gehen und dort auf die Kureisch zu warten ; außerdem hat er mir befohlen, euch zu sagen: Wer auch immer das Märtyrertum für den Islam wünscht , der soll mir folgen, und wer es nicht ertragen will, der soll umkehren. Was mich betrifft, Ich bin entschlossen, die Befehle des Propheten Gottes auszuführen.“

Dann versicherten ihm alle acht Gefährten, dass sie ihn nicht verlassen würden, bis die Aufgabe erfüllt sei. Im Morgengrauen setzten sie ihren Marsch fort und erreichten schließlich Nakhla , wo sie auf die mit Gewürzen und Leder beladene Kureisch- Karawane trafen. Nun war es der letzte Tag des Monats Rajab, an dem es verboten war zu kämpfen, deshalb beriet sich der Muslim und sagte:

„Wenn wir heute nicht kämpfen, werden sie uns entkommen und fliehen.“

Aber der implizite Befehl des Propheten war stark genug, um bei der kleinen angreifenden Gruppe Initiative und Hartnäckigkeit zu wecken. Sie griffen die Kureisch an und überschütteten ihren Weg mit Pfeilen, so dass ein Mann getötet und mehrere verwundet wurden. Der Rest gab seine Waren auf und floh und ließ zwei Gefangene zurück, denen der Rückzug abgeschnitten worden war. Abdallah blieb im Besitz des Feldes und kehrte freudig nach Medina zurück, mit sich die erste vom Muslim erbeutete Beute.

Doch seine Rückkehr führte Mahomet in ein Dilemma, aus dem es scheinbar keinen Ausweg gab. Politisch war er verpflichtet, Abdallahs Tat zu billigen; Aus religiöser Sicht konnte er es weder loben noch die Früchte davon teilen. Tagelang blieb die Beute ungeteilt, doch Abdallah wurde weder bestraft noch gerügt. Unterdessen wetteiferten Juden und Kureisch darin, Mohammed zu verfluchen, und sogar sein eigenes Volk murrte gegen ihn. Es war eindeutig an der Zeit, der Tat eine verbindliche Sanktion zu geben, und dementsprechend haben wir in der Sure „Die Kuh“ die Offenbarung Allahs, die die größere Schuld der Ungläubigen und derjenigen verkündet, die Bürgerkriege schüren würden:

„Sie werden dich über den Krieg im Heiligen Monat befragen. Sprich: Darin Krieg zu führen ist schlecht, aber sich von der Sache Gottes abzuwenden und keinen Glauben an Ihn und an den Heiligen Tempel zu haben und dessen Volk zu vertreiben.“ , ist in den Augen Gottes schlimmer; Bürgerkrieg ist schlimmer als Blutvergießen.“

An Mohammeds Aufrichtigkeit dürfen in diesem und ähnlichen Fällen keinerlei Zweifel geäußert werden. Der Kuran war das Fahrzeug des Herrn; er hatte es benutzt, um seine Einheit und Macht und seine Warnungen an die Ungerechten zu verkünden. Nachdem der Islam nun seine erhabene und unauflösliche Majestät anerkannt und ihm untrennbar den Thron des Himmels und die Herrschaft über die Erde übertragen hatte, spaltete sich die Welt in Gläubige und Ungläubige. Der Kuran muss daher notwendigerweise aufhören, nur die Verkündigung der göttlichen Einheit zu sein, die er gewesen ist, und zum Vehikel für bestimmte Befehle und Vorschriften werden, das Ergebnis jener theokratischen Ideen, auf denen Mohammeds Glaubensbekenntnis basierte. Die Rechtfertigung würde dem Volk nicht gefallen, es sei denn, Allahs Sanktion würde sie unterstützen, und Mohammed erkannte mit all seinem Glaubenseifer , dass die Übertretung gering war im Vergleich zu dem Ergebnis, das für den Fortschritt des Islam erzielt wurde. Der Prophet erhielt daher mit Allahs Zustimmung ein Fünftel der Beute, die Gefangenen ließ er jedoch frei, nachdem er ein Lösegeld erhalten hatte.

„Das", sagt der Historiker, „war die erste Beute, die Mohammed machte, die ersten Gefangenen, die er machte, und das erste Leben, das er nahm." Die Bedeutung des Ereignisses war im gesamten Islam deutlich zu spüren, und Abdallah, sein Held, erhielt von Mohammeds Händen den Titel „Amir-al-Momirim ", Befehlshaber der Gläubigen – ein Titel, der untrennbar an die Grausamkeit und Großartigkeit, den Glamour und die Schönheit erinnert Raubgier im arabischen Bagdad unter Haroun-al- Raschid . Das tapfere Unterfangen war nun vollendet, die Kureisch- Karawane war geplündert und die Kureisch selbst gerieten in Zorn über die Unverschämtheit des Propheten; aber vor allem wurde der Kanal von Mohammeds Kriegspolitik dadurch so tief eingegraben, dass er ihn nicht hätte auslöschen können, wenn er gewollt hätte. Von nun an beschränkte sich sein schöpferisches Genie auf die Vertiefung seines Verlaufs und die Richtung seiner Entfaltung.

Die Juden hatten sich nicht damit begnügt, gegen Mohammeds Herrschaft zu murren, sie versuchten, ihn durch aktiven Aufruhr in Verlegenheit zu bringen. Einer ihrer ersten Versuche gegen Mahomets Regime bestand darin, Streit zwischen den Flüchtlingen und Helfern zu schüren. Ohne Mahomets effizientes Spionagesystem, eine Methode, auf die er sein ganzes Leben lang vertraute, hätten sie damit Erfolg gehabt. Da es ihnen nicht gelang, im Geheimen eine Rebellion auszulösen, eröffneten sie Feindseligkeiten, und die Muslime, die eifersüchtig auf ihren Glauben waren, revanchierten sich mit Verachtung und Entfremdung. Im Winter 623 kam es zu persönlichen Angriffen des Pöbels auf Mohammed. Das Volk wurde von seinen Anführern dazu gedrängt, den Propheten zu steinigen, aber er wurde rechtzeitig gewarnt und entkam ihren Angriffen.

Die Volkswut war lediglich der Reflex einer grundsätzlichen Meinungsverschiedenheit zwischen den gegnerischen Parteien. Das jüdische und das muslimische System konnten niemals zusammenwachsen, da beide die Vorherrschaft beanspruchten und alle Kompromisse ignorierten. Die jahrhundertealten, heiligen Traditionen der Juden, die eine Theokratie unterstützten, die so unnachgiebig war wie jede von Mohammed gepredigte Vorstellung von göttlicher Souveränität, sahen sich einer neuen kreativen Kraft gegenüber, die ihre eigenen Legenden schnell entwickelte und in ihrer

Begeisterung stark genug war, um ihre eigenen zu überwältigen . Die Rabbiner hatten das Gefühl, dass Mohammed und seine Kriegerhelden – Ali, Omar, Othman und die anderen – mit der Zeit ihre eigenen Heiligen von ihren hohen Plätzen verdrängen würden, genauso wie sie sahen, dass Mohammed mit Abu Bekr und seinem Stab aus Verwaltern und Informanten bereits die Oberhand hatte ihre eigenen Ratsmitglieder in den Zivil- und Militärabteilungen ihres Staates. Das alte Regime konnte sich nicht mit dem neuen vermischen, denn das würde bedeuten, dass es von seinem energischeren Nachbarn übernommen würde, und der jüdische Geist ist seinem Wesen nach exklusiv und zwangsläufig separatistisch. Mohammed gab sich keine Mühe, seine Verbündeten zu versöhnen; Sie hatten in den Tagen seiner Unsicherheit einen Vertrag mit ihm geschlossen, und er war dankbar, aber jetzt war seine Position in Medina unangreifbar, und ihr Wohlwollen war ihm gleichgültig. Als ihre Aggression zunahm , zog er sich bewusst von der Teilnahme an ihrem religiösen Leben zurück und brach die Verbindung zu ihren Riten und Verordnungen ab.

Die Kibla des Muslims, wohin sie bei jedem Gebet ihr Gesicht wandten und die er als den Tempel in Jerusalem bezeichnet hatte, Schauplatz seiner Einschiffung auf die wundersame „Mitternachtsreise", wurde nun in die Kaaba in Mekka geändert. Welche Voraussicht oder prophetische Inspiration veranlasste Mohammed, den Blick seiner Anhänger vom Norden abzuwenden und sie auf ihre frühere Heimat mit ihrer wilden und rücksichtslosen Hitze zu richten, die scheinbar die Verwirklichung seiner eigenen unerbittlichen und leidenschaftlichen Ziele war? Fortan wurde Mekka unbewusst zum Ziel eines jeden Muslims, zur begehrten Stadt, für die man kämpfte und für die man starb, zum Wohnort seines Propheten, zur Krone seines Glaubens.

Das jüdische Sühnefasten, das im semitischen Glauben und in der Glaubenslehre eine so wichtige Rolle spielt, war im Jahr 622 Teil des muslimischen Rituals geworden, während eine Bundesunion noch möglich schien, aber im nächsten Jahr konnte eine solche Verschmelzung nicht stattfinden. Im Ramadan (Dezember bis Januar) führte Mohammed daher ein gesondertes Fasten für die Gläubigen ein. Es sollte sich über den gesamten heiligen Monat erstrecken, in dem der Kuran zum ersten Mal an die Menschen herabgesandt worden war. Seine Heiligkeit wurde von nun an zu einer starken Erinnerung für den Muslim an seine besonderen Pflichten gegenüber Allah und an die Ehrfurcht, die dem göttlichen Hüter des Islam zu erweisen ist. Während aller Tage des Ramadan durfte kein Essen oder Trinken an die Lippen eines Muslims gelangen, noch durfte er eine Frau berühren, doch in dem Moment, als der Rand der Sonne unter dem Horizont verschwand, wurde ihm das Fasten bis zum Morgengrauen entzogen. Keine Institution im Islam ist so besonders heilig wie der Ramadan und keine wird so gewissenhaft eingehalten, selbst wenn das Fasten während des Mondjahres in der bitteren Hitze des Sommers fällt. Es handelt sich um eine charakteristische Verordnung, die die lebhafte muslimische Besorgnis über die Rolle der Enthaltsamkeit in ihrem religiösen Kodex unterstreicht . Am Ende des Fastens, also beim Anblick des nächsten Neumondes, verkündete Mohammed ein Fest, Eed -al-Fitr, das an die Stelle der großen jüdischen Jubelzeremonie treten sollte.

Auch zu dieser Zeit verfügte Mohammed, offensichtlich darauf bedacht, seine religiösen Bräuche zu festigen und ihr Verhalten zu regeln, eine neue Institution, die in keiner Religion Parallelen hatte – den Adzan oder Gebetsruf. Mohammed wollte die Gläubigen in die Moschee rufen, und es blieb ihm nichts anderes übrig, als eine Glocke zu läuten, wie sie die Christen benutzen, ein Ritus, der den Gläubigen missfiel. Tatsächlich soll Mohammed später gesagt haben: „Die Glocke ist das Musikinstrument des Teufels."

Aber Abdallah, ein Mann mit tiefem Glauben und Liebe zum Islam, erhielt danach eine Vision, in der ihm ein „Geist in der Gestalt eines Menschen, gekleidet in grüne Gewänder" erschien und ihn aufrief, die Gläubigen von der Moschee aus zum Gebet aufzurufen Jedes Mal zur Hingabe bestimmt.

„Rufen Sie viermal: ‚Gott ist groß' und dann: ‚Ich bezeuge, dass es keinen Gott außer Gott gibt und Mohammed sein Prophet ist. Kommt zum Gebet, kommt zur Erlösung. Gott ist groß; es gibt keinen Gott außer Ihm.' .'"

„Eine wahre Vision", erklärte Mahomet. „Geh und lehre es Bilal, damit er zum Gebet ruft, denn er hat eine bessere Stimme als du."

Als Bilal, ein Sklave, den Befehl erhielt, ging er zur Moschee hinauf, kletterte auf das höchste Minarett, rief laut seine Aufforderung und fügte bei jedem Morgengrauen hinzu:

„Gebet ist besser als Schlaf, Gebet ist besser als Schlaf."

Und als Omar den Ruf hörte, ging er zu Mohammed und erklärte, dass er in der Nacht zuvor dieselbe Vision gehabt habe.

Und Mohammed antwortete ihm: „Gepriesen sei Allah!"

Damit wurde das charakteristischste Brauchtum im Islam eingeweiht, das dem westlichen Reisenden einen sehr starken Eindruck macht, wenn er im Dämmerlicht jeder Morgendämmerung, bevor der Sonnenrand im Osten zu sehen ist, die Stimmen des Muezzin aus jeder Moschee hört Die Stadt verkündete ihre unveränderliche Botschaft, ihren eindringlichen Befehl zum Gebet und Lobpreis. Er sieht, wie die Stadt in magisches Leben erwacht, wie die dunklen Gestalten der Muslime zum heiligen Ort eilen, der im goldenen Licht des frühen Tages schimmert, und weiß, dass sich hinter dieser äußeren Manifestation ein Glaube verbirgt, der im Grunde genommen unverständlich ist seine Distanziertheit gegenüber den fortschreitenden Strömungen des modernen Denkens, ein Glaube, der spirituell machtlos ist, da er vor der Mystik flieht und eine Energie erzeugt, die ihre Lebenskraft für Eroberungen aufgewendet hat, nur um dann intellektuell zu rückständig und körperlich träge zu sein, um die Früchte davon im Wohlstand zu sammeln seine Errungenschaften. Sein Mangel an Vorstellungskraft und seine völlige Ignoranz gegenüber der Verlockung des Fremden waren für die Bewältigung gewaltiger Aufgaben verantwortlich, denn die treibende Energie dahinter ließ sich weder durch Vorfreude entsetzen noch durch die Erkenntnis kommenden Stresses und Schreckens bremsen . Und die gleichen Eigenschaften, die die Muslime zur Welteroberung führten, führten später zu ihrem Untergang, denn ihr Verstand konnte sich die für jede kreative Wissenschaft notwendige Welt der Vorstellungskraft nicht vorstellen , während ihr Intellekt nicht auf die Aufnahme solcher generativen Ideen eingestellt war, die dazu beigetragen haben zur philosophischen und spekulativen Entwicklung der westlichen Welt.

Alle Merkmale, die den Islam hinsichtlich der Schaffung und Vernichtung seines Schicksals auszeichnen, sind in der kleinen medinischen Gemeinde im Embryo zu finden; denn ihr Anführer drängte seiner Herde durch seinen eigenen kreativen Eifer jede Idee auf, die die Form und den Inhalt ihrer zukünftigen Karriere von ihrem Aufstieg bis zu ihrem Höhepunkt und Niedergang prägte.

KAPITEL XI

DIE SCHLACHT VON BEDR

„Sie planten, aber Gott plante, und unter den Verschwörern ist Gott der Beste." – Der Koran .

Mohammeds Stern, der nun ständig auf dem Vormarsch ist, erstrahlte im Ramadan des zweiten Jahres der Hegira in plötzlichem Glanz. Sein Glanz und die Verwirrung, die sein triumphaler Fortbestand hervorrief, spiegeln sich in allen Chroniken und Legenden um diese Zeit.

Wenn Nakhlu eine Errungenschaft gewesen war, die des Gesandten Gottes würdig war, so war der Sieg, der darauf folgte, ein unwiderlegbares Argument für Mohammeds göttlich verordnete Herrschaft über die arabischen Völker. Den Muslimen und sogar den heutigen feindlichen Stämmen schien es nichts weniger als ein erstaunlicher Beweis ihrer Meisterschaft durch Gott. Muslimische Dichter und Historiker werden nicht müde, über den Ruhm zu schwärmen, den ihre kleine Gemeinschaft mit wenig, aber anhaltendem Eifer und höchstem Glauben erreicht hat, um ihre Feinde zu verwirren. Kein militärisches Ereignis im Leben des Propheten löste auf seinen eigenen Lippen solche Freude aus wie der Triumph bei Bedr :

„O ihr Mekkaner, wenn ihr eine Entscheidung gewünscht habt, jetzt ist die Entscheidung zu euch gekommen. Es wird besser für euch sein, wenn ihr den Kampf aufgibt. Wenn ihr dorthin zurückkehrt, werden wir zurückkehren, und eure Streitkräfte, auch wenn sie zahlreich sind." wird euch nichts nützen, denn Gott ist mit den Gläubigen.

Durch die gesamte Sure VIII zieht sich der Klang des Jubels, die Darstellung des grimmigen und großartigen Mutes in langweiligen Worten, der inmitten der Stürme und Blitze des Himmels zum Sieg geführt wird.

Solch ein welterschütterndes Ereignis, dessen Auswirkungen weit über seine unmittelbare Umgebung hinausreichten, wurde in allen arabischen Chroniken angemessen behandelt, so dass wir in der Lage sind, die der Schlacht selbst vorausgehenden Ereignisse, ihren Verlauf und ihr Ergebnis mit a zu rekonstruieren lebendige Vollständigkeit, die uns bei kleineren Ereignissen oft verwehrt bleibt.

Die Karawane unter Abu Sofian, etwa dreißig oder vierzig Mann stark, die Mohammed entkommen und Syrien erreicht hatte, sollte nun mit ihren Tauschwaren nach Mekka zurückkehren. Mohammed war entschlossen, dass es dieses Mal nicht entkommen sollte und dass er von ihm die volle Strafe für die Rache fordern würde, die er den Mekkanern für seine Beleidigungen und die endgültige Vertreibung aus ihrer Stadt schuldete. Sobald die Zeit für seine Annäherung näher rückte, sandte Mohammed zwei Späher nach Hama, nördlich von Medina, die ihm die Nachricht überbringen sollten, sobald sie den vorrückenden Staub bemerkten. Aber Abu Sofian war vor Mohammeds Aktivitäten gewarnt worden und wandte sich schnell an die Küste, wobei er den Seeweg behielt, während er einen Boten nach Mekka mit der Nachricht schickte, dass ein Angriff der Muslime geplant sei.

Dhamdham , von seinem besorgten Anführer gesandt, kam nach einer dreitägigen Reise in verzweifelter Eile durch die Wüste in der Stadt an und sprang vor der Kaaba von seinem Kamel. Dort schlug er das Kamel in die Knie, schnitt ihm Ohren und Nase ab und legte den Sattel nach vorne. Dann zerriss er seine Kleider und rief mit lauter Stimme:

„Hilfe, o Kureisch , deine Karawane wird von Mahomet verfolgt!“

Einmütig versammelten sich die mekkanischen Krieger, verärgert über die Nachricht, die sich wild unter der Bevölkerung verbreitete, vor ihrem heiligen Ort und schworen einen großen Eid, dass sie ihre Würde wahren und ihren Verlust an den emporstrebenden Anhängern eines wahnsinnigen Anführers rächen würden. Jeder Mann, der Waffen tragen konnte, bereitete sich in Eile auf den Feldzug vor, und diejenigen, die nicht kämpfen konnten, fanden junge Männer als ihre Vertreter. Inmitten all des Tumults und der eifrigen Vorsätze, die Muslime auszurotten, so heißt es in der Geschichte, gab es nur wenige, die auf Atikah , die Tochter von Abd-al- Muttalib , hörten .

„Ich habe vor drei Nächten geträumt, dass die Kureisch in drei Tagen zu den Waffen gerufen werden und umkommen werden. Seht die Erfüllung meines Traums! Wehe den Kureisch , denn ihr Abschlachten ist vorhergesagt!“

Aber sie wurde wie eine Frau und gebrechlich behandelt, und die Armee machte sich mit der ganzen Tapferkeit dieser prunkliebenden Nation auf den Weg zu ihrem Feldzug.

Mit Abu Jahl an der Spitze und begleitet von Sklavinnen mit Lauten und Tabrets, die die Augen erfreuen und den Kriegern Freude bereiten sollten, zog die Kureisch- Armee durch die Wüste auf ihr bestimmtes Ziel zu; Aber ein Berichterstatter berichtet uns: „Träume von Katastrophen begleiteten ihn, und sein Schlaf war nicht ruhig angesichts der bösen Vorzeichen, die darin auftauchten.“ So rückte die mekkanische Armee besorgt, aber unerschrocken nach Safra vor , einen Tagesmarsch von Bedr entfernt, wo sie auf Boten von Abu Sofian traf, die verkündeten, dass die Karawane dem Muslim entkommen sei und in Sicherheit sei.

Kureischen eine Debatte über ihren weiteren Kurs. Viele wünschten, nach Mekka zurückzukehren, da sie meinten, ihr Ziel sei nun erreicht, da die Karawane vor Angriffen sicher war, doch die Kühneren unter ihnen wollten unbedingt vorrücken, und die Bedächtigeren befürworteten dies auch, weil sie auf diese Weise hoffen konnten, Mohammed zum Schweigen zu bringen . Vor allem aber galt es, an die Sicherheit ihrer Häuser zu denken, und sie fürchteten, es könnte zu einem Angriff eines feindlichen Stammes, der Beni Bekr , auf Mekka kommen, wenn die kämpfenden Männer nicht da wären. Als sie von einem Stamm, der beiden freundlich gesinnt war, die Zusicherung ihres guten Glaubens erhielten, taten sie diese Furcht ab und beschlossen, vorzurücken, um Mohammed zu zwingen, seine Angriffe auf ihre Waren aufzugeben.

Dieses Vorgehen schien eine vernünftige und politische Maßnahme zu sein, bis man es im Lichte seiner Konsequenzen betrachtete, und tatsächlich konnte ein solches Heer nach gewöhnlicher Berechnung keine andere Wirkung haben, als eine völlige Niederlage für eine so kleine und ineffiziente Gruppe wie Mohammeds Anhänger . Als die Kureisch die Kräfte, denen sie gegenüberstanden, sorgfältig einschätzten, waren sie daher materiell unbesiegbar, obwohl sie den spirituellen Faktor der Begeisterung, der über ihre eigene physische Überlegenheit hinausging, nicht berücksichtigt hatten.

Diese Ereignisse hatten über neun Tage gedauert und Mahomet war in der Zwischenzeit nicht untätig gewesen. Seine beiden Spione hatten ihm die Nachricht vom Herannahen der Karawane überbracht, aber über diese dürftigen Informationen hinaus wusste er nichts. Die Aktivitäten der Kureischiten verschwanden danach in den Weiten der Wüste, die einen ebenso wirkungsvollen wie tödlichen Vorhang um die gegnerischen Armeen zog.

Aber die Nachricht vom Vormarsch der Karawane genügte dem Propheten. Mit der größtmöglichen Geschwindigkeit sammelte er seine Armee – nicht ohne den Widerstand der ängstlichen Bevölkerung Medinas, die darauf bedacht war, jede Handlung zu vermeiden, die die rücksichtslosen mekkanischen Heere über sie stürzen könnte. Die Legende hat diese Zusammenkunft der Muslime vor Bedr zu ihren eigenen gezählt und durch die Umsetzung der erzeugten Begeisterung in fantasievolle Tatsachen ein Muster aus barbarischen Farben gewebt, in dem Taten durch den Geist, der sie antreibt, verwandelt werden. Die Helden sehnten sich nach dem Märtyrertum, und jeder sehnte sich danach, zu den Ersten zu gehören, die sein Blut für die heilige Sache vergossen. Sie drängten sich auf Kamelen und zu Fuß zum Kampf. Abu Bekr ging in seinem Eifer jeden Schritt des Weges, den er als den Weg zur höchsten Segnung betrachtete. Mohammed selbst führte seine tapfere Truppe an, auf einem Kamel sitzend, mit Ali an seiner Seite, vor sich zwei schwarze Fahnen, die von Fahnenträgern getragen wurden, um deren Stärke und Tapferkeit die anderen beneideten. Er besaß nur siebzig Kamele und zwei Pferde, und die Reiter wurden per Los ausgewählt. Dahinter marschierten oder ritten die Krieger und Staatsmänner des Islam – Abu Bekr , Omar, Hamza und Zeid , deren Namen bereits im Islam für tapfere Taten erklangen; Abdallah mit Mohammeds ausgewählten Expeditionsleitern; Die Basis, dreihundert Mann stark, machte sich ungeachtet aller Gefahren, die sie befallen mochten, auf Plünderung und die Aufrechterhaltung ihres starken Glaubens besonnen und brach von Medina auf, sobald sie ausgerüstet werden konnte, und nahm den direkten Weg nach Mekka. Als sie Safra erreichten , wandten sie sich aus Gründen, die wir nicht nennen, nach Westen nach Bedr , einem Rastplatz auf der syrischen Straße, möglicherweise in der Hoffnung, die Karawane auf ihrer Reise nach Westen zum Meer zu erwischen.

Aber Abu Sofian war zu schnell für sie. Mahomets Späher hatten Bedr erst erreicht, erkundet und sich zurückgezogen, als sich Abu Sofian dem Brunnen innerhalb seines Bezirks näherte und von einem Mann, der einem benachbarten Stamm angehörte, fragte, ob sich Fremde in der Nähe befänden.

„Ich habe nur zwei Männer gesehen, oh Häuptling“, antwortete er; „Sie kamen zum Brunnen, um ihre Kamele zu tränken.“

Aber er war von Mohammed bestochen worden und wusste genau, dass sie Muslime waren.

Abu Sofian schwieg und sah sich aufmerksam um. Plötzlich fuhr er auf, als er den Wurf ihrer Kamele erblickte, in dem die kleinen Dattelsteine zu sehen waren, die für Medina-Palmen typisch sind.

„Kamele aus Yathreb !“ er weinte schnell; „Das sind die Späher Mohammeds.“ Dann versammelte er seine Gruppe und machte sich eilig auf den Weg zum Meer. Er schickte einen Boten nach Mekka, um von der Sicherheit der Karawane zu berichten, und hörte wenig später mit Freude von den Fortschritten seiner Landsleute, sich Mohammed zu widersetzen.

„Glaubt Mahomet tatsächlich, dass es dieses Mal so sein wird wie in der Angelegenheit des Hadramat (erschlagen in Nakhla)? Niemals! Er wird wissen, dass es anders ist!“

Aber die Armee, die Abu Sofian so große Freude bereitete, löste im Lager Mohammeds nur Besorgnis aus. Er wusste, dass die Karawane ihm entgangen war und nun eine größere Streitmacht, mehr als das Dreifache seiner eigenen, auf ihn zurückte. Eilig berief er einen Kriegsrat ein, woraufhin seine gesamte Anhängerschaft zum sofortigen Vormarsch drängte. Die Aufregung hatte nun ihre aufgewühlten Seelen vollständig erfasst, und ein Rückzug birgt für Mohammed größere Gefahr als ein Angriff. Daher wurde ein sofortiger Vormarsch beschlossen, und Mohammed schickte Ali am Tag vor der Schlacht zur Erkundung , als sie sich Bedr näherten . Die gleiche Reise, die Abu Sofian von der Anwesenheit des Muslims erzählte, führte auch dazu, dass Ali drei Wasserträger gefangen nahm, der sie vor Mohammed schleppte, wo sie gezwungen wurden, die Informationen zu geben, die er wollte, und von ihnen lernte er die Disposition und Stärke des Feindes.

Das Tal von Bedr ist eine Ebene, die im Norden und Osten von Hügeln flankiert wird. Im Westen gibt es kleine Sandhügel, die das Vorankommen erschweren, insbesondere wenn der Boden durch die jüngsten Regenfälle überhaupt feucht ist. Durch dieses flache Tal fließt der kleine Bach, an dessen südwestlichem Ende sich Quellen und Brunnen befinden, die dem Ort seine Bedeutung als Raststätte verleihen. Die Kontrolle über die Brunnen war von größter Bedeutung, aber noch hatte keine Armee sie erlangt, da die Muslime ihre endgültige Position noch nicht eingenommen hatten und die Kureisch durch den sandigen Boden vor ihnen eingeengt waren.

Die elenden Wasserträger, die vor Mohammed gebracht wurden, erklärten zunächst, sie wüssten nichts, gestanden aber nach einiger Zeit , dass sie Abu Jahls Diener seien.

„Und wo ist der Wohnort von Abu Jahl ?"

„Jenseits der Sandhügel im Osten."

„Und wie viele seiner Landsleute bleiben bei ihm?"

„Sie sind zahlreich; ich kann es nicht sagen; sie sind so zahlreich wie Blätter."

„An einem Tag neun, am nächsten zehn."

„Dann sind es 950 Männer", rief der Prophet Ali zu; „Nimm die Männer weg."

Mohammed berief nun einen Generalrat ein, und es wurde beschlossen, das Tal hinauf bis zur anderen Seite der Brunnen vorzudringen, um die Wasserversorgung sicherzustellen und alles außer dem zu zerstören, was sie selbst brauchten. Dieses Manöver wurde erfolgreich durchgeführt und die muslimische Armee lagerte gegenüber dem Kureisch , am Fuße der westlichen Hügel und durch die niedrigen Sandhügel vor ihnen von ihren Gegnern getrennt. Für Mohammed wurde eine grobe Hütte aus Palmzweigen gebaut, von der aus er die Schlacht leiten und sich zurückziehen konnte, um sich mit Abu Bekr zu beraten und zu beten.

Beide Seiten hatten nun ihre Dispositionen getroffen, und es blieb nichts anderes übrig, als bis zum Tagesanbruch zu warten. In dieser Nacht fiel der Regen wie die Speere des Herrn auf das dem Untergang geweihte Kureisch herab, überwältigte den sandigen Boden und wühlte das ansteigende Gelände vor den Augen der Truppen in einen Sumpf aus bodenlosem Schlamm auf. Die Wolken wurden in Richtung der höheren muslimischen Position abgemildert und das Wasser floss aus dem hügeligen Land ab.

„Seht, der Herr ist mit uns; er hat seinen starken Regen über unsere Feinde gesandt", erklärte Mohammed, als er im frühen Morgengrauen von seiner Hütte aus blickte, erschöpft von der Sorge um den Ausgang dieser schicksalhaften Stunde, aber stark im Glauben und zuversichtlich die Gunst Allahs. Dann zog er sich zum Gebet und zur Betrachtung in die Hütte zurück.

„O Allah, vergiss dein Versprechen nicht! O Herr, wenn diese kleine Bande besiegt wird, wird der Götzendienst siegen und deine reine Anbetung wird von der Erde aufhören."

Er legte großen Wert auf die Ermutigung und Belehrung seiner Truppen. Er verfügte über keine Kavallerie, mit der er einen Vormarsch decken konnte, und befahl daher seinen Truppen, standhaft zu bleiben und auf den herannahenden Ansturm zu warten, bis das Kommando zum Angriff gegeben wurde.

Aber sie durften auf keinen Fall die Kontrolle über die Brunnen verlieren. In mehreren Reihen aufgestellt, ihre Verfechter an der Spitze und Mohammed mit Abu Bekr , der sie von hinten dirigierte, erwartete die kleine Truppe der Muslime den Angriff ihrer größeren Feinde.

kureischen Generälen war es zu Meinungsverschiedenheiten gekommen . Obi, einer ihrer besten Krieger, der vielleicht das Gefühl hatte, dass die selbstbewusste Nachlässigkeit der Kureisch fehl am Platz war, wollte zurückgehen, ohne anzugreifen. Er wurde nach vielen Diskussionen und einigen schlechten Gefühlen von Abu Jahl überstimmt , der erklärte, dass das ganze Land von ihrer Feigheit widerhallen würde, wenn sie jetzt von einem Angriff absehen würden. Daher wurde ein allgemeiner Vormarsch befohlen, und die kureischen Meister gingen voran.

Die Schlacht begann, wie die meisten Schlachten der Urzeit, mit einer Reihe von Einzelkämpfen, bei denen ein Champion einen anderen zum Kampf herausforderte. Der Ruhm, der erste Muslim zu sein, der bei dieser Begegnung einen Mekkaner tötete, gebührte Hamza. Aswad von den Kureisch schwor, das Wasser der von den Muslimen bewachten Brunnen zu trinken. Hamza widersetzte sich und sein erster Schwerthieb trennte das Bein von Aswad; aber er kroch unerschrocken weiter, bis er am Brunnen von Hamza getötet wurde, bevor dessen Wasser über seine Lippen gelangte. Nun traten drei Verfechter des Kureisch vor, um drei Muslimen gleicher Herkunft herauszufordern. Hamza, Ali und Obeida antworteten auf den Angriff, und vor den gegnerischen Reihen tobten drei homerische Auseinandersetzungen.

Hamza, der Löwe Gottes, und Ali, das Schwert des Glaubens, besiegten ihre Gegner schnell, aber Obeida wurde verwundet, bevor er seinen Mann aufspießen konnte. Der Anblick machte den Kureisch Mut , und nun drängte die Hauptmasse weiter und versuchte, den Muslim durch ihr bloßes Gewicht zu überwältigen. Der schwere Boden behinderte ihre Bewegung, und sie kamen langsam voran, mit der ängstlichen Erwartung seitens der Soldaten Mohammeds, denen ihr Prophet befohlen hatte, auf sein Signal zu warten.

Als die Kureisch nahe genug waren, hob Mahomet seine Hand:

„ Ya Mansur amit !" (Ihr Eroberer, schlagt zu!), schrie er und zeigte mit ausgestrecktem Finger auf die dichten Reihen, die auf sie zustürmten; „Das Paradies erwartet den, der sein Leben für den Islam hingibt."

Mit einem wilden Schrei stürzten sich die Muslime auf ihren Feind. Aber die Kureisch waren mutig und zahlreich, und die Muslime waren wenige und fast ungebildet. Die Schlacht tobte und wallte wie Schaum in dem engen Tal auf; Seine Wellen tosten bald fast bis zum Aussichtspunkt des Propheten, bald zogen sie sich in Wirbeln zum hinteren Teil des Kureisch zurück , unter einem sinkenden Himmel, dessen windgepeitschte Wolken den Streit am Himmel widerzuspiegeln schienen.

„Siehe Gabriel mit tausend Engeln, die auf die Ungläubigen herabstürmen!" schrie Mahomet, als ein Windstoß kreischend das Tal hinunter fegte. „Sehen Sie, wie Muhail und Seraphil mit ihren Truppen den Auserwählten Gottes zu Hilfe eilen."

Dann, als die Muslime zu schwanken schienen und von der Masse ihrer Feinde zurückgedrängt wurden, erschien er in ihrer Mitte und nahm eine Handvoll Staub und warf ihn dem Feind ins Gesicht:

„Lass ihre Gesichter verwirrt sein!"

Die Muslime, gefangen von der Anziehungskraft von Mohammeds Gegenwart, ergriffen von der unsterblichen Energie, die von ihm ausstrahlte, sammelten ihre Kräfte. Mit einem Schrei stürzten sie sich auf die Kureisch , die unter diesem inspirierten Ansturm schwankte und zusammenbrach, in dessen Kraft der ganze übersteigerte Ehrgeiz und die unbeugsamen Ziele Mohammeds ruhten . Er befahl, den Angriff sofort fortzusetzen, und die Kureisch , die durch den sumpfigen Boden an ihrem Rückzug gehindert wurden, fielen verwirrt, ihre Reihen zerschmettert, ihre Champions im Gewirr von Speeren und Reitern, Schwertern, Rüstungen , Sand und Blut zermalmt und die Körper von Menschen.

Der Befehl Mohammeds erging, sein eigenes Haus Hashim so weit wie möglich zu verschonen, aber ansonsten war das Gemetzel so unbarmherzig, wie es das Temperament des Muslims zuließ. Von der Armee des Propheten, so heißt es in den Chroniken, wurden nur vierzehn getötet, aber von den Kureisch gab es neunundvierzig Tote, dazu eine ebenso große Anzahl Gefangener. Abu Jahl war unter den Schwerverletzten; Doch als Abdallah ihn hilflos daliegen sah, erkannte er ihn und tötete ihn wortlos. Dann schnitt er ihm den Kopf ab und brachte Mohammed die Beute.

„Es ist das Haupt des Feindes Gottes", rief der Prophet, als er es voller Begeisterung betrachtete; „Es ist für mich akzeptabler als das erlesenste Kamel in ganz Arabien."

Die zerschlagenen Reste der Kureisch- Armee reisten langsam zurück nach Mekka durch dieselbe Wüste, die den ganzen Mut und die Pracht ihres Vormarsches gesehen hatte, und die Nachricht von ihrem schrecklichen Schicksal eilte ihnen voraus. Die ganze Stadt war in Trauertücher gehüllt, denn es gab kein vornehmes Haus, das nicht seine Toten beklagte. Einer allein weinte nicht – Hind, die Frau von Abu Sofian, ging ihrem Mann entgegen.

„Was machst du mit den unzerrissenen Kleidern? Weißt du nicht das Elend, das über deine Stadt gekommen ist?"

„Ich werde nicht weinen", antwortete Hind, „bis dieses Unrecht gerächt ist. Wenn du ausgezogen bist und diesen Verfluchten besiegt hast, dann werde ich um diejenigen trauern, die heute getötet werden. Nein, mein Herr, ich werde nicht decken." und parfümiere mein Haar nicht, und komm nicht in die Nähe deines Lagers, bis ich die Rache für diese Demütigung sehe.

Dann schwor Abu Sofian einen großen Eid, dass er sofort Männer sammeln und erneut gegen den Islam ins Feld ziehen würde.

Den Siegern blieben nun nur noch die Verteilung der Beute und die Entscheidung über das Schicksal der Gefangenen. Die weniger Wertvollen von ihnen wurden getötet und ihre Körper in eine Grube geworfen, aber die Muslime nahmen den Rest mit sich und hofften auf Lösegeld. Die Beute wurde eilig aufgenommen und der Prophet begab sich freudig nach Safra , wo er vorschlug, sie aufzuteilen. Aber es kam, wie fast unvermeidlich, zu Streitigkeiten über die Verteilung des Reichtums, und die Unzufriedenheit wurde so groß, dass Mohammed den diesbezüglichen Willen Allahs offenbarte:

gehört ein Fünftel Gott und dem Apostel und den nächsten Verwandten und den Waisen und den Armen und dem Wanderer, wenn ihr an Gott und an Gott glaubt das, was wir am Tag des Sieges, am Tag der Zusammenkunft der Heerscharen, zu unserem Diener herabgesandt haben." Als Teil seiner Schuld nahm Mohammed das berühmte Schwert Dhul Ficar , der so viele Legenden wie die Waffen klassischer Helden um sich versammelt hat und der ihn später nie mehr verließ, wenn er im Kampf das Kommando über seine Anhänger übernahm. So kehrte der Muslim, errötet vom Sieg und beladen mit Beute, nach Medina zurück, wo sich die gesamte Bevölkerung versammelte, um ihnen triumphalen Einzug zu gewähren.

„Abu Jahl , der Sünder, ist getötet", riefen die kleinen Kinder und hörten den Satz von den Lippen ihrer Eltern.

„Abu Jahl , der Sünder, wird getötet und die Feinde des Islam niedergeschlagen!" wurde von der Moschee und vom Marktplatz, vom Minarett und vom Dach aus gerufen. „Allah Akbar Islam!"

Der große Prüfungstag war gekommen und vorbei. Im offenen Kampf, vor einer Schar ihrer Feinde, hatten die Muslime mit geringerer Zahl die Oberhand gewonnen. Die Auswirkungen auf Medina und auf Mohammeds spätere Karriere können nicht hoch genug eingeschätzt werden. Es war in der Tat ein Wendepunkt, von dem aus Mohammed unwiderruflich den Weg zu Erfolg und Ruhm einschlug. Später musste er sicherlich Rückschläge hinnehmen, und zeitweise waren die Aussichten fast unüberwindlich düster, aber weder Unglück noch Trübsinn konnten den Glanz jenes Tages in Bedr trüben , als neben seiner eigenen schlanken Gefolgschaft die Heerscharen des Herrn, deren Turbane wie Kronen leuchteten, Angeführt von Gabriel in goldener Rüstung , hatte er für ihn gekämpft und seine Feinde besiegt. Der Ruhm dieser Schlacht war die Lampe, anhand derer er seine zukünftigen Siege plante.

In Medina versammelten sich die Unzufriedenen triumphierend unter seinem Banner; seine Position wurde, zumindest vorerst, gefestigt. Er musste die verschiedenen Fraktionen innerhalb seiner Mauern nicht mehr versöhnen, ihnen schmeicheln oder sie ausspionieren. Seine Gefangenen wurden freundlich behandelt und einige konvertierten auf diese Weise zu dem Glauben, den er ihnen vergeblich aufzuzwingen versucht hatte. Die Angelegenheiten innerhalb der Stadt wurden organisiert und gefestigt. Es wurden Register erstellt, die berühmten „Register von Omar", die die Namen aller Personen enthalten sollten, die sich um die Sache Allahs verdient gemacht hatten, und ihnen einen hohen Rang verleihen sollten. Die darin eingravierten dreihundert Namen waren der Embryo einer muslimischen Aristokratie, die faktisch einen Adelsstand des Islam darstellte. Mohammeds religiöse Gebote wurden gestärkt und bestätigt, während sein Glaube jene Ehrerbietung erhielt, die dem Erfolg gezollt wurde, der seinen Gründer vom Kommandeur einer kleinen Hand religiöser Anhänger zum Häuptling einer wohlhabenden Stadt, zum Anführer einer effizienten Armee, zum Oberhaupt einer ... erhoben hatte Gemeinschaft, die die künftige Herrschaft über Arabien, Westasien, Südeuropa und tatsächlich den größten Teil der Mittelwelt in sich trug.

Mehr denn je erkannte Mohammed, dass sein Erfolg im Schwert lag. Bedr besiegelte seine Akzeptanz der Kriegsführung als Propagandamittel. Von nun an wird das Schwert für ihn zum hellen, aber schrecklichen Instrument, mit dem der Wille Allahs erreicht wird. In dem Maße, in dem er seiner Macht vertraute und ihr sein eigenes Schicksal und das seiner Anhänger anvertraute, forderte der Krieg von ihm seine unaufhörliche Strafe und drängte ihn aus politischen und Selbstverteidigungsgründen immer weiter, bis er sein Sklave wurde , gezwungen, den ihm zugewiesenen Weg fortzusetzen oder durch genau das Werkzeug zu sterben, durch das seine Macht gewirkt wurde. Von nun an bestehen seine Aktivitäten hauptsächlich aus Angriffs- und Verteidigungskriegen, während die Religion, die sie auslöst, weniger Beachtung findet, da die Hauptthese in seinem eigenen Staat etabliert wurde und die Gewalt der Waffen erfordert, um ihre Vorherrschaft über fremde Rassen zu erlangen.

Nach Bedr wird der Dichter und Prophet zum Verwalter und Propheten. Die Ruhe und Meditation der mekkanischen Hügel werden durch den Ratssaal und das Schlachtfeld ersetzt und erscheinen vor dem Hintergrund seines ängstlichen Lebens mit dem Glanz und der Zurückhaltung eines Traumlandes; Der unvermeidliche Aufruhr und die Sorgen, die mit der Entwicklung der Dinge einhergehen, erfassten sein Leben. Der Eifer seines Wesens, seine unbarmherzige Aktivität zwangen ihn, für seine Anhänger Gesetze zu erlassen, und zwar mit jener minutiösen Liebe zum Detail, die für den modernen Geist mit seinen Vorstellungen von den verschiedenen „Abteilungen" des Staates kaum vorstellbar ist.

Wir sehen ihn hauptsächlich in der Tradition, aber auch in großem Maße im Kuran , wie er die bescheidensten Details im Leben der Muslime regelt, ihre Rituale organisiert, ihren Handel, ihre Wuchergesetze, ihre persönliche Sauberkeit, ihre Ernährung, ihre sozialen und moralischen Grundsätze regelt Beziehungen. Angesichts der vielfältigen Pflichten und Sorgen seines wachsenden Staates, seiner fast völligen Hilflosigkeit in seinen Händen, denn er allein war seine führende Kraft, ist dies der deutlichste Beweis für seine Lebensenergie, seine Stärke und geistige Gesundheit, dass er nicht überwältigt wurde sie, und dass die kreative Seite seiner Natur nicht unwiederbringlich zerstört wurde; Obwohl er mit den lautstarken Anforderungen der Regierung und der Kriegsführung konfrontiert war, konnten diese weder seinen spirituellen Enthusiasmus noch seine glühende und unveränderliche Hingabe an Allah und seine Sache beeinträchtigen. Am Ende seiner langen Regierungsjahre konnte er immer noch mit vollkommener Wahrheit sagen: „Meine größte Freude ist das Gebet."

KAPITEL XII

DIE JUDEN IN MEDINA

„Und wenn die Leute des Buches geglaubt hätten, wäre es sicherlich besser für sie gewesen: Gläubige gibt es unter ihnen, aber die meisten von ihnen sind pervers." – *Der Kuran* .

Die Lieder des Triumphs über Bedr hatten die Lippen muslimischer Dichter kaum verlassen, als die Stimme der Fraktion in Medina erneut zu hören war. Die Juden, diese „halsstarre Nation", unbeeindruckt von Mohammeds Triumph, nur auf die wahrscheinlichen Auswirkungen auf ihre eigene Position bedacht, die sie zwangsläufig als katastrophal betrachten konnten, da sie ihre eigene Unterwerfung unter eine überlegene Macht ankündigten, murrten gegen seinen Erfolg und versuchten ihr Möglichstes, durch die Veröffentlichung verächtlicher Lieder durch den Mund ihrer Dichter und Prophetinnen Zwietracht zu säen. Die Juden murrten nicht nur heimlich gegen ihn, sondern sie versuchten auch, Mitglieder der ursprünglichen medinischen Stämme dazu zu bewegen, sich ihnen anzuschließen, in dem verzweifelten Versuch, das muslimische Joch abzuschütteln.

Die wichtigste dieser Verleumder von Mohammeds Ansehen war Asma, eine Prophetin des Stammes Beni Aus. Sie veröffentlichte im Ausland mehrere verleumderische Lieder über Mohammed, wurde jedoch schnell von Omeir zum Schweigen gebracht, einem blinden Mann, der seinem Anführer ergeben war, der sich mitten in der Nacht den Weg zu ihrem Wohnort ertastete, an ihrem Diener vorbeischlich und sie mittendrin tötete ihrer Kinder. Die Nachricht von der Empörung wurde Mahomet überbracht; Es wurde erwartet, dass er Omeir bestrafen würde , aber:

„Du sollst ihn nicht blind nennen, sondern den Sehenden", antwortete der Prophet; „Denn wahrlich, er hat mir einen großen Dienst erwiesen."

Das Ergebnis dieser Rücksichtslosigkeit war die offizielle Bekehrung des Stammes, denn Widerstand war nutzlos und sie verfügten nicht wie die Juden über die Flamme des Glaubens, um ihren Widerstand am Leben zu erhalten. „Die einzige Alternative zu einer aussichtslosen Bluttehde war die Annahme des Islam." Aber die Juden, im hartnäckigen Bewusstsein ihrer eigenen wesentlichen Autonomie, bevorzugten die schrecklichere Alternative, und so gingen die diffamierenden Lieder weiter. Wenn man bedenkt, dass diese Aufsätze an die Stelle von Zeitungen traten, ebenso universell waren und einen solchen Einfluss ausübten, ist nicht zu erwarten, dass Mohammed die Kampagne gegen ihn ignorieren konnte. Abu Afak , ein verspäteter Vertreter der prophetischen Geister der alten Zeit, angefeuert vom antiken Ruhm

Israels und seiner gegenwärtig drohenden Degradierung durch diesen Emporkömmling, fuhr fort, allen Warnungen zum Trotz seine Verachtung und seinen Hass gegenüber dem Propheten im Ausland öffentlich zu machen .

Es war keine Zeit für Halbheiten. Bei einer solchen Gärung, wie sie dieser allgemeine Missbrauch hervorrief, könnte seine gesamte hart erkämpfte Macht zusammenbrechen. Obwohl er ein Sieger war, brauchte es nur die Fackel einiger Unzufriedener, um die Flamme der Rebellion zu entfachen. Deshalb schlug Mohammed mit seiner unerbittlichen Entschlossenheit und Willenskraft den einzig möglichen Weg in dieser Zeit ein. Der Sänger wurde auf seinen ausdrücklichen Befehl hin getötet.

„Wer wird mich von dieser Pest befreien?" schrie er, und wie alle starken Naturen musste er nicht lange warten, bis sein Wille zum inspirierten Akt eines anderen wurde.

So drang Angst in die Seelen der Menschen in Medina ein, und eine Zeit lang gab es keine illoyalen Lieder mehr, und die Bevölkerung wagte es auch nicht, sich jemandem zu widersetzen, der einen so wirksamen Beweis seiner Macht geliefert hatte.

Doch es genügte Mahomet nicht, seine Unzufriedenheit zum Schweigen zu bringen. Sein Ziel war nichts Geringeres als die völlige Vereinigung ganz Medinas unter seiner Führung und in einem religiösen Glauben. Zu diesem Zweck ging er in Shawwal im zweiten Jahr der Hegira (Januar 624) zum jüdischen Stamm, den Beni Kainukaa , Goldschmieden von Medina, deren Werke außerhalb der Stadtgrenzen lagen. Dort rief er ihre Anführer auf dem Basar zusammen und ermahnte sie eindringlich, sich zum Islam zu bekehren. Aber die Kainukaa blieben fest in ihrem Glauben und lehnten ihn mit verächtlicher Kälte ab.

„O Mohammed, du denkst, wir seien Männer, die deiner eigenen Rasse ähneln! Bisher bist du nur Männern begegnet, die im Kampf ungeübt waren, und deshalb konntest du sie töten. Aber wenn du uns begegnest, beim Gott Israels, wirst du wissen, dass wir Männer sind." !" Damit war Mohammed gezwungen, seine Niederlage anzuerkennen, und er reiste zurück in die Stadt und schwor, dass er diese Beleidigung des Islam und seiner eigenen, von Gott bestimmten Mission rächen würde, wenn Allah ihm eine Gelegenheit geben würde . Die Spannungen zwischen ihm und den Kainukaa nahmen natürlich zu und es dauerte daher nicht lange, bis ein Vorwand entstand. Die Geschichte der Beleidigung eines muslimischen Mädchens durch einen Juden und deren Rache durch einen ihrer Glaubensgenossen ist wahrscheinlich nur eine Fiktion, um Mohammeds Aggression gegen diesen Stamm zu erklären. Es ist ungewiss, wie es zu dem ersten eindeutigen Verstoß kam, aber es ist leicht zu erkennen, dass eine solche Entwicklung unabhängig vom tatsächlichen *Casus Belli unvermeidlich war.*

Der Zorn des Propheten wurde geweckt, denn maßten sie sich nicht an, sich seinem Willen und dem Allahs, dessen Werkzeug er war, zu widersetzen? Er stellte seine Armee auf und hisste ein großes weißes Banner an ihrer Spitze, übergab die Führung an Hamza und marschierte aus, um die rebellischen Kainukaa anzugreifen . Fünfzehn Tage lang wurde der Stamm in seinen Festungen belagert, bis er schließlich, geschlagen und entmutigt, angesichts der Knappheit an Vorräten und der Gewissheit einer Krankheit, nach eigenem Ermessen kapitulierte.

Dann zeigte sich in seiner ganzen Fülle der unversöhnliche Despotismus, den Mohammed als die einzig mögliche Regierungsmethode ansah, was für diese Zeit und bei dieser Nation tatsächlich der Fall war. Der Befehl erging zur Tötung und Plünderung der Kainukaa , und die düstere Arbeit begann mit der Beschlagnahmung ihrer Rüstungen , Edelsteine, Gold und Goldschmiedewerkzeuge. Aber Abdallah, Anführer der Khazraj und früherer Anführer der Unzufriedenen, bat um ihre Freilassung. Er suchte eine Audienz bei Mohammed und bat dort unter vielen Tränen um das Leben seiner Freunde und Verwandten. Doch Mohammed wandte ihm den Rücken zu. Abdallah ergriff in einer Ekstase der Aufdringlichkeit den Saum von Mohammeds Gewand.

„Lass deine Hand los!" rief Mahomet, während sein Gesicht vor Wut dunkel wurde.

Aber Abdallah antwortete in kühner Verzweiflung: „Ich werde dich nicht gehen lassen, bis du meinen Verwandten Gnade erwiesen hast."

Dann sagte Mohammed: „Da du nicht schweigst, gebe ich dir das Leben derer, die ich gefangen genommen habe."

Dennoch wurde die Verbannung des Stammes erzwungen und Mohammed erzwang seine sofortige Entfernung aus den Außenbezirken von Medina. Hiermit wurde die spätere Politik des Propheten gegenüber den Juden eingeläutet. Er machte sich bewusst daran, ihre Festungen eine nach der anderen zu zerstören, und wich nicht von seinem Vorhaben ab, bis die gesamte verhasste Rasse entweder durch Abschlachten oder durch erzwungene Verbannung aus den Bezirken seiner Wahlheimat vertrieben worden war. Er ließ niemanden außer sich selbst regieren und entwurzelte mit seiner unerschütterlichen Absicht alle, die sich weigerten, ihn als Herrn anzuerkennen.

Etwa einen Monat lang verliefen die Angelegenheiten in Medina normal und ununterbrochen, doch im darauffolgenden Monat wurde Dzul Higg (März), der letzte dieses ereignisreichen zweiten Jahres, drohte seinen Anhängern eine leichte Störung seiner stetigen Regierungsarbeit.

Abu Sofians Gelübde lastete schwer auf seinem Gewissen, bis er, da er die Untätigkeit nicht mehr ertragen konnte, 200 Reiter um sich versammelte und die Straße nach Medina nahm. Er reiste über die Landstraße und erreichte schließlich die Siedlungen der Beni Nadhir , eines der jüdischen Stämme in der Nähe von Medina. Er bedrängte ihre Palmengärten, brannte ihre Maisfelder nieder und tötete zwei ihrer Männer. Hatte Mohammed den Reichtum Mekkas geplündert, sollten seine Verbündeten wiederum von seinen Opfern bedrängt werden. Es war ein rein privates Unternehmen, das aus Mut und in Erfüllung eines Gelübdes unternommen wurde. Sobald der Raubüberfall erfolgt war, hielt sich Abu Sofian für freigesprochen und bereit, zurückzukehren.

Aber Mahomet war ihm auf der Spur. Fünf Tage lang verfolgte er den fliegenden Kureisch , dessen Rückzug sich in eine so rasante Flucht verwandelte, dass sie ihre Mehlsäcke wegwarfen, um leichter reisen zu können. Daher ist der Vorfall seitdem nach der anschaulichen arabischen Beschreibungsmethode als „Schlacht um die Mehlsäcke" bekannt. Aber der Feind war seiner Verfolgung nicht würdig, und Mohammed unternahm keinen weiteren Versuch, Abu Sofian zu begegnen, sondern kehrte sofort nach Medina zurück. Der Angriff hatte mehr oder weniger im Fiasko geendet und war als Kräftemessen auf beiden Seiten vernachlässigbar.

Der heilige Monat, Dzul Higg , der Einzige, bei dem es erlaubt war, die größere Pilgerreise in das ferne Mekka zu unternehmen, war nun völlig auf ihn fixiert, und Mahomet fühlte sich unwiderstehlich von den Zeremonien angezogen, die den alten und nun für ihn verzerrten Glauben umgaben. Er fühlte sich gezwungen, seine Verwandtschaft mit dem alten Ritual Arabiens anzuerkennen und ernannte zu diesem Zweck ein Fest, Eed -al- Zoha , das in diesem Monat gefeiert werden sollte und das nicht nur die jüdische Opferzeremonie ersetzen sollte, sondern auch um seine Verbindung zu den noch immer in Mekka durchgeführten Ritualen zu stärken, deren Wahrzeichen und Ziel die Kaaba und der Schwarze Stein waren.

Zum Gedenken an die feierliche Tötung von Opfern im Tal von Mina am Ende der Großen Pilgerreise befahl Mohammed, bei jedem Fest zwei Kinder zu opfern, damit sein Volk ständig daran erinnert wurde, dass in Mekka unter dem Joch der Ungläubigen das Heilige gilt Rituale, die aufgrund der abrahamitischen Abstammung und ihres unerbittlichen Monotheismus so eigen waren, wurden unwürdig durchgeführt.

Die Institution ist wichtig, da sie die Entwicklung von Mohammeds religiösen und rituellen Vorstellungen anzeigt. In den ersten Tagen seiner Begeisterung begnügte er sich damit, die Anbetung eines einzigen Gottes durch Gebete und Lobpreis zu fordern und dabei Formen und Zeremonien zweitrangig zu berücksichtigen. Dann kam es zur Entwurzelung seines äußeren religiösen Lebens und der Forderungen seines embryonalen Zustands nach den für einen kommunistischen Glauben wesentlichen Manifestationen. Er fand, dass der israelitische Glaube nicht durch die Anbetung vieler Götter verunreinigt war, und wandte sich ihrem Ritual zu, in der Hoffnung, mit ihrer Hilfe ein Zeremoniell zu etablieren, das ihr System mit seinem eigenen glühenden Glauben verbinden sollte. Da er nun bei einem Volk wie den Juden keinen Mittelweg zwischen Separatismus und Absorption für möglich hielt und unbewusst ahnte, dass der Islam in nicht allzu langer Zeit für sich selbst ausreichen würde, wandte er sich wieder den Praktiken seiner einheimischen Religion und den Zeremonien seiner Vorfahren zu. Von nun an vertritt er entschieden seine Vorstellung vom Islam als einer gereinigten und göttlich regulierten Form der Anbetung, der seine arabischen Vorfahren folgten, gereinigt von der Götzenanbetung und befreit von zahlreichen jahrhundertelangen Verderbnissen.

Nicht nur im Ritual richtete er seine Gedanken auf Mekka. Sie ragt immer noch vor seinen Augen auf als die auserwählte Stadt, die Stadt seiner Träume, deren Eroberung und gereinigte Rückkehr unter die Führung Allahs er sich als das ultimative, kaum beachtete Ziel all seiner Zwischenkriege vor Augen führt. Die Kibla war längst in Mekka geändert worden; Dorthin wandte jeder Muslim beim Gebet sein Gesicht und richtete seine Gedanken, und nun wurde jedes mögliche Detail des alten mekkanischen Rituals in peinlicher Achtung vor dem einen Gott durchgeführt, so dass er, als die Zeit gekommen war, in Erfüllung seiner Wünsche seinen Fuß auf diesen Boden setzte , kein Teil der Zeremonien, mit der anhaltenden Begeisterung seiner Jugend noch süß, durfte ausgelassen werden oder durch Nichtbenutzung seinen Reiz verlieren .

Das dritte Jahr der Hegira begann für Mohammed positiv . Im ersten Monat, Muharram, gab es drei kleine Expeditionen gegen widerspenstige Wüstenstämme. Die Beni Ghatafan auf der ostbabylonischen Route standen den Kureisch freundlich gegenüber . Dies war unerwünscht, da sie die mekkanische Karawane möglicherweise sicher passieren ließen, und der Prophet hatte beschlossen, dass sie auf jedem Weg, über den sie reiste, Küstenstraße oder trockenes Hochland, verwüstet werden sollte. Als er daher die Nachricht erhielt, dass sie sich in großer Zahl in Carcarat -al- Kadr , einer Wüstenoase an der Grenze ihres Territoriums, versammelten, marschierte er eilig dorthin, in der Hoffnung, sie einzuholen und zu besiegen, bevor sie sich zerstreuten.

Aber die Beni Ghatafan waren zu klug, um dies zu ertragen, und als Mohammed an den Ort kam, fand er ihn verlassen vor, bis auf einige Kamele, die er auf der Flucht zurückgelassen hatte, die er gefangen nahm und nach

Medina brachte, da er es für sinnlos hielt, sie zu verfolgen seine Beute durch die weglose Wüste.

Der Überfall von Zeid in Jumad II (September) war weitaus erfolgreicher. Seit dem Sieg bei Bedr war der Küstenweg für die Karawanen der Kureischiten völlig gesperrt und sie waren gezwungen, die zentrale Wüste auszuprobieren, eine Straße, die durch das mittlere Hochland führte und nach Babylonien und in die syrische Wüste führte. Die mekkanische Karawane hatte Carada erst erreicht , als sie von einer muslimischen Streitmacht unter Zeid getroffen wurde , die von der Weitsicht und den räuberischen Instinkten Mohammeds gesandt worden war. Die Wache war nicht stark, möglicherweise weil die Mekkaner glaubten, dass es auf diesem Weg kaum Angst vor Angriffen gab, und so konnte Zeid seinen Feind leicht besiegen und sich die Beute sichern, die aus vielen Ballen mit Waren, Kamelen, Beute und Rüstungen bestand . Der Eroberer kehrte begeistert nach Medina zurück, wo er die Beute dem Propheten zu Füßen warf. Es kam zur üblichen Teilung, und die ganze Stadt freute sich über den Reichtum, den sie sich gesichert hatte, und über das zunehmende Unbehagen ihrer Feinde.

In der Zwischenzeit wurden die Angelegenheiten zwischen Muslimen und Juden immer dringlicher. Weder die Ermordung ihrer Sänger noch die Vertreibung der Kainukaa konnten die Stimme der jüdischen Unzufriedenheit zum Schweigen bringen, die ihr wirksamstes Sprachrohr im Dichter Ka'b al' Ashraf, dem Sohn einer Jüdin aus dem Stamm der Beni Nadhir , fand . Dieser Mann war zu Recht empört über das Abschlachten der kureischitischen Vorkämpfer in Bedr . Die Geschichte kam ihm so ungeheuerlich vor, dass er es nicht glauben konnte.

"Ist das wahr?" er fragte den Boten; „Hat Mohammed diese Männer wirklich getötet? Beim Herrn, wenn er dies getan hat, ist dann der innerste Teil der Erde besser als ihre Oberfläche!“

Kureisch gegen den Mörder aufzustacheln . Gleich nach seiner Rückkehr veröffentlichte er Verse, in denen er den schändlichen Sieg beklagte, der zu einem solchen Preis erkauft worden war; Darüber hinaus richtete er auch beleidigende Liebesgedichte an die muslimischen Frauen, immer mit der Absicht, möglichst viel Unmut zu erregen. Endlich wurde Mohammed ungeduldig und rief:

„Wer wird mir Frieden von dieser Ka'b al' Ashraf geben?“

Mahomet Mosleima antwortete: „Ich, sogar ich werde ihn töten.“

Die Art und Weise, wie er diese Tat vollbrachte, ist aufschlussreich für die Wertschätzung, die das individuelle Leben damals hatte. Mosleima sicherte sich die Hilfe von Ka'bs verräterischem Bruder – wie, erfahren wir nicht, aber höchstwahrscheinlich durch Bestechung. Zusammen gingen die beiden bei

Mondschein zum Haus des Dichters und baten ihn um Gesellschaft bei einer Diskussion von großer Bedeutung. Seine junge Frau hätte Ka'b daran gehindert, da sie aufgrund der Art und des Zeitpunkts der Bitte einen Verrat vermutete, aber er ignorierte ihre Gebete. Im Schein der Mondstrahlen gingen die drei am Rande der Stadt vorbei und unterhielten sich innig, wobei es um die Rebellion gegen den Propheten ging.

Schließlich erreichten sie die Adjuz-Schlucht, einen einsamen Ort, über dem gespenstische Stille herrschte und der im weißen Licht blass war. Hier hielten sie an und bald begann sein Bruder, Ka'bs Haar zu streicheln, bis er ihn in Schläfrigkeit eingelullt hatte. Dann ergriff er plötzlich die Stirnlocke und rief:

„Lass den Feind Gottes zugrunde gehen!"

Ka'b wurde gefesselt, während vier Männer der Beni Aus mit ihren Schwertern auf ihn einschlugen. Aber er war ein mutiger und starker Mann, der entschlossen war, sein Leben teuer zu verkaufen. Der Kampf wurde wütend.

„Als ich das sah", erzählt Mosleima durch die Überlieferung, „dann erinnerte ich mich an meinen Dolch und stieß ihn mit solcher Gewalt in seinen Körper, dass er die gesamte Masse durchdrang. Der Feind Gottes stieß einen Schrei aus und fiel zu Boden." "

Dann verließen sie ihn und beeilten sich, ihrem Herrn die gute Nachricht zu überbringen. Mohammed freute sich und gab sich keine Mühe, seine Zufriedenheit zu verbergen. Ka'b hatte sich für den Propheten verwerflich und für den Islam gefährlich gemacht; Ka'b wurde entfernt; es war gut; Allah Akbar Islam.

Die östlichen Nationen waren noch nie so vorsichtig mit dem menschlichen Leben wie die westlichen und insbesondere die angelsächsischen Völker. Für Mohammed hatte die Sicherheit seines Staates Vorrang, und wenn hundert Dichter damit gedroht hätten, seine Autorität zu untergraben, hätte er sie alle mit gleicher Standhaftigkeit ermorden lassen. Die Menschen mussten sterben, und diejenigen, die den Lauf der Dinge störten, erlitten nur schneller das allgemeine Schicksal. Es ist offensichtlich, dass für Mohammed kein moderner westlicher Standard aufgestellt werden kann; Die Tat muss mit dem unbeugsamen Willen und der Entschlossenheit interpretiert werden, seine Ziele zu erreichen, die die Wurzel aller seiner Staatsverbrechen sind. Doch die unglücklichen Juden gingen voller Angst und Zittern davon, und ihre Panik steigerte sich, als Mohammed seinen Anhängern den Befehl erteilte, sie zu töten, wo auch immer sie sich aufhalten könnten. Er ließ jedoch sehr bald einen so drastischen Befehl außer Kraft treten, allerdings nicht bevor einige von seiner brutalen Politik profitiert hatten, und nach einiger Zeit schloss er einen neuen Vertrag mit den Juden, der keineswegs den alten föderalen Grundsätzen entsprach, aber Garantien bot ihnen eine Art Sicherheit zu gewähren, vorausgesetzt, sie zeigten, dass sie sich seiner überlegenen Macht ordnungsgemäß unterwarfen. Durch diesen Vertrag wurde die Lage etwas geglättet, dennoch waren die Juden nun völlig eingeschüchtert, und die Übriggebliebenen führten ein eingeschränktes Leben, wobei die Angst die größere Rolle spielte.

Aber vorerst war Mohammed zufrieden und es wurden keine weiteren Strafmaßnahmen versucht; Nur wenige Monate später sah er sich mit einer weitaus größeren Gefahr konfrontiert: dem Auftauchen seines alten Feindes, der Kureisch , mit voller Kraft, die nach Rache sehnten, wild in ihrem Hass auf einen solchen Plünderer, und vor ihnen Mohammed in der neu entdeckten Arroganz seiner Herrschaft war gezwungen, eine Pause einzulegen.

KAPITEL XIII

DIE SCHLACHT VON OHOD

„Wenn euch eine Wunde widerfahren ist, so ist eine solche Wunde auch schon anderen widerfahren. Wir wechseln diese Tage (des guten und des bösen Schicksals) unter den Menschen ab, damit Gott die erkennt, die geglaubt haben, und damit Er aus eurer Mitte Märtyrer erwählt." – *Der Kuran*

Die Juden waren abwechselnd zur Unterwerfung gezwungen und überredet worden, die Unzufriedenen waren nach dem Triumph bei Bedr in vorübergehende Loyalität gedrängt worden , seine eigenen Anhänger waren außerordentlich stolz auf seine Vorherrschaft, die Kureisch hatten noch keine ernsthaften Versuche unternommen, ihre Demütigung bei Bedr zu rächen ; Darüber hinaus waren die religiösen und politischen Angelegenheiten der Stadt so geregelt, dass es möglich war, die üblichen Geschäfte des Lebens in Sicherheit fortzusetzen – eine Sicherheit, die sicherlich keine garantierte Dauerhaftigkeit besaß und die jeden Moment unter den Füßen dieser Menschen zerbrechen könnte die darauf marschierten und sie zurück in eine Anarchie verfeindeter Glaubensbekenntnisse und Häuptlinge stürzten – immer noch eine Sicherheit, wie Medina sie selten gekannt hatte, aufgebaut durch die eine starke Persönlichkeit innerhalb seiner Mauern.

Einige Monate lang konnte Mohammed in Frieden unter seinen Anhängern leben, und das Interesse verlagerte sich nicht auf seine religiösen Verordnungen und seine Regierungsarbeit – diese waren erfolgreich begonnen worden und wurden nun fast automatisch fortgesetzt –, sondern auf sein häusliches Leben und seine Beziehungen zu ihm intimer Freundeskreis. Mit zunehmendem Alter verspürte er das ständige Bedürfnis nach Kameradschaft und Trost, und während er Männer wie Abu Bekr , Ali und Othman um Rat in der Regierung und im Krieg bat, fand er Trost und Erfrischung in den helfenden Händen von Frauen.

Sawda besaß er bereits, und ihre langsame Sanftheit und ihr einfallsloser Geist begannen bereits zu verblassen; Ayesha konnte mit ihrer Schönheit und Klugheit, ihrer juwelengleichen Natur, hell und fast ebenso hart, die ständige Belastung seines Lebens mildern und durch eine Art Reflexbewegung dazu führen, dass die unermüdliche Energie des Geistes den Körper fand, der sein Geheimnis war Leistung. Aber das reichte nicht aus, und nun suchte er nach neuem Vergnügen an Haphsa und an anderen und geringeren Frauen, obwohl er seine früheren Lieben nie aufgab, immer noch mit dem gleichen unausgesprochenen Wunsch, etwas Ruhe von den Sorgen zu finden, die ihn quälten Erneuerung seiner lebendigen Natur, die mit selbstzerstörendem Feuer brennt.

Der emotionale Reiz, dessen Agenten Frauen waren, wurde für ihn so notwendig wie das Gebet, und wir sehen, wie er im späteren Leben auf seiner Suche nach Trost eine Erfahrung nach der anderen hinzufügte, sich jedoch am meisten an Ayesha klammerte, deren Vitalität sein größtes Bedürfnis erfüllte. Neben der Notwendigkeit der Erfrischung trat die nicht unerhebliche Pflicht ein, den Fortbestand seiner Macht durch die Gründung einer Linie männlicher Nachfolger zu sichern. Seine früheren Ehen hatten nur Töchter hervorgebracht, während seine späteren Ehen und auch seine jüngste mit Haphsa fruchtlos geblieben waren. Doch obwohl ihm bisher kein direkter männlicher Nachkomme gewährt worden war, achtete er darauf, die bedeutendsten Männer seines Staates durch Heirat mit seinen Kindern mit sich zu vereinen und sie dadurch durch engste Blutsbande zu binden. Der inzwischen verstorbene Rockeya hatte den Krieger Othman geheiratet, und Fatima, die jüngste Tochter des Propheten, wurde dem klugen und ungestümen Ali geschenkt, dessen Kriegstaten den Muslim mit Stolz und wundersamer Angst erfüllt hatten. Aus dieser Ehe gingen die berühmten Namen Hassan und Hosein hervor , Namen, die unauslöschlich in die muslimische Ruhmesliste eingeschrieben sind.

Als jeder Insasse zu seinem Haushalt hinzukam, wurden einfache Häuser, fast Hütten, für ihre Aufnahme gebaut, aber der Prophet selbst hatte keinen Aufenthaltsort, nur einen Ratssaal, in dem er öffentliche Geschäfte erledigte und abwechselnd in den Häusern von wohnte seine Frauen, aber am meisten freute er sich, Ayesha zu besuchen, die aufgrund ihrer Schönheit und Persönlichkeit die höchste Stellung einnahm. Auf diese Weise wuchs Mohammeds Haushalt nach und nach in der Nähe der Moschee heran; Zusammen mit den nicht weit entfernten Häusern seiner Schwiegersöhne und dem heiligen Ort selbst bildete es das Zentrum der Aktivitäten der muslimischen Welt und war Zeuge der Ankunft und Entsendung von Botschaften, der Verwaltung der Justiz und der öffentlichen Geschäfte Durchführung des muslimischen religiösen Zeremoniells, der kuraanischen Offenbarungen des Willens Allahs. Es strahlte Mohammeds Persönlichkeit aus und konzentrierte für seine Anhänger den ganzen Enthusiasmus und die Beharrlichkeit, die in seine Entstehung geflossen waren, sowie die Ausdauer und Weitsicht, die seinen Fortbestand sicherten.

Aber eine solche Sicherheit war für Mahomet nicht dauerhaft möglich; sein Geist war dazu verdammt, ewig inmitten von Tumult und Anstrengung zu verweilen. Seit dem Sieg von Bedr sind fast zwölf Monate vergangen . Die gebrochenen Kureisch hatten Zeit gehabt, sich zu erholen, und waren nun auf Rache vorbereitet. Der so teuer erworbene Reichtum von Abu Sofians Karawane war nach Bedr nicht verteilt worden . Es blieb in Mekka unantastbar , eine Waffe, mit der sie ihre bittere Rache üben sollten. Alle ihre Kämpfer waren zu einer großen Schar zusammengeballt. Mit ihrem gehorteten Reichtum wurden Pferde und Rüstungen , Waffen und Ausrüstung gekauft, und schließlich bereiteten sie sich mit 3.000 Mann Mann, darunter 700 gepanzerten Kriegern und 200 gut berittenen Kavalleristen , darauf vor, mit ihrer Bestrafungsarbeit fortzufahren.

Nicht nur ihre eigenen Bürger wurden in den Dienst gedrängt, sondern auch die kämpfenden Männer verbündeter Nachbarstämme , die sehr bereit waren, an einer Expedition teilzunehmen, die Aufregung und Blutvergießen versprach, mit der Hoffnung auf Plünderung. Die Frauen ihrer Anführer flehten um Erlaubnis, mit der Armee mitziehen zu dürfen, und betonten ihre Nützlichkeit und ihren großen Eifer, den bevorstehenden Triumph zu teilen. Aber viele Krieger murrten dagegen, denn das Unterfangen war schwierig und sie kannten die Unbequemlichkeiten eines langen Marsches. Schließlich durften fünfzehn besonders privilegierte Frauen mit dem Gastgeber reisen, darunter Hind, die wilde Frau von Abu Sofian, die in ihrem Gefolge einen riesigen Neger mitbrachte, der speziell für ihren krönenden Racheakt, den Mord an Hamza, aus Rache reserviert war für die Ermordung ihres Vaters. Die Armee nahm den einfacheren Seeweg, reiste wie zuvor im ganzen Prunk und Prunk der östlichen Kriegsführung und erreichte schließlich das Tal von Akik , fünf Meilen westlich von Medina. Von dort wandten sie sich nach links, um einen verwundbareren Ort in der Verteidigung der Stadt zu beherrschen , und lagerten schließlich in Ohod am Fuße des Hügels auf einer fruchtbaren Ebene, die im Norden durch mehrere Felskämme von der Stadt getrennt und für sie unpassierbar war so eine Armee.

Mohammeds erste Nachricht von dem vorsätzlichen Angriff erreichte ihn durch seinen Onkel Abbas, diesen schwachen Zweifler, der sich nie dazu entschließen konnte, Freund oder Feind des Islam zu werden. Er schickte einen Boten nach Coba , um ihm mitzuteilen, dass die Kureiseh in großer Zahl vorrückten. Mohammed war zwangsläufig der Anführer der Stadt, trotz der schlechten Gefühle zwischen ihm und bestimmten Teilen der Stadt. Sowohl Juden als auch Unzufriedene erwarteten von ihm die Führung in einer solchen Krise; Aufgrund seiner früheren Fähigkeiten wurden seine Ratschläge eingeholt.

Mahomet wusste genau, dass diese angreifende Streitmacht anders war als die letzte, die eilig versammelt worden war und ihren Widerstand unterschätzt hatte. Er wusste, dass sie neben einer besseren Ausrüstung den stärksten Anreiz zu Wagemut und Entschlossenheit besaßen, den Wunsch, manches Unrecht zu rächen. Ohne falsche Einschätzung ihres Feindes riet er seinen Anhängern, in ihrer Stadt zu bleiben und dem Feind zu erlauben, seine Kräfte für ihre Verteidigung zu verschwenden . Abdallah stimmte der Entscheidung des Propheten zu, aber der jüngere Teil und insbesondere diejenigen, die nicht bei Bedr gekämpft hatten , waren lautstark anderer Meinung. Sie wiesen darauf hin, dass, wenn Mohammed den Kureisch nicht entgegenginge, er sich der Feigheit aussetzen würde, und sie erklärten offen, dass ihre Loyalität gegenüber dem Propheten diese Freveltat nicht ertragen, sondern sich in Verachtung verwandeln würde. Gegen seinen Willen wurde Mohammed zum Handeln gezwungen. Es könnte ihm gelingen, seinen Feind zu besiegen, und auf jeden Fall würde seine Position die Illoyalität und Unzufriedenheit, die seine Weigerung mit sich bringen würde, nicht ertragen.

Nach dem Gottesdienst am Freitag zog er sich in seine Kammer zurück und erschien in Rüstung vor dem Volk . Er rief drei Lanzen herbei und befestigte seine Banner daran, wobei er eine für die Anführer der Flüchtlinge und die anderen beiden für die Stämme der Beni Aus und Khazraj entwarf . Er konnte in diesem Jahr eine Armee von 1000 Mann aufstellen, hatte aber keine Kavallerie und weniger Panzerkrieger als die Kureisch . Abdallah versuchte sein Bestes, Mohammed davon abzubringen, aber der Prophet blieb standhaft.

Rüstung abzulegen, wenn ich sie einmal angelegt habe, ohne meinem Feind im Kampf zu begegnen."

Im Morgengrauen zog die Armee nach Ohod , und er stellte seine Schlachtlinie am Fuße des Hügels direkt gegenüber dem Kureisch auf . Doch bevor er seine endgültige Stellung einnehmen konnte, wandte sich Abdallah mit dreihundert Männern von ihm ab und eilte erneut nach Medina, mit der Erklärung, dass das Unternehmen zu gefährlich sei und dass es gegen ihr Urteil unternommen worden sei. Mahomet ließ sie mit der gleichen stolzen Genügsamkeit ziehen, die er vor dem vorrückenden Heer bei Bedr gezeigt hatte .

„Wir brauchen sie nicht, der Herr ist auf unserer Seite."

Dann richtete er seine Aufmerksamkeit auf die Disposition seiner Streitkräfte. Er stationierte fünfzig Bogenschützen unter einem Hauptmann auf der linken Seite seiner Linie mit dem strikten Befehl, dass sie sich bei jeder Gelegenheit behaupten sollten, um seinen Rücken zu schützen und eine Flankenbewegung der Kureischiten zu vereiteln . Dann, nachdem er sich über die wahrscheinliche Taktik des Feindes informiert hatte, zog er seine Hauptlinie in eher flacher Formation Richtung Medina aus.

Der Angriff begann wie üblich mit Einzelkämpfen, an denen offenbar keiner der Champions teilgenommen hatte, und bald war Mohammeds gesamte Linie in einem rücksichtslosen Vormarsch verwickelt, vor dem die Kureisch ins Wanken gerieten . Aber die Muslime drängten zu heftig und konnten sich nicht überall behaupten und wurden hin und wieder zurückgedrängt. Wieder erholte sich ihre lange Linie und verfolgte ihre Feinde, nur um dann ihre

Kohärenz und Disziplin zu verlieren; denn ein Teil von ihnen zählte den bereits gewonnenen Tag und begann mit der Plünderung des Kureisch-Lagers. Das war zu viel für die Bogenschützen auf der linken Seite. Sie vergaßen alles in einem wilden Wunsch, den Reichtum des Feindes zu teilen, verließen ihren Posten und stürmten in die kämpfende zentrale Masse hinab.

Hier war Khalids Chance. Der Hauptkrieger und Ratgeber der Kureisch versammelte hastig seine Männer, umkreiste den nun ahnungslosen Muslim und trieb seine Streitmacht gegen ihren Rücken, der sich auflöste und floh. Mahomet erkannte sofort den fatalen Fehler und befahl den Bogenschützen über das Meer aus Männern und Waffen, sich an ihre Befehle zu erinnern und standhaft zu bleiben. Aber es war zu spät und alles, was er tun konnte, war zu versuchen, die muslimische Flucht aufzuhalten.

„Ich bin der Apostel Gottes, komm zurück!" rief er über den Tumult hinweg.

Aber selbst seine Anziehungskraft konnte den gebeutelten Muslim nicht sammeln, und er stürmte in halsbrecherischer Flucht auf die Hänge von Ohod zu . Im Chaos, das darauf folgte, sah Hind, wie ihr Feind sich dem Druck seiner Mitbürger entgegenstellte und versuchte, sie zu ermutigen, während er mit seinem Schwert auf die Verfolger Kureisch einschlug . Sie schickte ihren riesigen Neger Wahschi aus, um sich durch die kämpfenden Männer den Weg zu dem Verhassten zu bahnen, und er zerschmetterte sie mit zum Schlag erhobenem Speer. Hamza wurde zu Boden geworfen, und mit einem verzweifelten Stoß nach oben, der von seinem riesigen Angreifer leicht abgewehrt werden konnte, erlag er Wahschis Speer und lag leblos da, der erste Märtyrer für die Sache des Islam, der sich noch immer mit Stolz an sein glorreiches Ende erinnert.

Sieben Flüchtlinge und Bürger versammelten sich um ihren Anführer, um ihn zu verteidigen, doch in seiner Nähe tobte die Schlacht, und seine Freunde konnten den Schlägen seiner Feinde nicht standhalten. Er wurde verwundet und einige seiner Zähne wurden ausgeschlagen. Dann erhob sich das Geschrei, dass er getötet worden sei, und die böse Nachricht verschärfte das muslimische Desaster. Einem elenden Überrest gelang es, die Sicherheit der Berghänge zu erlangen, und nicht die gute Nachricht von Mohammeds Flucht, als sie ihn unter ihnen sahen, konnte sie zu etwas anderem als einer besiegten und schändlichen Bande machen. Sie lagen versteckt zwischen den Hügeln, während die Kureisch ihre triumphale Rache an den Leichen ihrer Opfer übten, die sie verstümmelten, bevor sie sie begruben, auf die barbarische Art und Weise der Zeit, und der wilde Zorn von Hind fand Besänftigung in der Zerstörung von Hamzas Körper. Schließlich bereiteten sich die Kureisch auf den Aufbruch vor, und ihr Sprecher begab sich zum Fuß des tödlichen Hügels und verlangte vom Propheten seine Zustimmung zu einer erneuten Begegnung im folgenden Jahr. Omar stimmte im Namen des Propheten und seiner Anhänger zu, und Mohammed schwieg und wollte den Eindruck bestätigen, dass er tot sei.

Warum die Kureisch ihrem Sieg nicht folgten und einen Überfall auf Medina versuchten, ist schwer vorstellbar. Möglicherweise hatten sie Angst, dass Mohammed über neue Reserven und starke Verteidigungsanlagen innerhalb der Stadt verfügen könnte; aber wahrscheinlicher war, dass sie das Gefühl hatten, dass sie ihr Ziel erreicht hatten und dass die Muslime nun von dem Versuch, ihre Karawanen zu plündern, geheilt wären. Also zogen sie sich erneut in Richtung Mekka zurück, und die verlassenen Muslime kroch lautlos aus ihren Verstecken, um das Ausmaß ihrer Niederlage zu entdecken. Sie fanden vierundsiebzig Leichen ihrer eigenen Gefolgschaft und zwanzig der Feinde. Ihre Schmach war vollkommen, und zu der Bitterkeit ihres Rückschlags kam noch die schreckliche Angst hinzu, dass die Kureisch weiter vordringen und ihre wehrlose Stadt angreifen würden.

Bei Sonnenuntergang kehrten sie als traurige und mitleiderregende Schar nach Medina zurück und trugen ihren Anführer mit sich, dessen Wunden hastig auf dem Feld versorgt worden waren. Mohammed befand sich tatsächlich in einer schwierigen Lage; selbst verstümmelt, der Großteil seiner Armee zerstreut, seine Feinde siegreich und sein Hauptquartier voller brodelnder Unzufriedenheit, die durch seine Niederlage an die Oberfläche gebracht wurde, fühlte er sich selbst in Medina in Gefahr und verbrachte die Nacht voller Angst und Erwartung, welche Ereignisse neues Unheil bringen könnten . Aber seine Entschlossenheit und Weitsicht ließen ihn nicht im Stich, und als die quälende Nacht vorüber war , erlangte er seinen alten Einfallsreichtum und seine wunderbare Energie zurück.

Er befahl Bilal, anzukündigen, dass er die Kureisch verfolgen würde , und stellte sich, betroffen und leidend, an die Spitze der Expedition. Sie erreichten Safra , blieben dort drei Tage und kehrten dann mit der Meldung, dass die Kureisch ihnen entgangen seien, nach Medina zurück. Dieser Ausfall war nichts weiter als eine Demonstration von Mut, und Mohammed hoffte, dadurch sein erschüttertes Vertrauen in die Stadt einigermaßen wiederherzustellen und auch den Kureisch mitzuteilen , dass er nicht völlig besiegt war.

Aber seine Niederlage hatte sein Ansehen weit mehr geschädigt, als eine bloße Expedition wiedergutmachen konnte, und seine Anhänger waren entsetzt über seine Demütigung. Ihre Welt war auf den Kopf gestellt. Es war, als hätte der Herr selbst, für den sie so viel gelitten hatten, plötzlich seine Gebrechlichkeit und menschliche Schwäche gezeigt. Und die Unzufriedenen in Medina triumphierten, insbesondere die Juden, die mit Freude sahen, wie ein gewisses Maß an Brutalität des Propheten ihnen gegenüber auch auf ihn übertragen wurde. Die Situation war ernst und Mohammeds Ruf muss um jeden Preis wiederhergestellt werden. Er zog sich für einige Zeit in seine eigenen Gemächer zurück und empfing die Offenbarung eines Teils von Sure III, in der er die ganze Angelegenheit erklärt und zunächst darauf drängt, dass es Allah gefallen würde, eine Wahl zwischen den Tapferen und den Feigen, den Schwachen und den Standhaften zu treffen. und dann, dass die Niederlage die Strafe für die Missachtung seiner göttlichen Gebote war. Die Passage ist in Mohammeds eindringlichstem Stil geschrieben und sticht eindeutig als verlässlicher Bericht hervor, da weder die Niederlage der Muslime noch ihre eigene Schuld minimiert werden . Die Märtyrer von Ohod erhalten aus seinen Händen ihre Lobpreiskrone.

„Und halte die, die auf dem Weg Gottes getötet wurden, nicht für tot. Vielmehr sind sie lebendig bei ihrem Herrn und werden reichlich versorgt. Sie freuen sich über das, was Gott an seiner Großzügigkeit gewährt hat, und sind erfüllt von Freude über die Gunst Gottes und über seine Barmherzigkeit . und dass Gott nicht zulässt, dass der Lohn der Gläubigen zugrunde geht."

Die meiste Zeit verbringt er jedoch damit, zu sprechen, um seine schwer geprüfte Herde zu ermutigen und diejenigen zu verwirren, die an ihm zweifeln. Die Offenbarung erfolgte als Antwort auf ein unmittelbares Bedürfnis und ist untrennbar mit den Ereignissen verbunden, die sie hervorgerufen haben.

Soweit es möglich war, erreichte es seinen Zweck, denn die Gläubigen nahmen es mit Demut auf, aber es konnte das erschütterte Vertrauen in den Propheten nicht vollständig wiederherstellen.

Das unmittelbare Ergebnis der Schlacht von Ohod bestand darin, Mohammed von weiteren Drohungen seitens der Kureisch zu befreien, die die Aufgabe erfüllt hatten, ihn durch Einschüchterung zum Schweigen ihnen gegenüber zu bewegen, aber die letztendlichen Folgen waren weitreichend und hielten viele Jahre lang an; Tatsächlich ist die nächste Zeit seines Lebens aufgrund des Rückschlags bei Ohod voller Verteidigungs- und Strafexpeditionen und Angriffen von Wüstenstämmen auf seine Anhänger. Seine Position in Medina war völlig unsicher geworden, und jeder Stamm hielt es für möglich, irgendeine Demonstration gegen ihn durchzuführen. Sowohl Juden als auch Araber stellten sich gegen den embryonalen Staat, und die mächtigen Wüstenverbündeten der Kureisch stellten eine standige Bedrohung für seine eigene Festung dar. Erst als er jeden Juden ermordet oder verbannt hatte und wiederholt Feldzüge gegen die Stämme im Landesinneren führte, wurde seine Position in Medina unangreifbar gemacht.

Rücksichtslosigkeit und Vertrauen in das Schwert waren seine einzigen Erfolgsaussichten. Wenn er seine Wachsamkeit nachließ oder irgendwelche humanen Gefühle zulassen würde, um die Durchführung strenger Maßnahmen gegen einen seiner Feinde zu verhindern, wäre seine Existenz bedroht. Man kann sagen, dass er von nun an unter der Tyrannei des Krieges stand, und sein unbarmherziger Drang ließ nie nach, bis er seine eigene Heimatstadt in seiner Macht hatte. Der Gott der Schlachten forderte seinen gnadenlosen Tribut von seinem Anhänger und zwang ihn, sein Schicksal mit den rauen Mitteln des Schwertes zu meistern. Der Denker ist unwiderruflich zum Mann der Tat geworden; Das Gebet wurde durch den Befehl ergänzt: „Kämpfe und kämpfe noch einmal, damit Gott siege und behalte." Rückschläge zeigen das Temperament der Helden, und Mahomet kommt nie besser zum Vorschein als in den ersten düsteren Tagen nach Ohod , als er sich unerschütterlich daran machte, das Verlorene zurückzugewinnen, und sich weigerte anzuerkennen, dass seine Position geschwächt war und unempfindlich gegenüber den Gerüchten, von denen die Rede war Versagen, überragend in seinem mächtigen Vermögen eines unumstößlichen Glaubens.

KAPITEL XIV

DIE TYRANNE DES KRIEGES

„Und wir haben Eisen herabgesandt. Darin liegt schreckliches Böses und Nutzen für die Menschheit." – *The Kuran* .

Nach der Schlacht von Ohod vergingen für Mahomet zwei Monate ruhig. Er war nicht in der Lage, aggressive Feldzüge zu unternehmen, und sowohl die Juden in Medina als auch die weiter entfernten Wüstenstämme wurden durch das Wissen, dass seine Macht für die damalige Zeit erheblich geschwächt war, in Ruhe eingelullt. Aber der Prophet wusste, dass diese Sicherheit nicht lange anhalten konnte, und er war auf die Art seiner künftigen Kriege bestens vorbereitet – ein ausreichender Beweis, falls einer noch nötig war, für seine Fähigkeiten als Soldat und Anführer.

Er wusste, dass die Kureisch eine Bündnispolitik mit den umliegenden Stämmen verfolgt hatten und dass ihr Plan nun darin bestehen würde, ihn durch einen unaufhörlichen Druck aus dem Osten zu vernichten, verbunden mit der unvermeidlichen Unzufriedenheit innerhalb der Stadt, als ihre Bewohner den Niedergang ihres Anführers miterlebten Leistung. Wachsamkeit und Strenge waren die einzigen Mittel, um seine Position zu behaupten, und diese beiden Eigenschaften nutzte er mit einer Hartnäckigkeit, die allein seinen endgültigen Erfolg sicherte.

Die ersten Drohungen kamen von den Beni Asad , einem mächtigen Stamm, der das Land direkt östlich von Medina bewohnte. Unter ihrem Häuptling Tuleiha planten sie einen Überfall gegen Mahomet. Aber sein ausgezeichnetes Spionagesystem kam ihm wie immer zugute, so dass er von ihrem Plan hörte, bevor er reif war, und 150 Männer entsandte , um ihn zu vereiteln. Die Beni Asad waren klug genug, den Versuch aufzugeben, nachdem Mohammeds Männer ihr Lager gefunden und geplündert hatten. Sie zerstreuten sich vorerst und die Gefahr eines Angriffs war gebannt. Doch kaum war die Expedition zurückgekehrt, als die Nachricht von einer weiteren Versammlung in Orna , zwischen Mekka und Taif, eintraf. Wieder verlor Mohammed keine Zeit, sondern schickte eine Streitmacht, die groß genug war, um sie in einem Gefecht auseinanderzutreiben, bei dem der Häuptling des Lahyan -Stammes getötet wurde.

Im nächsten Monat schickte Mohammed sechs seiner Anhänger nach Mekka, wahrscheinlich als Spione, aber sie durften ihr Ziel nicht in Sicherheit erreichen. In Raja schlossen sie sich einer Gruppe der Beni Lahyan an , die auf die gleiche Weise vorging. Die Männer waren bewaffnet, und Mohammeds Anhänger waren aufgrund der zusätzlichen Sicherheit froh, sie zu begleiten. In der Oase schlug die Gruppe ihr Nachtlager auf, und der Muslim bereitete sich ahnungslos auf den Schlaf vor. Mitten in der Nacht waren sie von ihren angeblichen Freunden umzingelt, die entschlossen waren, sich für den Mord an ihrem Häuptling zu rächen. Vier wurden getötet und zwei, Zeid und Khubeib , nach Mekka verschleppt, wo die Bürger sich über ihre Beute freuten. Zahlreiche Legenden gruppieren sich um diese beiden Figuren – die ersten echten Märtyrer des Islam, und eines der tiefgreifendsten Zeugnisse der Liebe, die Mohammed seinen Anhängern einflößte, wird traditionell in einigen bedeutungsvollen Sätzen gegeben, die sich mit dieser Episode befassen.

Die Gefangenen wurden einen Monat lang festgehalten, bevor sie der unvermeidlichen Folter ausgesetzt wurden. Abu Sofian, der Spötter, kam zu Zeid , als er sich auf seinen Tod vorbereitete.

„Würdest du nicht, oh Zeid ", fragte er, „dass du wieder bei deiner Familie wärst und dass Mohammed an deiner Stelle gelitten hätte?"

„Bei Allah! Ich möchte nicht, dass Mohammed auch nur den kleinsten Dornenstich erleidet; nein, nicht einmal, wenn ich dadurch wieder in Sicherheit unter meinen Verwandten sein könnte."

wunderte sich der Feind des Islam über seine Worte und sagte: „Nie habe ich unter Menschen eine solche Liebe gesehen, wie Mohammeds Anhänger ihn hegen."

Und danach wurde Zeid hingerichtet. Mohammed war nicht in der Lage, sich zu rächen, und musste die Ermordung seiner Glaubensbrüder aus der Ferne ertragen.

Das Schicksal dieser sechs Muslime gab Mohammeds Feinden überall Mut und veranlasste sogar seine Freunde zum Verrat. Die Beni Aamir, ein Zweig des großen Hawazin- Stammes, der zwischen den Beni Asad und den Beni Lahyan lebte , waren Medina gegenüber freundlich eingestellt und schickten Mohammed-Geschenke als Garantie. Diese weigerte sich Mohammed zu empfangen, es sei denn, der Stamm konvertierte zum Islam. Er kannte die Gefahr eines Kompromisses – seine Erfahrungen in Mekka waren nicht aus seinem Gedächtnis verschwunden; Darüber hinaus erkannte er, dass in seiner gegenwärtig geschwächten Position Festigkeit unerlässlich war. Er konnte die Tore seiner Festung nicht einmal einen Spalt weit öffnen, ohne eine Flut hereinzulassen, vor der sie in Trümmer fallen musste.

Aber ihr Häuptling ließ sich nicht dazu zwingen, noch würde er seinen angestammten Glauben aufgeben, ohne die stattdessen angebotenen Glaubenssätze gebührend zu prüfen. Er forderte, dass eine Gruppe von Muslimen ihn zurück zu seinem eigenen Volk begleiten und sich mit Vernunft und Beredsamkeit bemühen sollte, es zum Islam zu bekehren.

Nach langem Überlegen stimmte Mohammed zu, denn er scheute sich davor, einen seiner Auserwählten in den schnellen Tod zu schicken, wenn es zu Verrat kam, und befahl einer Gruppe von Männern, die in ihrem Glauben erfahren waren, Abu Bera zurück zu seinem Volk zu begleiten . Die Männer wurden mit allen Ehren empfangen und entsprechend ihrer Position bis nach Bir Mauna eskortiert, wo sie Halt machten und ein muslimischer Bote mit einem Brief an den Häuptling eines anderen Zweigs desselben Stammes geschickt wurde. Dieser Anführer, Aamir ibn Sofail , ließ den Boten sofort töten und forderte seine Verbündeten auf, die Anhänger des blasphemischen Propheten auszurotten. Aber der Stamm weigerte sich, Abu Beras Versprechen zu brechen, und so wandte sich Aamir, entschlossen, sie auszurotten, an die Beni Suleim , Mohammeds erklärte Feinde, und machte sich mit ihrer Hilfe auf den Weg nach Bir Mauna. Dort überfielen sie die Gruppe der Muslime und schlachteten sie bis auf einen Mann nieder, dann kehrten sie in ihre Wüstenfestungen zurück, stolz darauf, dass sie der Verfolgung entgehen konnten. Die Nachricht wurde Mahomet überbracht, und zunächst war er überzeugt, dass Abu Bera ihn verraten hatte. Seine Anhänger, die die Nachricht überbracht hatten, waren als Vergeltung über einige glücklose Mitglieder der Beni Aamir hergefallen und hatten sie getötet, und Mahomet lobte ihr Vorgehen. Als er jedoch von Abu Bera hörte, dass er und sein Stamm ihrem Versprechen treu geblieben waren, zahlte er Blutgeld für die ermordeten Männer; Dann rief er sein Volk zusammen und verfluchte feierlich jeden Stamm beim Namen, der es gewagt hatte, die Gläubigen durch Verrat anzugreifen.

Aber der Vorfall endete hier nicht. Mohammed konnte die Zerstörung des Beni Aamir nicht verkraften; Sie waren zu mächtig und wohnten zu weit entfernt, als dass seine Rache sie hätte angreifen können, aber die Beni Nadhir , der zweite jüdische Stamm im Gebiet des Propheten, waren in der Nähe und waren mit dem verräterischen Volk verbündet. Mahomets Aktion war schnell und effektiv. Gewalt war seine einzige zeitliche Waffe; Zwang war seine einzige Politik.

Der Befehl ging durch die Lippen Mosleimas :

„ So spricht der Prophet des Herrn: Ihr werdet mein Land innerhalb von zehn Tagen verlassen; wer zurückbleibt , soll getötet werden. “

Die Beni Nadhir waren entsetzt und zitterten. Sie betonten ihre früheren Verträge mit Mohammed und das Alter ihrer Siedlungen. Es war unmöglich, dass sie ihre Gehöfte so plötzlich auflösten und verlassen in ein unbekanntes Land aufbrachen. Aber Mahomet war hartnäckig, mit der gleichen Zielstrebigkeit, die überall der Grundgedanke seiner Dominanz war.

„Die Herzen haben sich jetzt verändert“, war die einzige Antwort auf ihre Gebete, ihre Bitten und ihre Kehlen. Abdallah, Anführer der Beni Aus und

Khazraj , suchte verzweifelt nach einer Versöhnung, aber ohne Erfolg; Die Würfel waren gefallen. Dann weigerten sich die Juden, von der Verzweiflung der Ohnmacht in Schach gehalten und nachlässig, dem Befehl zu gehorchen, und bereiteten sich darauf vor, dem Zorn Allahs und der Rache seines Gesandten zu begegnen.

„Siehe, die Juden bereiten sich zum Kampf vor: Groß ist der Herr!" erklärte der Prophet, als ihm die Nachricht überbracht wurde.

Er war sich seines Opfers sicher und rücksichtslos in der Zerstörung. Alle Dinge wurden für das Unternehmen vorbereitet. Die Armee wurde versammelt und der Marsch begann. Ali trug das große grüne Banner des Propheten zur Festung seiner Feinde. Die Beni Nadhir wurden in ihren eigenen Quartieren untergebracht, die außerhalb ihrer Festung liegenden Dattelbäume wurden verbrannt, ihre Felder wurden verwüstet. Drei Wochen lang dauerte die Belagerung und jeder Tag brachte die elende Garnison den unvermeidlichen Entbehrungen und der endgültigen Kapitulation näher. Schließlich erkannten die Juden die Hoffnungslosigkeit ihres Schicksals und einigten sich widerstrebend auf die Verbannung und stimmten der sofortigen Abreise zu .

Dann folgte die schreckliche Zerstörung der Häuser und die Auswanderung eines ganzen Stammes, wie in alter Zeit, auf der Suche nach anderen Wohnorten. Einige gingen nach Kheibar , wo sie später noch schlimmer unter Mohammeds Hand leiden sollten; Einige gingen nach Jericho und in das Hochland südlich von Syrien, aber alle verschwanden so plötzlich von ihren alten Wohnorten, als hätte eine Pest ihr Land zum Schweigen gebracht. Es war eine wichtige Eroberung für Mohammed und hat im Kuran entsprechende Erwähnung gefunden . Die Zahl seiner Feinde innerhalb der Stadt wurde erheblich reduziert. Er bewies nach und nach seine Macht, indem er die jüdischen Föderationen auflöste und so seinem Ziel, seiner unangreifbaren, fast königlichen Herrschaft über Medina, weit näher kam. Darüber hinaus band er die Flüchtlinge enger an sich, indem er das geplünderte Land unter ihnen aufteilte. Es war ein Ereignis, das es wert war, in die Liste der göttlichen Gnaden aufgenommen zu werden , denn dadurch war die heilige Sache des Islam noch triumphaler geworden.

„Gott ist der Mächtige, der Weise! Er ist es, der die Ungläubigen unter den Leuten der Schrift dazu veranlasste, ihre Häuser zu verlassen. Und wenn Gott nicht ihre Verbannung angeordnet hätte, hätte er sie sicherlich in dieser Welt gezüchtigt; aber in In der kommenden Welt erwartet sie die Strafe des Feuers . Dies liegt daran, dass sie sie gegen Gott und seinen Apostel aufbringen, und wer ihn gegen Gott aufbringt –! Gott ist wahrlich vehement in der Bestrafung."

Die Sure endet in einer Stimmung wilden Jubels, die mit keinem der ekstatischen Äußerungen seiner frühen Visionen zu übertreffen ist. Es ist das Maß seiner Erleichterung über seinen ersten großen Erfolg seit der Demütigung von Ohod . Seine Inbrunst schlägt durch sie hindurch wie das Rauschen des Wassers, in dessen triumphaler Freude keine Pause zu hören ist.

„Er ist Gott, neben dem es keinen Gott gibt: Er ist der König, der Heilige, der Friedliche, der Gläubige, der Beschützer, der Mächtige, der Starke, der Allerhöchste! Ferne sei die Herrlichkeit Gottes von dem, was sie vereint . " mit Ihm! Er ist Gott, der Produzent, der Schöpfer, der Gestalter! Ihm werden ausgezeichnete Titel zugeschrieben. Was auch immer in den Himmeln und auf der Erde ist , preist Ihn. Er ist der Mächtige, der Weise!"

Die Vertreibung der Beni Nadhir war ein brutaler, aber notwendiger Akt. Die Wahl lag zwischen ihrer Sicherheit und seiner zukünftigen Herrschaft, und er entwurzelte ihre Behausungen so rücksichtslos, wie jeder Eroberer die Hindernisse auf seinem Weg beseitigt. Halbe Maßnahmen waren unmöglich, ja sogar gefährlich, und Mohammed hatte keine Angst davor, schreckliche Mittel einzusetzen, um sein alles verschlingendes Ziel zu erreichen. Er hatte erklärtermaßen die Befehle des Schwertes angenommen und seinen Meister nicht zurückgewiesen. Die verhassten Juden waren Feinde seines Gottes, zu dessen Stellvertreter er sich nun ernannte; Ihr Untergang erfolgte in der göttlich festgelegten Weltordnung.

Die Zeit war bald gekommen, als die medinische Armee nach Absprache nach Bedr zurückkehren sollte, um den Kureisch entgegenzutreten . Die Mekkaner schickten in Schaban (November 625) einen Boten zu Mohammed und teilten ihm mit, dass sie bereit seien, mit 2000 Fuß und 50 Reitern gegen ihn vorzurücken . Diese große Armee machte sich tatsächlich auf den Weg, musste jedoch aufgrund mangelnder Vorräte und Nahrungsmittelknappheit bald zurückkehren.

Die Nachricht wurde hauptsächlich in der Hoffnung verschickt, die Muslime einzuschüchtern, aber Mohammed war wahrscheinlich genauso gut über die Kureisch- Bewegungen informiert wie sie selbst und wusste, dass kein wirklicher Angriff möglich war. Deshalb beschloss er, sowohl Freunden als auch Feinden zu zeigen, dass er bereit war, sich seinen Feinden zu stellen. Die Muslime waren nicht sehr freundlich, da sie wussten, was das Schicksal bei ihrer letzten Begegnung mit den Mekkanern beschlossen hatte, aber Mohammeds strenge Entschlossenheit setzte sich durch. Er erklärte, dass er auch dann nach Bedr gehen würde , wenn er allein ginge, und sammelte daher mit reiner Willenskraft 1500 Mann. Er marschierte nach Bedr , hielt dort acht Tage lang sein Lager, während dieser Zeit fand natürlich keine Demonstration statt, und die gesamte Expedition wurde zu einem friedlichen

Handelsunternehmen. Als alle ihre Waren gewinnbringend verkauft oder getauscht waren, löste Mohammed das Lager auf und kehrte triumphierend nach Medina zurück. Sein Ansehen war durch diesen unbehelligten Ausfall sicherlich erheblich gestiegen. Deshalb kehrte er voller Freude und Zuversicht in seine Heimatstadt zurück und bereitete sich darauf vor, seinen Erfolg zu genießen.

Daraufhin nahm er zwei Frauen, Zeinab und Omm Salma, über die nur sehr wenig bekannt ist, außer dass Zeinab die Witwe von Mohammeds Cousine war, die in Bedr getötet wurde . Der Vorfall seiner Heirat mit Zeinab findet im Kuran in kürzester Passage eine Anspielung. Wahrscheinlich war sie sowohl von dem Wunsch zu beschützen als auch vom Wunsch nach Besitz erfüllt, und sie wurde schnell zu einer der vielen, mit denen Mahomet gerne ein paar Tage und Nächte verbrachte. Zu dieser Zeit gibt es im Kuran auch Hinweise auf Meinungsverschiedenheiten zwischen den verschiedenen Mitgliedern seines Haushalts und auf ihre übertriebenen Ansprüche an Mohammed.

Es war offensichtlich nicht so einfach, seine Frauen zu beherrschen, als sie zu erwerben. Darüber hinaus verspürte er allmählich den Stich der Eifersucht gegenüber jedem anderen Mann des Muslims.

Hier beginnt wirklich das Beharren auf restriktiven Vorschriften für Frauen, das seit jeher der Fluch des Islam ist. Mohammed konnte nicht zulassen, dass seine Frauen frei ins Ausland gingen, geschmückt mit den von ihm selbst verliehenen Ornamenten, um für jeden neidischen Betrachter ein Zeichen zu werden. Sie waren nicht wie andere Frauen, und seine herrische Natur betrachtete sie als besonders unantastbar, so dass er ihre Handlungen einschränkte und ihr Leben abschottete. Bereits bei seiner Heirat mit Zeinab erlegte er Beschränkungen für die Kleidung von Frauen im Ausland auf. Sie sollen nicht in Juwelen oder schönen Gewändern durch die Straßen gehen, sondern sich eng mit einem langen, schlichten Gewand bedecken. Während sich seine frühere Sure in Bezug auf Frauen auf die Kodifizierung und Vereinheitlichung gerechterer Scheidungs- und Eigentumsgesetze beschränkte, ist die persönliche Note jetzt stark ausgeprägt und zieht sich durch alle seine späteren Verlautbarungen über muslimische Frauen. In den nächsten Monaten kam es zu Gefahren und Unruhen in seinem häuslichen Leben, die die Stellung der Frau im Islam in den kommenden Jahrhunderten bestimmen sollten, doch bevor er seine letzte Ehe lange abgeschlossen hatte, wurde er zu einer weiteren notwendigen Expedition abberufen. So wurde im Islam beiläufig, fast aus rein persönlichen Erwägungen, das Gesetz über den Status der Frau eingeführt. Seine Verordnungen haben den Geschmack ihres ungestümen Schöpfers, der im unterworfenen Geschlecht keinen Widerstand dagegen fand, in seinem heiligsten Buch jene Verordnungen niederzuschreiben, die ihre untergeordnete Stellung dauerhaft und autorisiert machten . Es war Allah, der durch die Lippen Seines Propheten sprach, und sie unterwarfen sich mit bereitem Herzen, ohne auch nur den Hauch einer Ahnung davon zu haben, was dies für ihre Nachkommen bedeuten würde, was ihre Gedanken verdunkelte.

In Muharram von 626 versammelten sich die Beni Ghatafan , die aufgrund ihrer Größe und ihres Wüstenhinterlandes immer beeindruckend waren, in großer Zahl bei Dzat -al-Rica. Mahomet marschierte entschlossen gegen sie, und als sie die Nachricht von seiner Annäherung hörten, verließen sie erneut den Mut und sie flohen in die Berge. Mohammed kam unerwartet in ihre Behausungen, entführte einige ihrer Frauen als Sklavinnen und kehrte nach fünfzehn Tagen nach Medina zurück, nachdem er den beginnenden Aufstand gegen ihn wirksam niedergeschlagen hatte. Das Ereignis ist vor allem deshalb wichtig, weil es der Anlass war, der Mohammed dazu veranlasste, den im Kuran beschriebenen Dienst der Gefahr einzuführen , bei dem die Hälfte der Armee betete oder schlief, während die andere zusah. Daher wurde eine Gruppe von Männern ständig unter Waffen gehalten, während die Armee im Feld war, und öffentliche Gebete wurden zweimal wiederholt.

„Und wenn ihr im Land in den Krieg zieht, soll es für euch kein Verbrechen sein, eure Gebete zu unterbrechen … Und wenn du, o Apostel, unter ihnen sein und mit ihnen beten wirst, dann lass eine Gruppe von ihnen aufstehen." Stehe mit dir auf, aber lass sie ihre Waffen nehmen; und wenn sie ihre Niederwerfungen gemacht haben, sollen sie sich hinter dich zurückziehen. Dann lass eine andere Gruppe, die nicht gebetet hat, hervortreten und lass sie mit dir beten; aber lass sie ihre nehmen Vorsichtsmaßnahmen und ihre Waffen.

Die militärische Organisation wird nach und nach perfektioniert, so dass das mohammedanische Schwert endlich seinen ewigen Siegeszug antreten kann. Dies war die Hauptbedeutung eines Feldzugs, der bestenfalls nur ein Zwischenspiel im täglichen Leben des Gebets, der zivilen und häuslichen Sorgen und Vorschriften war, das Mohammeds Leben in der Atempause vor dem großen Mekka-Angriff in Anspruch nahm.

Mohammed war nur fünfzehn Tage von Medina abwesend und kehrte nach Hause zurück, entschlossen, die Atempause vom Krieg zu nutzen. Nicht lange nach seiner Rückkehr besuchte er zufällig das Haus von Zeid , seinem Adoptivsohn, und traf zufällig nicht auf Zeid , sondern auf dessen Frau, die ermüdend war. Mohammed war von ihrer Schönheit erfüllt, denn ihre Lieblichkeit war nicht zu loben, und er begehrte sie. Zeinab selbst war stolz auf die Ehre , die ihr zuteil wurde, und war bereit, ja sogar bestrebt, sich für einen so mächtigen Herrscher scheiden zu lassen. Zeid , ihr Ehemann, bot mit der maßlosen Hingabe, die der Prophet bei seinen Anhängern hervorrief, an, sich für ihn von ihr scheiden zu lassen. Mohammed weigerte sich zunächst und erklärte, dass dies nicht angemessen sei, aber nach einer Zeit erwies sich sein Wunsch als zu stark für ihn und er stimmte zu. So ließ sich Zeinab scheiden und ging in den Harem des Propheten. Und er begründete das Vorgehen in Sure 33:

> „Und als Zeid beschlossen hatte, sich von ihr scheiden zu lassen, haben wir sie mit dir verheiratet, damit es für die Gläubigen kein Verbrechen wäre, die Frauen ihrer Adoptivsöhne zu heiraten, wenn sie die sie betreffende Angelegenheit geklärt haben … Es gibt keine Schuld dem Propheten, wenn Gott ihm die Erlaubnis gegeben hat.

Daraus ergibt sich die Summe von Mohammeds Beschränkungen hinsichtlich der Kleidung und des Verhaltens von Frauen. Im Ausland sollen sie ihr Gesicht verhüllen und nur ihren engsten Verwandten erlauben, sie anzusehen. Den Gläubigen ist es verboten, sich ohne seine Erlaubnis den Wohnorten der Frauen des Propheten zu nähern, noch dürfen sie nach dem Tod des Propheten den Wunsch hegen, sie zu heiraten. Mit solch beiläufigen Mitteln, durch Verordnungen, die sich aus den Umständen seines Alters und seines persönlichen Temperaments ergaben, führte Mohammed die Bräuche ein, die für die Stellung und das Schicksal muslimischer Frauen von entscheidenderer Bedeutung sind als alle seine Äußerungen über ihre gerechte Behandlung und seine Anordnungen gegen sie Unterdrückung.

Die Macht nahm bereits heimtückisch Einfluss auf ihn, und seine Füße waren auf dem Weg, der zum Despotismus des Chalifats und den Schrecken muslimischer Eroberungen führte. Allah ist immer noch allmächtig, aber Er nutzt kontinuierlich und unverzichtbar zeitliche Mittel, um Seine Ziele zu erreichen, und Sein Diener tut das Gleiche.

Nach der Friedenspause wurde Mohammed im Juli 626 aufgefordert, eine Strafexpedition nach Jumat -al- Gandal zu unternehmen , einer Oase auf halbem Weg zwischen dem Roten Meer und dem Golf von Persien. Die Expedition war erfolgreich und die Plünderer zerstreuten sich. Er hatte nun die Grenzen Syriens erreicht und mit der Ausweitung seiner Expeditionsaktivitäten erweiterte sich sein politischer Horizont. Er begann sich als der räuberische Häuptling Arabiens vorzustellen, der von den umliegenden Stämmen mit Ehrfurcht und Furcht betrachtet wurde, mit Ausnahme der halsstarrigen Stadt Mekka, deren Bewohner er vergeblich zu unterwerfen wünschte. Der Erfolg förderte seine Liebe zur Plünderung und veranlasste ihn mehr denn je, seinen Anhängern diesen Lohn der Tapferkeit zu überreichen . Seine strenge und vorsichtige Politik wurde durch ihren Erfolg gerechtfertigt, denn dadurch hatte er sich von dem schweren Schlag bei Ohod erholt , aber sie drohte, sein Herr zu werden und sein Leben für immer zu besiegeln.

Im Dezember 626 hörte er vom Abfall der Beni Mustalik , einem Zweig des Khozaa -Stammes. Sie schlossen sich den Kureisch aus gemischten Motiven an, hauptsächlich aus politischen Gründen, denn sie hofften, sich und ihre Religion durch ein Bündnis mit Mohammeds Feinden zu sichern. Mahomet erfuhr durch seine geschickten Spione von ihrer Desertion und beschloss, jede Störung vorherzusehen. Mit Ayesha und Omm Salma als Begleiter und einer ausreichenden Armee zu seiner Unterstützung machte er sich auf den Weg zu den Quartieren der Beni Mustalik und erreichte bald Moraisi , wo er sein Lager aufschlug. Die Beni Mustalik wurden von ihren Verbündeten im Stich gelassen, und in dem darauffolgenden Gefecht war Mahomet leicht erfolgreich. Ihr Lager wurde geplündert, ihre Frauen und einige ihrer Männer gefangen genommen. Die Expedition hatte jedoch zwei provokante Folgen, die in zeitgenössischen Aufzeichnungen große Aufmerksamkeit erregen: den Streit zwischen den Bürgern und den Flüchtlingen und den Skandal um Ayesha.

Die Bestrafung des Beni Mustalik war vollzogen , und es blieb nichts anderes übrig als die Aufteilung der Beute. Die meisten Gefangenen waren freigelassen worden, aber eines, ein Mädchen, Juweira , blieb voller Trauer bei dem Muslim, denn ihr Lösegeld war so hoch angesetzt, dass eine Zahlung unmöglich war. Mahomet lauschte ihrer Erzählung, und die Schönheit ihres Gesichts und ihrer Figur entging ihm nicht.

„Willst du hören, was vielleicht besser ist?“ Er fragte sie: „Sogar, dass ich dein Lösegeld bezahle und dich selbst mitnehme?“

Juweira war dankbar für ihre Sicherheit und freute sich über ihr Glück. Mohammed heiratete sie sofort und schenkte ihr als Brautgeschenk das Leben ihrer Stammesgenossen.

„Deshalb“, sagt Ayesha, „ war Juweira die beste Wohltäterin ihres Volkes, indem sie die Gefangenen ihren Verwandten zurückgab.“

Aber die Bürger und Flüchtlinge waren keineswegs so zufrieden. Ihr Streit entstand nominell aus der Verteilung der Beute, aber in Wirklichkeit war es eine lange schwelende Unzufriedenheit, die schließlich in Flammen aufging. Mahomet sah sich mit etwas konfrontiert, das zu einer ernsthaften Revolte zu werden drohte, und nur sein Befehl zu einem sofortigen Abmarsch verhinderte den Ausbruch verzweifelter Leidenschaften – Gier und Neid.

Abdallah, ihr allgegenwärtiger Anführer, wird im Kuran gescholten , wo die ganze Angelegenheit die Stärke von Mohammeds Verachtung gegenüber seinem beleidigenden Volk zum Ausdruck bringt.

Das Lager löste sich sofort auf und durch den überstürzten Aufbruch sah sich Ayesha mit der Tragödie ihres Lebens konfrontiert. Ihre Sänfte wurde durch ein Versehen der Träger ohne sie weggetragen, und sie wurde allein in der samtenen Dämmerung der Wüste zurückgelassen und hatte keine andere Wahl, als auf ihre Rückkehr zu warten. Die Dunkelheit vertiefte sich und ihre geheimnisvolle Weite und Stille beunruhigten ihren ohnehin schon zitternden Geist. In den ersten Stunden der Nacht kam Safwan, einer von Mohammeds Hintermännern , auf sie zu, als sie verlassen saß, und war erstaunt, die Frau des Propheten in einer solchen Position zu finden. Er brachte sein Maultier zu ihr und wandte dann sein Gesicht ab, als sie aufstieg, um sie vor seinem Blick zu schützen. Eng verschleiert und zitternd angesichts ihrer Begegnung mit Mahomet ritt Ayesha mit Safwan am Zügel, bis sie am nächsten Tag mit der Hauptkolonne ankamen.

Jetzt brach von allen Seiten Unmut gegen sie aus. Mahomet weigerte sich, ihre Geschichte zu glauben und blieb ihr entfremdet, bis sie um Erlaubnis bat, zu ihrem Vater zurückkehren zu dürfen, da ihr Wort so angezweifelt wurde. Ali wurde vom Propheten konsultiert, und er war geneigt, ihren Verleumdern zu glauben, weil er Ayesha gegenüber feindselig eingestellt war und sich später in offenen Hass ausbreitete. Schließlich wurde der Aufschrei so groß , dass Mohammed Allah anrief. Als er seine Kammer in Medina betrat, empfing er die Zeichen göttlicher Inspiration. Als die Trance vorüber war, erklärte er Ayesha für unschuldig und enthüllte die Passage, die sich mit der Scheidung in Sure 24 befasst:

„Diejenigen, die tugendhafte Frauen verleumden und nicht vier Zeugen vorbringen, geißeln sie mit achtzig Schlägen und empfangen ihr Zeugnis nicht für immer, denn das sind verkehrte Personen … Und diejenigen, die ihre Frauen anklagen und keine Zeugen außer sich selbst haben, das Zeugnis." Von jedem von ihnen soll ein viermal wiederholtes Zeugnis Gottes sein, dass Er tatsächlich zu denen gehört, die die Wahrheit sagen."

Die Offenbarung endet mit einer Wiederholung der den Frauen auferlegten Beschränkungen und einer Anweisung an die Muslime, die Häuser des anderen nicht zu betreten, bis sie um Erlaubnis gebeten haben. Dies war eine notwendige Verordnung in dieser primitiven Gemeinschaft, in der kaum Bolzen verwendet wurden und es praktisch keine Privatsphäre gab, und sollte, wie die meisten seiner gegenwärtigen Äußerungen, die Führung eines anständigen, gut geregelten Lebens durch die Anhänger von fördern so ein großartiger Glaube. Ayeshas Verleumder wurden öffentlich gegeißelt und die Angelegenheit aus dem muslimischen Bewusstsein verbannt, mit der Ausnahme, dass die Vorschriften erneut auf persönlichen Gefühlen und bestimmten Ereignissen beruhten und das gesamte zukünftige Gesetz zu einer wichtigen und schwierigen Frage bilden sollten.

Mahomet war mit der Lage der Dinge nach der Zerstreuung der Beni Mustalik zu Recht zufrieden . Er hatte den umliegenden Wüstenstämmen seine Stärke gezeigt; Indem er jeden aufkommenden Aufstand systematisch niederschlug, hatte er ihnen gezeigt, dass ein Bündnis gegen ihn unmöglich war. Er wusste, dass sie beide zu Selbstsucht neigten und einander misstrauten, und er nutzte ohne zu zögern ihre Eifersüchteleien und Leidenschaften aus. So hielt er sie uneinig und ängstlich und fürchtete sich sogar davor, sich mit seinem mächtigen Feind, den Kureisch, zu verbünden . Denn schließlich waren die Mekkaner sein größtes Hindernis; Ihr Widerstand war lebhaft und wurde durch die Erinnerung an vergangene Demütigungen und Triumphe angetrieben. Sie allein waren seines Stahls wirklich würdig, und er wusste, dass die Zwischenkriege nur der Auftakt zu einer weiteren Begegnung im jahrelangen Krieg mit seiner Heimatstadt waren.

Das Drama nähert sich nun den Protagonisten; Abgesehen von der Vertreibung des letzten jüdischen Stammes in der Umgebung von Medina gibt es wenig Vergleichbares mit diesem zentralen ursächlichen Hass. Die letzte Stunde war noch nicht gekommen, aber der Kampf nahm im Laufe der Zeit an Intensität zu – der Kampf, in dem der eine um Rache und künftige Freiheit von Belästigung kämpfte, der andere jedoch um die Etablierung eines Glaubens in seiner rechtmäßigen Umgebung, der Manifestation vor den Menschen der entschlossenen Errungenschaft dieses Glaubens, das Symbol seiner vorherbestimmten Eroberungen und der von Gott eingesetzten Macht.

Kapitel XV

DER KRIEG DES GRABENS

„Und Gott trieb die Ungläubigen in ihrem Zorn zurück; sie gewannen keinen Vorteil; Gott genügte den Gläubigen im Kampf, denn Gott ist stark, mächtig." – *Der Kuran* .

Die Pläne der Kureischiten zur Vernichtung Mohammeds waren nun abgeschlossen. Sie hatten nicht nur unter den Beduinenstämmen im Landesinneren, sondern auch unter den verbannten und erbittert rachsüchtigen medinischen Juden ein Bündnis gegen ihn geschlossen. Jetzt, in Schawwal , 627, riefen Mohammeds unruhige Feinde alle ihre Verbündeten zum Krieg „gegen diesen Mann" auf. Die verbündeten Stämme, an deren Spitze die Beni Suleim und Ghatafan standen, die immer mit Mohammed im Streit standen, beeilten sich, sich in Mekka zu versammeln, wo sie von den Kureiseh voller Zuversicht empfangen wurden .

Das Heer war in drei getrennten Lagern organisiert und Abu Sofian wurde an die Spitze der gesamten Armee gestellt. Jeder Anführer sollte jedoch abwechselnd das Kommando über den Feldzug haben; und diese primitive Regelung – anscheinend die einzige, mit der frühe Nationen, denen ein unbestreitbarer Anführer fehlte, die Eifersucht und den Eigensinn jedes kleinen Häuptlings überwinden konnten – ist in hohem Maße für ihr endgültiges Scheitern verantwortlich. Auf diese Weise rückte eine Armee von 4000 Mann, mit 300 Pferden, 1500 Kamelen, unzähligen Vorräten, Speeren, Pfeilen, Rüstungen und Ausrüstungsgegenständen, immer noch mit der Tapferkeit und Pracht der östlichen Kriegsführung umhüllt, auf die kleine und unruhige Stadt vor der Prophet, dessen Kampfkraft durch die Erschöpfung vieler Feldzüge und die Untreue derjenigen innerhalb seiner Mauern beeinträchtigt wurde.

Der Prophet war äußerlich unbeeindruckt; Was auch immer seine Ängste waren, sie wurden von seinem unerschütterlichen Glauben an den Schutz und die Gunst Allahs beherrscht. Er ließ die Tage der Ruhe nicht untätig verstreichen. Sobald er die Nachricht von dieser schicksalhaften Expedition erhielt, berief er eine Versammlung seiner Klügsten und Mutigsten ein und erläuterte ihnen die Lage. Er erzählte ihnen von den Horden, die sich gegen sie versammelt hatten, und betonte, dass es unmöglich sei, ihnen auf offenem Feld entgegenzutreten, und dass es notwendig sei, ihre eigene Stadt zu bewachen. Diesmal gab es keine Gegenstimmen; Sowohl die Unzufriedenen als auch die Muslime hatten in Ohod eine Lektion erhalten , die nicht leichtfertig vergessen wurde. Dann schlug Salman, ein Perser und

Kriegsexperte, vor, dass ihre Festung durch einen Graben, der an den gefährdetsten Stellen der Außenposten der Stadt ausgehoben wurde, weiter verteidigt werden sollte.

Medina ist auf einer „vorspringenden Felsmasse" erbaut, die einen Angriff auf die Nordwestseite unmöglich macht. Abgetrennt davon und mit einem beträchtlichen freien Raum dazwischen stand eine Reihe kompakt gebauter Häuser, die für diesen Teil der Stadt eine sehr passable Steinmauer zur Verteidigung bildeten. Der Graben wurde in das ebene Gelände zwischen den Felsen und den Häusern gegraben und erstreckte sich auch auf der ungeschützten Süd- und Ostseite. Es gibt viele Legenden über das Ausheben des Grabens und die verzweifelte Eile, mit der es durchgeführt wurde. Mahomet selbst soll bei der Arbeit geholfen haben, und es ist fast sicher, dass sich die Tradition hier nicht geirrt hat. Die Tat passt so gut zu seiner eifrigen und entschlossenen Natur, dass er niemals jedes noch so bescheidene Mittel vernachlässigte, um sein Ziel zu erreichen. Die Gläubigen arbeiteten zielstrebig, widmeten ihre ganzen Tage dieser Aufgabe und ruhten nie von ihrer Arbeit , bis der ganze Graben ausgehoben war. Der harte Boden wurde durch Wasser aufgeweicht, und es gibt zahlreiche legendäre Berichte über Mohammeds Kräfte beim Pulverisieren der Felsen.

Das große Werk wurde in sechs Tagen abgeschlossen, und am Abend seiner Vollendung lagerte die muslimische Armee zwischen dem Graben und der Stadt auf dem so entstandenen offenen Raum. Für Mahomet wurde ein Zelt aus rotem Leder aufgebaut, in dem ihn abwechselnd Zeinab und Omm Salma sowie seine Favoritin und Begleiterin Ayesha besuchten. Um ihn herum ruhten seine Hauptkrieger Ali, Othman, Zeid und Omar mit seinem Berater Abu Bekr und seinem zahlreichen Gefolge aus Helden und Enthusiasten. Sie waren von der gleichen überheblichen Entschlossenheit erfüllt wie ihr Anführer und warteten unbeirrt auf den Angriff der Ungläubigen. Aber bei den übrigen Bürgern und insbesondere bei den Unzufriedenen war es anders. Seitdem das Gerücht vom Ansturm ihres Feindes Medina erreichte, hatten sie offen gegen die Herrschaft ihres Anführers gemurrt. Sie hatten sich geweigert, beim Ausheben des Grabens mitzuhelfen, und warteten nun in kaum verhohlener Unzufriedenheit, gemischt mit einer einfachen panischen Angst um ihre eigene Sicherheit.

Das mekkanische Heer rückte wie zuvor über Ohod vor und setzte seinen Weg zur Stadt fort, froh über die Freiheit vor Angriffen und überzeugt davon, dass ihre Eroberung von Medina schnell und vollständig erfolgen würde. Sie drangen bis zur Stadtmauer der Häuser vor und marschierten an ihnen vorbei auf das ebene Gelände, mit der Absicht, die Stadt zu überfallen und die muslimische Armee in ihren engen Gassen einzusperren, um dort nach Belieben von der schieren Masse ihrer Feinde niedergeschlagen zu werden. Als dann die gesamte Armee in Schlachtordnung zahlenmäßig stark vorrückte, wurde der Vormarsch durch den gegnerischen Graben aufgehalten und in Verwirrung gestürzt. Abu Sofian, der sich beeilte, erfuhr voller Zorn von dieser unerwarteten Barriere. Als er feststellte, dass er es nicht überqueren konnte, wurde er empört und erklärte, das Gerät sei feige und „anders als ein Araber". Der Traditionalist war wie üblich von dem einfallsreichen Mann der Tat beunruhigt, und der Muslim blieb hartnäckig hinter seiner Verteidigung .

Die Kureisch feuerten einen Pfeilregen über den Graben auf die verschanzten Muslime ab und zogen sich dann ein wenig von ihrer ersten Position zurück, um unweit der Stadt ihr Lager aufzuschlagen und zu versuchen, sie durch Aushungern zur Kapitulation zu zwingen. Mahomet war zufrieden, dass er einen unmittelbaren Angriff abgewehrt hatte, und machte sich daran, seine Verteidigung zu vervollständigen und seine Streitmacht zu verstärken, als ihn ernste Nachrichten aus der unmittelbaren Umgebung der Stadt erreichten. Obwohl es ihm gelungen war, zwei der verhassten jüdischen Stämme auszurotten, war Mohammed dennoch gezwungen, sich der Anwesenheit der Beni Koreitza zu unterwerfen , deren Festungen in der Nähe der Stadt auf der unverteidigten Seite der Stadt lagen. Es ist ungewiss, ob es jemals einen Vertrag zwischen diesem Stamm und dem Propheten gab oder welche Bestimmungen darin die Existenz eines solchen Dokuments vermuteten, aber es ist offensichtlich, dass es einige friedliche Beziehungen zwischen dem Muslim und den Koreitza gegeben haben muss, und das auch Letztere waren politisch von einiger Bedeutung. Nun warf der jüdische Stamm, verärgert über die Behandlung seiner Glaubensbrüder und da er sah, dass die Zeit für eine Abspaltung von der wahrscheinlich siegreichen Seite reif war, sogar seine nominelle Treue zu Mohammed auf und schloss sich offen seinen Feinden an. Ein muslimischer Spion wurde in ihr Territorium geschickt, um ihre wahren Gefühle herauszufinden, und sein Bericht war so beunruhigend, dass der Prophet aus Angst vor einem Attentat sofort eine Wache über seinem Zelt aufstellte und Patrouillen anordnete, um die Straßen von Medina von jeglichen Versuchen, den Frieden zu stören, fernzuhalten und bedroht seine Armee innerhalb der Stadtgrenzen.

Die Muslime befanden sich nun in einer prekären Lage. Der Graben könnte ausreichen, um den Feind eine Zeit lang aufzuhalten, aber es würde sich mit Sicherheit eine Gelegenheit ergeben, wenn sie versuchen würden, ihn zu überqueren, und sobald er in der Stadt angekommen war, wusste Mohammed, dass er Zerstörung vor sich haben und seine Sache unwiederbringlich ruinieren würde. Seine jüdischen Feinde verfeindeten sich gemeinsam mit den Kureisch gegen ihn , und die Unzufriedenen erklärten ihre Absicht, sich den übrigen Feinden anzuschließen. Aber er gab nicht nach und verteidigte unerschrocken den Graben und die Stadt mit all seinem

Können und aller Energie, die er gegen seine bedrängten Anhänger aufbringen konnte.

Der Kureisch blieb mehrere Tage inaktiv, aber schließlich entdeckte Abu Jahl eine Schwachstelle in der Linie seiner Feinde, wo der Graben eng und ungeschützt war. Er entschloss sich zum sofortigen Angriff und schickte eine Reitertruppe, um den Graben zu räumen und auf der gegenüberliegenden Seite zu kämpfen. Der Wechsel wurde aus der Abwehr heraus wahrgenommen . Ali und eine Gruppe ausgewählter Männer wurden geschickt, um es zu vereiteln. Ali erreichte den Boden, als die vordersten Kureisch den Graben geräumt hatten und sich zum Vormarsch auf die Stadt bereit machten. Schnell sprang er von seinem Pferd und forderte einen alten Häuptling der Kureisch zum Zweikampf heraus. Das Maß wurde akzeptiert, aber der Häuptling konnte Ali nicht besser standhalten, als ein Schilfrohr aufrecht vor dem Wind steht, der es schüttelt. Der Häuptling wurde vor den Augen seines Freundes getötet, und daraufhin begann der allgemeine Angriff. Die Muslime kämpften wie Besessene, bis auf engstem Raum niemand mehr von der trotzigen Partei übrig blieb , die kurz zuvor die Kluft zwischen den Armeen überquert hatte. Aber die Kureisch waren unerschrocken; Der Befehl zum Generalangriff auf den Graben wurde nun angeordnet. Der Angriff begann am frühen Morgen und dauerte den ganzen Tag. Lange, erschöpfte Stunden lang, ohne Pause und mit sehr wenig Nahrung hielt die Musselin-Armee das kureische Heer in Schach. Die Begegnungen waren heftig und langwierig, und keiner der Männer konnte von dem Kampf um die tägliche Hingabe an Allah verschont bleiben.

„Sie haben uns von unseren Gebeten abgehalten", erklärte Mahomet zornig, als er den ruhelosen Angriff beobachtete, „Gott fülle ihre Bäuche und ihre Gräber mit Feuer!"

Er verfluchte die ungläubigen Hunde und ermahnte seine Männer, standhaft zu bleiben und vor allen Dingen ihre Linien ungebrochen zu halten. Der Angriff wurde zurückgeschlagen, aber nicht ohne große Verluste und großes Leid auf Mohammeds Seite. Sein Ansehen war nun bei den Bürgern völlig verloren, nur die Gläubigen scharten sich noch immer um ihn aus ihrem unbesiegbaren Vertrauen in seine Persönlichkeit. Die Unzufriedenen begannen, in den engen Gassen, auf den Basaren und auf öffentlichen Plätzen Unruhe zu schüren. Unter den Menschen von Medina herrschte große Not; Nahrungsmittelknappheit vermischt sich mit ihren Ängsten vor der Zukunft, um eine Unsicherheit zu schaffen, in der Kriminalität ihren Lebensraum findet und Brutalität ihren Nährboden findet. „Dann wurden die Gläubigen vor Gericht gestellt, und sie bebten unter starkem Beben." Dennoch blieben sie standhaft und beteiligten sich nicht am Murren der Unzufriedenen, und bald sandte Allah ihnen Beistand für ihre Standhaftigkeit und ihren großen Mut.

Mohammed, der es im direkten Krieg nicht schaffte, seine Feinde zurückzuschlagen, griff auf Strategie zurück. Er plante, eine geheime Botschaft zu entsenden, um die Beni Ghatafan abzukaufen und so das Kureisch- Bündnis aufzulösen . Der Rest der Stadt war jedoch nicht bereit, diese Maßnahme zu übernehmen, sondern vertraute lieber stärker auf die Stärke ihrer Verteidigungsanlagen . Schließlich beschloss Mohammed, auf eigene Initiative nach einer subtilen Methode zu suchen, mit der er diesen allumfassenden Feind zurückdrängen könnte, der stündlich sein gesamtes Herrschaftsgebiet bedrohte. Er schickte eine Gesandtschaft zu den Juden außerhalb der Stadt mit der Absicht, Zwietracht zwischen ihnen und den Kureisch zu säen .

„Sehen Sie jetzt", befahl er seinem Gesandten, „ob Sie diese Konföderation nicht auflösen können, denn Krieg ist schließlich nur ein Täuschungsspiel."

Der Muslim setzte seinen Weg ungehindert bis zum Lager der Koreitza etwas außerhalb der Stadt fort, wo er dem Häuptling seine heimtückischen Botschaften ins Ohr flüsterte, in denen er sagte, die Kureisch seien bereits des Kampfes müde und planten bereits einen Rückzug und würden aufgeben ihre Verbündeten, sobald es angebracht war, und überließen sie der Gnade muslimischer Rache. Er versprach vom Propheten Bestechungsgelder, Sklavenmädchen und Land, wenn sie ihre neu gefundenen Verbündeten verraten würden. Das Eigeninteresse überwog; Schließlich einigte man sich auf den Plan, und der Bote kehrte mit der guten Nachricht vom Zerfall der Konföderation zu Mohammed zurück .

Der Verrat der Koreitza entmutigte die arabischen Häuptlinge. Zudem waren ihre Vorräte bereits knapp. Sie hörten auf, die Belagerung so stark voranzutreiben; Die Angriffe wurden schwächer und Mahomet konnte weitere Einfälle über den Graben hinaus problemlos verhindern. Und nun schlug das Wetter um. Das sonnige Land verwandelte sich plötzlich in eine trostlose, sturmgepeitschte Wildnis. Windböen fegten auf das Kureisch - Lager herab und trieben Regen und Schneeregen vor sich her. Für Mohammed war es der Zorn des Herrn, der sich über die anmaßenden Mekkaner offenbarte. Ihre Lagerfeuer waren erloschen, ihre Zelte feucht und zerschlissen, ihre Männer entmutigt, ihr Futter knapp. Plötzlich löste Abu Sofian, der Untätigkeit überdrüssig und völlig entmutigt von der Härte seiner Lage, das Lager auf und befahl den Rückzug.

Die riesige Armee verschwand auf ebenso magische Weise, wie sie gekommen war. Am Morgen nach ihrer Abreise erwachten die Muslime und sahen nur ein paar verstreute Zelte und die ungeordneten Überreste menschlicher Besiedlung als Beweis für die Anwesenheit eines Feindes, der sich für unbesiegbar gehalten hatte. Offensichtlich akzeptierten die Mekkaner ihre Niederlage, denn sie kehrten schnell in ihr eigenes Land zurück und erkannten bitter, dass es unmöglich war, eine so heterogene Armee angesichts einer längeren Kontrolle zusammenzuhalten. Medina war von der unmittelbaren Bedrohung befreit und die Freude war groß, als das Lager verlassen wurde und der Islam in Sicherheit in sein Heiligtum innerhalb der Stadt zurückkehrte. Mahomet begab sich sofort zu Ayeshas Haus und reinigte gerade die Flecken des Konflikts von seinem Körper, als der Befehl vom Himmel durch die Lippen Gabriels kam:

„ Hast du deine Waffen beiseite gelegt? Siehe, die Engel haben ihre Waffen noch nicht niedergelegt, und ich bin gekommen, um dir zu befehlen, gegen die Beni Koreitza vorzugehen und ihre Zitadelle zu zerstören."

Mohammeds schnelle Natur, die den Wert der Geschwindigkeit erkannte, hatte blitzschnell erkannt , dass es jetzt an der Zeit war, die Koreitza , die verräterischen hebräischen Hunde, anzugreifen , bevor sie stark werden und Verbündete um sich scharen konnten, die ihnen helfen konnten, ihre sichere Züchtigung abzuwehren . Das Unternehmen wurde dem müden Muslim sofort verkündet und das große Banner, noch entfaltet, in die Hände von Ali gelegt. Die Gläubigen sehnten sich nach Ruhe, aber auf Befehl ihres Anführers vergaßen sie ihre Erschöpfung und versammelten sich erneut um ihn mit der gleichen liebevollen und unbesiegbaren Hingabe, die sie während der schrecklichen Tage der Belagerung getragen hatte.

Die Expedition marschierte zur Koreitza -Festung und belagerte sie im März 627. Fünfundzwanzig Tage lang wurde sie vom Islam belagert, sagt der Chronist, bis Gott den Juden Schrecken ins Herz legte und sie wund wurden Meerenge. Dann boten sie an, abzureisen, so wie die Kainukaa mit leeren Händen, ohne Gold und Vieh, in ein fremdes Land aufgebrochen waren. Aber Mahomet hatte ihren Verrat an ihm unter der Überredung der Kureisch nicht vergessen und beschloss, strengere Maßnahmen zu ergreifen. Die Juden waren nun zutiefst verängstigt und schickten eilig los, um Abu Lubaba , einen Verbündeten der Beni Aus , ihrer ehemaligen Verbündeten, um Erlaubnis für einen Besuch zu bitten . Mahomet stimmte zu, als jemand, der den trivialen Wunsch eines zum Scheitern verurteilten Mannes erfüllt. Voller Trauer ging Abu Lubaba in das Lager der Koreitza , und als sie ihn befragten, sagte er ihnen offen, dass sie die Hoffnung aufgeben müssten. Ihr Untergang wurde vom Propheten verfügt und von Allah gebilligt; es war unwiderruflich.

Als die Koreitza das Urteil hörten, neigten sie ihre Köpfe, einige im Zorn, andere in Verzweiflung, und beauftragten Abu Lubaba mit Flehen um Mohammeds Gnade. Der Bote kehrte zurück und erzählte dem Propheten, was er den Juden über ihr bevorstehendes Schicksal mitgeteilt hatte.

„Du hast Böses getan", erklärte Mohammed, „denn ich möchte nicht, dass meine Feinde ihr Schicksal erfahren, bevor es vollbracht ist."

Daraufhin, so heißt es in der Überlieferung, empfand Abu Lubaba große Reue darüber, seinem Herrn missfallen zu haben, und er betrat die Moschee und band sich an eine ihrer Säulen, weshalb sie bis heute die Säule der Reue genannt wird. Schließlich ergaben sich die Juden, erschöpft von der Belagerung, ohne Ressourcen, Verbündete oder Hoffnung auf Erleichterung, nach eigenem Ermessen den Beni Aus . Sofort wurde ihre Zitadelle eingenommen und geplündert, während ihre Männer mit Handschellen gefesselt und getrennt gehalten wurden, ihre Frauen und Kinder in die Obhut eines abtrünnigen Juden gegeben wurden. Ihr Vieh wurde vor ihren Augen nach Medina getrieben, und bald wurde der gesamte Stamm aus seiner angestammten Siedlung zurückgezogen und wartete darauf, was aus der Hand ihres schrecklichen Feindes kommen würde.

Dann verkündete Mohammed das Urteil. Er schickte nach Sa'ad ibn Muadh , dem Häuptling der Beni Aus , und legte das Schicksal aller Seelen, die zum Stamm Koreitza gehörten, in seine Hände . Sa'ad war älter, fett, gereizt und rachsüchtig. Er hegte seit langem einen Groll gegen dieses Volk und wusste nichts von der Gnade, die größere Männer den Gefallenen erweisen.

„Mein Urteil ist, dass die Männer getötet, die Frauen und Kinder in die Sklaverei verkauft und die Beute unter der Armee aufgeteilt werden sollen."

Mahomet jubelte über den Satz.

„Wahrlich, das Urteil von Sa'ad ist das Urteil Gottes, das in der Höhe von jenseits des siebten Himmels verkündet wird."

Es entsprach seiner Stimmung wütenden Grolls gegen den früheren Verrat der Koreitza , aber warum er die Ankündigung Sa'ad übertrug , anstatt sie auf sich zu nehmen, ist nicht leicht herauszufinden. Möglicherweise fürchtete er sich davor, einen solchen Ruf der Grausamkeit zu erlangen, wie er dadurch erlangt werden würde, möglicherweise wollte er der Welt klar machen, dass die Juden von einem Mitglied ihres verbündeten Stammes zum Tode verurteilt worden waren. Sicherlich begrüßte er das schreckliche Urteil und sorgte für seine Vollstreckung. Die Koreitza wurden erbarmungslos nach Medina geschleppt, die Männer unter strenger Bewachung zusammengehalten, die Frauen und Kinder zum Verkauf auf den Märkten der Stadt vorbereitet.

In dieser Nacht wurde der Stadtrand von Medina zum Schauplatz düsterer Aktivitäten. In der sanften Dunkelheit der arabischen Nacht arbeiteten Mohammeds Anhänger mit furchtbarer Eile am Ausheben vieler Schützengräben. Der Tag dämmerte ihrer unvollendeten Arbeit, und erst als die Sonne hoch stand, kehrten sie ins Herz der Stadt zurück. Dann wurden die Männer der Koreitza in Kompanien aufgeteilt und der Reihe nach in die Schützengräben geführt. Das Gemetzel begann. Als sie sich dem Rand der

Grube näherten, wurden sie von dem wartenden Muslim niedergeschlagen, sodass ihre Körper in das Massengrab fielen, vermischt mit dem Blut und dem zitternden Fleisch derer, die ihnen folgten. Als eine Kompanie nach der anderen abzog und nicht zurückkehrte, fragte ihr Anführer den muslimischen Soldaten nach dem Schicksal seiner Landsleute:

„ Siehst du nicht, dass jede Gruppe weggeht und nicht mehr gesehen wird? Wirst du es nie verstehen?"

Das Schicksal der Koreitza nahm sein schreckliches Ende, das erst bei Sonnenuntergang eintrat. Die Zahl der ermordeten Männer wird unterschiedlich geschätzt, sie kann jedoch nicht unter 700 bis 800 gelegen haben.

So starben die Koreitza , und jeder marschierte ohne Furcht und ohne Flehen dem Unheilbaren entgegen, und als das Blutbad vorüber war, wandte sich Mahomet der Verteilung der Beute zu. Sein Blick fiel auf Rihana , eine wunderschöne Jüdin, und er wünschte sich sie als Trost nach dieser rücksichtslosen, aber notwendigen Strafe. Er bot ihr die Heirat an; sie lehnte ab und wurde notgedrungen und sofort seine Konkubine. Dann nahm er die Besitztümer, Sklaven und das Vieh des besiegten Stammes und teilte sie unter den Gläubigen auf, wobei er einen fünften Teil selbst behielt, und teilte auch das Land auf. Einige Frauen, die in den Augen der Muslime Gunst gefunden hatten , wurden behalten, der Rest wurde zum Verkauf als Sklavinnen an die Beduinenstämme von Nejd geschickt. Die Koreitza existierte nicht mehr; Ihr Verrat hatte sie erneut getroffen.

Das Massaker an der Koreitza und der Grabenkrieg können nicht getrennt betrachtet werden. Die Rücksichtslosigkeit des ersteren ist das Ergebnis des Erfolgs, der es möglich gemacht hat. Mahomet hatte einen gewaltigen Versuch, ihn zu stürzen, vereitelt, einen Versuch, der viel von seiner Kraft verloren hätte, wenn die Koreitza entweder freundlich oder neutral geblieben wären, und im Triumph, der darauf folgte, versuchte er, einen solchen Verrat von nun an unmöglich zu machen. Er hat nie eine Gelegenheit verpasst; Er erkannte, dass die Koreitza unmittelbar nach dem Scheitern des Mekka-Angriffs bekämpft werden musste, und führte seine Arbeit ohne zu zögern aus.

Seine Tat ist ein klarer Beweis für sein wachsendes Vertrauen in seine Mission und in sich selbst als Herrscher und Gesandter aus der Höhe. Es zeugt nicht nur von seiner Barbarei und seinem Mut, ihn bei Gelegenheit einzusetzen, sondern auch von seiner unermüdlichen Energie und seinem schnellen Gespür für den richtigen Moment zum Zuschlagen.

Sein Mangel an Gewissensbissen angesichts der Grausamkeit trägt den Stempel seines Alters und seiner Umgebung. Die Koreitza waren die Feinde

Allahs und seines Propheten; sie hatten es gewagt, ihn zu verraten. Ihr Untergang war gerecht. Das Scheitern des Mekka-Angriffs führte dazu, dass Mohammeds Ruf weitgehend wiederhergestellt wurde, so dass er künftig weniger Probleme mit den Unzufriedenen in Medina und mit den Plünderungen der Wüstenstämme hatte. Im Moment war seine Position innerhalb der Stadt vergleichsweise sicher; außerdem hatte er durch die Ausrottung der Koreitza die letzten Angehörigen der verhassten hebräischen Rasse aus den Bezirken seiner Wahlheimat vertrieben und konnte sich als Herr über das gesamte angrenzende Gebiet betrachten. Allerdings blieben die Unzufriedenen weiterhin so uneinig mit ihm, dass sie ihm, wenn auch ohnmächtig, seine Strenge gegenüber den Koreitza übel nahmen und erklärten, dass Sa'ad ibn Muadhs Tod, der kurz darauf eintrat, die direkte Folge seines blutigen Urteils war. Aber ihr Groll beschränkte sich auf das Reden. Die Mekkaner hatten sich diskreditiert zurückgezogen und es war zumindest für einige Zeit unwahrscheinlich, dass sie erneut angreifen würden.

Für eine kurze Zeit schien Mohammed in seiner Stadt sicher zu sein, aus der die aktive Opposition vertrieben worden war.

Die Zeit nach dem Grabenkrieg zeigt ihn eindeutig als Herrscher einer rivalisierenden Stadt mit Mekka. Die Kureisch haben ihren letzten konzertierten Angriff durchgeführt und sind nun gezwungen, ihn als dauerhaften Faktor in ihrer politischen Welt anzuerkennen , obwohl sie ihn erst dann als ebenbürtig bezeichnen würden, wenn er weitere Stärkedemonstrationen gezeigt hätte. Er nimmt jetzt seinen Platz unter den Stadthäuptlingen Westarabiens ein und muss als nächstes mit den nomadischen Beduinenstämmen im Landesinneren rechnen, in welcher Position er dem Herrscher von Mekka selbst ähnelt. Noch immer kommt er nie zur Ruhe vom Krieg. Eine Expedition folgt der anderen, bis sich eine Chance auf die Verwirklichung seines Traums ergibt, dessen Glanz auch jetzt noch mit Nachdruck auf seinen Geist einwirkt: die Etablierung seines mächtigen Glaubens in der Mutterstadt, die ihn geboren hat und von wo aus er von seinem Götzendienst gereinigt ist und voller Hingabe wird es diese Stadt zum Ziel der Gebete seiner Anhänger machen, zur Krone seiner irdischen Souveränität.

Kapitel XVI

DIE PILGERFAHRT NACH HODEIBIA

„Und Er war es, der im Tal von Mekka ihre Hände von euch und eure Hände von ihnen hielt, nachdem er euch den Sieg über sie gegeben hatte; denn Gott sah, was ihr getan habt." – *Der Kuran* .

Mohammed, der nun vor einem unmittelbaren Angriff geschützt war, glaubte, die Bedrohung durch Mekka für immer losgeworden zu sein und widmete seine Sorge der Stärkung seiner Position unter den umliegenden Wüstenstämmen. Das Jahr 627–628 ist voller kleinerer Expeditionen, um seine zahlreichen Feinde im Landesinneren zu züchtigen oder zu besiegen. Seine unablässige Wachsamkeit, die durch sein ausgeklügeltes Spionagesystem wirksam wurde, ermöglichte es ihm, die Beduinenhorden in Schach zu halten, obwohl er bei seinen Angriffen auf sie keineswegs durchweg erfolgreich war. Diese Zeit ist durch das Fehlen offener Schlachten und durch den Einsatz sehr kleiner Plünderungstrupps gekennzeichnet , die lediglich ausziehen, um zu plündern und die feindlichen Streitkräfte zu zerstreuen.

Seine erste Expedition nach dem Koreitza- Massaker im Juni 627 richtete sich gegen die Beni Lahyan , als Rache für die Ermordung der Gläubigen in Radji . Als Vortäuschung nahm er die nordwestliche Straße nach Syrien, drehte sich dann schnell um und marschierte entlang der Küstenroute nach Mekka, und die Beni Lahyan flohen vor ihm. Mohammed wollte unbedingt zum Kampf antreten, doch als er feststellte, dass sein Feind sich eilig auf die feindliche Stadt zubewegte, mit der Absicht, ihn in den Untergang zu locken, gab er die Jagd auf und begnügte sich damit, ihre Lager aufzubrechen, ihren Reichtum und ihre Frauen zu plündern. und so kehrte er nach Medina zurück.

Er war erst ein paar Nächte dort gewesen, als er erfuhr, dass Oyeina , Häuptling des Fazara- Stammes, gemeinsam mit den Beni Ghatafan einen Überfall auf seine Milchkamele in Ghaba unternommen , ihren Hüter getötet und seine Frau gefoltert hatte. Mahomet verfolgte ihn, aber die Räuber waren zu schnell für ihn und kamen mit der Beute davon. Mohammed folgte ihnen nicht weiter, da eine so erfolglose Suche nichts bringen würde.

Im August desselben Jahres unternahmen die ausgehungerten Stämme von Nejd einen weiteren Überfall auf seine Kamele, und Mohammed schickte eine Expedition unter Maslama , um sie zu bestrafen, aber die Muslime wurden von einer überlegenen Streitmacht überwältigt und der größte Teil ihrer Truppe getötet. Der Prophet schwor den Tätern dieser Niederlage

Rache, wenn er die Macht hätte, sie auszuführen. Und nun wurde die mekkanische Karawane, die es erneut wagte, den Seeweg zu nehmen, der ihr so lange verwehrt geblieben war, von Zeid bei Al Is geplündert, wodurch Mohammeds feindselige Absichten gegenüber den Kureisch bestätigt und ihre anhaltende Feindschaft sichergestellt wurde. Aber Repressalien ihrerseits waren nach dem Scheitern vor Medina unmöglich, und sie ertrug die Empörung schweigend.

Mohammed gab sich nicht damit zufrieden, sich auf seiner neu gewonnenen Sicherheit auszuruhen, sondern beschloss nun, Boten und Botschaften zu den Herrschern der umliegenden Länder zu schicken und sie zu ermahnen, den Islam anzunehmen. Diese Politik sollte sich später zu einem regulären System entwickeln, doch vorerst wurde nur ein Gesandter auf eine gefährliche Mission zum römischen Kaiser geschickt, dessen jüngste Eroberungen in Persien ihn bei den Arabern berühmt gemacht hatten. Eine ruhige Reise war dem Gesandten nicht gestattet. In Wadi-al-Cora wurde er von den Beni Judzam gefangen genommen und geplündert , aber sein Eigentum wurde später durch den Einfluss eines benachbarten Stammes, der mit Mohammed verbündet war und etwas von der Rache des Propheten wusste, wiederhergestellt. So wie es war, schickte er sofort los, als er davon hörte Zeid mit 500 Mann, der über die Beni Judzam fiel und viele abschlachtete. Als die Expedition mit der Nachricht nach Medina zurückkehrte, stellte sie fest, dass der betreffende Stamm seine Unterwerfung eingereicht hatte, bevor seine Mitglieder getötet worden waren. Die Judzam-Gesandten forderten eine Entschädigung.

„Was kann getan werden?" antwortete Mahomet. „Ich kann tote Männer nicht wieder zum Leben erwecken, aber die Beute, die erbeutet wurde, werde ich zurückbringen und dir sicheres Geleit von hier aus geben."

Mohammeds nächstes Unterfangen bestand darin, einen seiner wichtigsten Krieger und weisen Männer nach Dumah zu schicken , um zu versuchen, den Stamm zu bekehren. Sie hörten auf seine Worte und Versprechungen, und nach einer Weile kamen sie zu dem Schluss, dass es nicht allein für ihr spirituelles, sondern auch für ihr politisches Wohlergehen war, diesem mächtigen Führer zu folgen. Sie nahmen den Islam an und empfingen den Schutz des Propheten .

Zeid kehrte von der Plünderung durch die Kureisch- Karawane zurück und machte sich sofort auf den Weg zu mehreren Handelsreisen, bei einer davon wurde er von den Beni Fazara in der Nähe von Wadi-al-Cora angegriffen und ausgeplündert . Es folgte eine schnelle Vergeltung durch Mohammed, der nicht daran dachte, dass die Expeditionen, die den Reichtum seines Landes sicherten, zur Beute plündernder Stämme werden würden. Beim Sturz der Beni Fazara wurden viele Grausamkeiten praktiziert , möglicherweise als heilsame Lektion für benachbarte Stämme, damit diese nicht den Mut hätten, ähnliche Angriffe zu versuchen.

Doch nun drohte Mohammed eine weitere Bedrohung durch die verfolgten, aber immer noch aktiv feindlich gesinnten Juden in Kheibar . Sie wurden verdächtigt, eine Revolte zu schüren, und so tötete der Prophet ihn durch Verrat, da er wusste, dass die Aktivitäten in ihrem Anführer im Mittelpunkt standen . Dennoch setzte sein Nachfolger das Werk seines Vaters fort, wurde jedoch im Laufe der Zeit mit denselben wirksamen, aber illegalen Mitteln vom Weg des Propheten abgehalten. Die Art und Weise, wie Mahomet seine Macht wahrte, war in der Tat düster und gewunden. Seine Grausamkeit und sein Verrat wurden in gewissem Maße von ihm als Notwendigkeit für sein weiteres Amt gefordert. Sie waren der Preis, den er für die irdische Herrschaft zahlte, und zusammen mit der erklärten Hilfe des Schwertes waren sie das strenge und gnadenlose Mittel, das den Triumph des Islam sicherte. Mit der Zeit erweiterte sich der Umfang seiner Staatstätigkeit; Seine Anforderungen wurden vielfältiger und erforderten neue und oft barbarische Taten, um die mit jahrelangem Nachdenken und Energie erkämpfte Position zu behaupten. Mahomet hat der wankelmütigen Kraft und dem Handwerk der Göttin nun voll und ganz gehuldigt .

Der heilige Monat Dzul-Cada 628 nahte und brachte beunruhigende Träume und Sehnsüchte für Mohammed mit sich. Schon seit langem, ja sogar schon seit er zum Anführer einer religiösen Organisation geworden war und die weitreichenden Traditionen der mekkanischen Zeremonie halb unbewusst als Grundlage seines Glaubens übernommen hatte, sehnte er sich danach, die Pilgerfahrt in die heilige Stadt zu unternehmen. Er hatte Mekka vor den Augen seiner Anhänger als Krone und Wiege ihres Glaubens hochgehalten. Er hatte gepredigt, dass die Pilgerfahrt dorthin eine heilige Pflicht sei, das unveräußerliche Recht eines jeden Muslims. Sechs Jahre waren vergangen, seit er selbst die heiligen Riten durchgeführt hatte; Es ist daher kein Wunder, dass sein ganzes Wesen von dem brennenden Traum erfüllt war, die mit seinem Glauben untrennbaren Zeremonien noch einmal zu vollbringen. Auch politische Erwägungen beeinflussten seine Entscheidung. Wenn es ihm erlaubt würde, friedlich nach Mekka zu kommen und die Pilgerreise durchzuführen, wäre es denkbar, dass die Kureisch einen dauerhaften Waffenstillstand vereinbaren würden , und die Tat selbst konnte sein Ansehen unter den Beduinen nur steigern. Er war stark genug, den Mekkanern im Falle eines Angriffs zu widerstehen, und wenn so etwas geschehen sollte, würde die Schuld den Kureisch als Übertretern des heiligen Monats zugeschoben werden.

Da seine Gedanken auf diese Weise eingestellt waren, ist es nicht verwunderlich, dass ihm in Dzul-Cada eine Vision gewährt wurde, in der er sich in den heiligen Bezirken sah, wie er die Riten der Pilgerreise durchführte.

Der Traum wurde den Gläubigen mitgeteilt, und sofort wurden Vorbereitungen für die Expedition getroffen. Mohammed rief die umliegenden Stämme auf, sich seinem Marsch nach Mekka anzuschließen, doch aus Angst vor den kureischen Heerscharen lehnten sie größtenteils ab und ernteten dadurch Mohammeds heftigen Zorn auf den Seiten des Kuran . Endlich war die Kavalkade bereit; 1500 Männer in der Kleidung von Pilgern, aber mit Schwertern und Rüstungen im Rücken, reisten über die Wüstenstraße, auf der sechs Jahre zuvor eine kleine Jagdgruppe nach Medina gezogen war. Bei ihnen waren siebzig Kamele, die geopfert wurden. Die Pilger marschierten bis nach Osfan , als ein Bote zu ihnen kam und ihnen mitteilte, dass die Kureisch sich ihrem Vormarsch widersetzten.

„Sie haben ihre Milchkamele aus den Außenbezirken zurückgezogen und liegen jetzt im Lager, nachdem sie sich mit Leopardenfellen umgürtet haben, ein Zeichen dafür, dass sie wie wilde Tiere kämpfen werden. Auch jetzt ist Khalid mit seiner Kavallerie vorgerückt, um sich dir zu widersetzen."

„Flüche auf die Kureisch !" antwortete Mahomet. „Wer wird mir einen Weg zeigen, wo sie uns nicht begegnen werden?"

Ein Führer war schnell gefunden, und Mohammed wandte seine Begleitung ab und reiste auf Umwegen, bis er den Ort Hodeibia erreichte , eine Ebene am Rande des heiligen Territoriums. Hier machte Al- Cawsa , Mohammeds geschätztes Kamel, halt und ließ sich keineswegs weiter treiben.

„Sie ist müde", schrie das Volk, aber Mahomet wusste etwas anderes.

„Al- Caswa ist nicht müde", antwortete er, „aber das, was die Armeen im Jahr des Elefanten zurückhielt, hält sie jetzt zurück."

Und er wollte nicht weiter in das heilige Gebiet vordringen, aus Angst vor dem Untergang, der Abraha in diesem schicksalhaften Jahr heimgesucht hatte. So lagerte sein Pilgerheer in Hodeibia , und Mohammed sandte Männer, um die Brunnen von Sand und Staub zu befreien, damit ausreichend Wasser zur Verfügung stand. Daraufhin begannen Verhandlungen zwischen dem Propheten und Mekka. Die Kureisch schickten einen Botschafter, um den Grund für das Erscheinen Mohammeds zu erfahren. Als ihm die friedliche Absicht des Heeres erklärt worden war, unterhielt er sich weiterhin ernsthaft mit dem Propheten, bis er sich schließlich daran machte, nach dem heiligen Bart zu greifen, wie es bei seiner Rede üblich war. Sofort ergriff einer von Mohammeds Gefährten seine Hand:

„Kommen Sie nicht in die Nähe des heiligen Antlitzes des Propheten Gottes."

Der Feind war erstaunt, und als er zurückkam, erzählte er den Bürgern, dass er in seinem Leben viele Könige gesehen habe, aber noch nie einen Mann, den er so hingebungsvoll geliebt habe wie Mohammed. Die Verhandlungen gingen jedoch sehr spät voran, und schließlich schickte Mohammed Othman, seinen berühmten Krieger und Gefährten, nach Mekka, um die letzten Annäherungsversuche durchzuführen. Er wurde aufgrund seiner Verwandtschaft mit den mächtigsten Männern Mekkas ausgewählt. Er wurde eingeladen, die heilige Zeremonie der Umrundung der Kaaba durchzuführen, weigerte sich jedoch, dies zu tun, bis der Prophet ihn begleiten würde. Die Kureisch hielten ihn dann in Mekka fest, um die Verhandlungen gegebenenfalls abzuschließen.

Während Othman zögerte, verbreitete sich unter den Muslimen die Nachricht, dass er auf verräterische Weise getötet worden sei. Mahomet fühlte, dass ihm ein Schlag ins Herz getroffen worden war. Sofort rief er die Gläubigen zu sich unter einen hohen Baum in der hügeligen Ebene von Hodeibia und legte ihnen einen Eid ab, dass sie ihn nicht verlassen würden, sondern ihm bis zum Tod zur Seite stehen würden. Die Muslime gaben einmütig und voller Freude und Hingabe ihr feierliches Wort, und das Pfand des Baumes wurde ins Leben gerufen. Mahomet spürte die Bedeutung ihrer Loyalität sehr. Es war der erste Eid, den er den Gläubigen seit den Tagen des Versprechens von Acaba vor langer Zeit auferlegt hatte, als er nur ein verfolgter Eiferer war, der vor der Bedrohung seiner Feinde floh. Er war froh über diesen Beweis seiner Loyalität, und seine Freude findet Ausdruck im muslimischen Buch der Bücher:

„Gott war wohlgefällig mit den Gläubigen, als sie dir unter dem Baum die Treue schworen; und Er wusste, was in ihren Herzen war; darum sandte Er einen Geist sicherer Ruhe auf sie herab und belohnte sie mit einem schnellen Sieg.“

Aber das Gerücht erwies sich, wie immer, als unglaubwürdig, und schon bald kehrte Othman mit der Nachricht zurück, dass die Kureisch nicht zum Kampf bereit seien, und später schickten sie Suheil aus ihrem eigenen Clan, um mit Mohammed eine Vereinbarung zu treffen, nämlich, dass er nach Medina zurückkehren sollte Jahr, aber dass er im nächsten Jahr während des heiligen Monats erneut als Pilger kommen und nach seiner Ankunft in Mekka die Pilgerreise durchführen könnte. Ali wurde angewiesen, die Vertragsbedingungen aufzuschreiben, und er begann mit der Formel.

„Im Namen Gottes, des Barmherzigen, des Barmherzigen.“

Suheil protestierte: „Ich kenne diesen Titel nicht. Schreiben Sie: ‚In deinem Namen, o Gott‘.“

Mahomet stimmte zu und Ali fuhr fort: „Der Vertrag von Mahomet, dem Propheten   Gottes
, mit Suheil ibn Amr“, aber Suheil unterbrach ihn erneut:

„Wenn ich dich als Propheten Gottes anerkannt hätte , hätte ich keinen Krieg gegen dich geführt; schreibe einfach deinen Namen und den Namen deines Vaters."

Und so wurde der Vertrag ausgearbeitet. Der traditionelle Text ist einfach und klar, und der einzige Punkt, der einer Bemerkung bedarf, ist die Klausel, die die Behandlung derjenigen regelt, die zum Islam übertreten, und derjenigen der Gläubigen, die sich wieder dem Kureisch anschließen . Mahomet war sich seiner selbst und seiner Anziehungskraft so sicher, dass er die Klausel bestehen ließ, die jedem Abtrünnigen die uneingeschränkte Erlaubnis gab, nach Mekka zurückzukehren. Er wusste, dass es nicht viele geben würde, die, nachdem sie in den Bann des Islam geraten waren, wieder zum Götzendienst zurückkehren würden. Der Vertragstext lautete im Wesentlichen wie folgt:

„In deinem Namen, o Gott! Dies sind die Bedingungen des Friedens zwischen Mahomet, dem Sohn von Abdallah, und Suheil , dem Sohn von Amr. Der Krieg soll für zehn Jahre ausgesetzt werden. Wer sich Mohammed anschließen oder einen Vertrag mit ihm eingehen möchte , hat die Freiheit, dies zu tun tun Sie dies; und ebenso jeder, der sich den Kureisch anschließen oder einen Vertrag mit ihnen eingehen möchte . Wenn jemand ohne Erlaubnis seines Vormunds zu Mohammed übergeht , wird er zu seinem Vormund zurückgeschickt; sollte jedoch einer der Anhänger Mohammeds zu den Kureisch zurückkehren Sie sollen nicht zurückgeschickt werden. Mahomet wird sich dieses Jahr zurückziehen, ohne die Stadt zu betreten. Im kommenden Jahr wird Mahomet, er und seine Anhänger, drei Tage lang Mekka besuchen, während dieser Zeit sollen sich die Kureisch zurückziehen und ihnen die Stadt überlassen. Aber sie Es ist nicht gestattet, es mit anderen Waffen als denen des Reisenden zu betreten , nämlich jedem mit einem Schwert in der Scheide."

Nach der feierlichen Unterzeichnung des Vertrags opferte Mohammed seine Opfer, rasierte sich den Kopf und wechselte seine Kleidung als Symbol für die im Geiste, wenn nicht sogar tatsächlich, abgeschlossene Zeremonie und befahl den sofortigen Rückzug nach Medina . Seine Anhänger waren niedergeschlagen, denn man hatte sie in der Hoffnung auf seinen baldigen Einzug in Mekka erwartet, und sie waren auch enttäuscht, weil ihre kriegerischen Wünsche auf ein erstickendes Maß reduziert worden waren. Aber der Prophet blieb standhaft und versprach ihnen reichlich Kampf, sobald sie Medina wieder erreicht hätten. So kehrte das Heer in seine Heimatstadt zurück, gestärkt durch den Vertrag mit seinen bis dahin unversöhnlichen Feinden und frohlockend über das Versprechen, dass im nächsten Jahr die heiligen Zeremonien von allen wahren Gläubigen durchgeführt werden würden.

Die Depression, die seine Anhänger zunächst am Ende ihres Unternehmens erfasste, fand bei Mohammed keinen Reflex. Er war sich der Bedeutung der Transaktion durchaus bewusst. Im Kuran gibt es zu dieser Episode eine direkt davon inspirierte Sure mit dem Titel „Sieg", deren Bürde die Güte Gottes anlässlich der Pilgerreise des Propheten nach Hodeibia ist .

„Wahrlich, diejenigen, die dir die Treue geschworen haben, haben in Wirklichkeit die Treue zu Gott geschworen; die Hand Gottes war über ihren Händen! Wer also seinen Eid bricht, wird ihn nur zu seinem eigenen Schaden brechen; wer aber seinen Verpflichtungen treu bleibt Gott, er wird ihm einen großen Lohn geben.

Es war tatsächlich ein großer Schritt vorwärts in Richtung seines ultimativen Ziels. Dies beinhaltete seine Anerkennung durch die Kureisch als eine Macht von gleicher Bedeutung wie sie selbst. Er war nicht länger der ausgestoßene Fanatiker, für dessen Sturz die kureische Armee nicht ihre ganze Kraft aufbieten musste. Er war nicht einmal mehr ein Rebellenführer, dem es allein mit dem Schwert gelungen war, seine prekäre Macht zu etablieren. Der Vertrag von Hodeibia erkennt ihn als Herrscher von Medina an und überlässt ihm implizit offiziell seine weltliche Herrschaft. Es ist daher nicht verwunderlich, dass seine Stimmung bei seiner Rückkehr in die Stadt von Freude und Lobpreis für Allah geprägt war, der einen solchen Sieg ermöglicht hatte.

Von nun an nahm der Traum von der universellen Souveränität in seinem Kopf immer deutlichere Züge an. Er stellte sich zunächst ein großes und geeintes Arabien vor, mächtig aufgrund seiner Hommage an den wahren Gott und überragend aufgrund der Geburt des weltbezwingenden Glaubens. Zu sagen, dass ihn diese Gedanken schon seit seinem ersten riskanten Einzug in Medina verfolgten, bedeutet, ihm eine Weitsichtigkeit einzuräumen, die seine opportunistische Herrschaft nicht rechtfertigt. Der Schöpfer davon war seine grenzenlose Energie, seine Persönlichkeitskraft, die ihm seinen unauslöschlichen Glauben stets vor Augen hielt und ihn von Stärke zu Stärke führte. Durch Diplomatie und das Schwert hatte er sein Königreich geschaffen, und nun beabsichtigte er, es durch Überredung und List zu erweitern, was jedoch durch die Geschicklichkeit und den Mut seines Soldaten unterstützt werden sollte. Die nächste Phase seiner Karriere ist eine, in der er sich ebenso sehr auf Staatskunst wie auf Kriegsführung verlässt und in der er mit wechselndem Erfolg versucht, seinen Staat und seine Religion mit den großen Reichen und Fürstentümern seiner östlichen Welt in Einklang zu bringen.

Kapitel XVII

DIE ERFÜLLTE PILGERREISE

„O ihr, denen die Heiligen Schriften gegeben wurden! Glaube an das, was wir zur Bestätigung der Heiligen Schrift herabgesandt haben, die in deinen Händen liegt, bevor wir deine Gesichtszüge auslöschen und deinen Kopf nach hinten drehen oder dich verfluchen, wie wir die Sabbatbrecher verfluchten." : und der Befehl Gottes wurde in die Tat umgesetzt."

Am Ende von Dzul-Cada war Mohammed in seiner eigenen Stadt sicher, seine Versprechen von Beute und Kriegsführung für seine Anhänger blieben jedoch unerfüllt. Er blieb einen Monat in Medina und suchte dann nach Möglichkeiten, seinen Pakt auszuführen. Er hatte sich nun zu einem reinen Angriffskrieg entschlossen, und dafür boten sich in seinen Augen die verstoßenen Juden von Kheibar als akzeptables Opfer an. In Muharram bereitete er eine Expedition gegen sie vor, die wichtig war, da sie die erste größerer Größe war, die er aus der Offensive unternahm. Es ist ein größerer Beweis seiner erneuerten Sicherheit und seiner schnell wachsenden Macht als alle Lobreden seiner Anhänger und die Verfluchungen seiner Feinde. Die weiße Standarte wurde in die Hände von Ali gelegt, und das gesamte 1000 Mann starke Heer zog gegen die Festungen von Kheibar . Die Juden waren völlig überrascht. Ohne Verbündete und ohne Vorräte an Nahrungsmitteln und Munition könnten sie keinen dauerhaften Widerstand leisten. Eine nach der anderen fielen ihre Festungen vor den muslimischen Plünderern, bis nur noch die Festung Kamuss übrig blieb. Mahomet jubelte.

„Allah Akbar! Wahrlich, wenn ich die Küsten eines Volkes erblicke, wehe ihnen an jenem Tag."

Dann versammelte er alle seine Männer und stellte an ihre Spitze die heilige Adlerstandarte, die weiße Standarte mit dem eingeprägten schwarzen Adler, die aus dem Umhang seiner Frau Ayesha gefertigt war. Er befahl ihnen, den Angriff auf Kamuss anzuführen und nichts zu verschwenden, bis es ihnen in die Hände fiele. In dem Blutbad, das darauf folgte, wurde Marhab , der Häuptling von Kheibar , getötet, und schließlich wurden die Juden mit schrecklichen Verlusten zurückgeschlagen. Nun gab es keine Hoffnung mehr: Die Festung Kamuss musste fallen und mit ihr der letzte Widerstand der Juden. Ihre Häuser, Güter und Frauen wurden beschlagnahmt, ihr Land beschlagnahmt. Kinana , der Häuptling, der es zuvor gewagt hatte, eine Koalition gegen Mohammed zu bilden, wurde mit dem Brandmal gefoltert und hingerichtet, während Safia , seine siebzehnjährige Braut, friedlich in die Hände des Eroberers überging. Mahomet heiratete sie und sie war zufrieden, ja sogar froh über diese plötzliche Veränderung; Denn der Legende nach hatte sie davon geträumt, dass ihr eine solche Ehre widerfahren würde.

Aber alle Frauen der Juden waren nicht so selbstgefällig, und in Zeinab, der Schwester von Marhab , brannte die ganze Wildheit und Rachegelüste, zu der der stolze hebräische Geist fähig ist. Sie würde diesen Plünderer ihrer Nation schlagen, wenn auch mit heimtückischen Mitteln. Hatte er ihre Verwandtschaft auf dem blutigen Schlachtfeld der Koreitza nicht viel schrecklicher verraten ? Sie bereitete zu seinem Vergnügen ein kleines Kind vor, kleidete es sorgfältig an und legte es ihm vor. In die Schulter gab sie das wirksamste Gift, das sie kannte, und auch den Rest des Fleisches verunreinigte sie. Als Mohammed zum Essen kam, nahm er sein Lieblingsstückchen , die Schulter, und setzte es an seine Lippen. Sofort erkannte er den verdorbenen Geschmack . Er rief seinen Gefährten zu:

„Dieses Fleisch sagt mir, dass es vergiftet ist; isst nicht davon."

Aber es war zu spät, um zwei der Gläubigen zu retten, die Bissen davon geschluckt hatten. Sie starben wenige Stunden später durch Folterungen. Auch Mohammed selbst war vor seinem Gift nicht gefeit. Er ließ sich sofort ausbluten und unmittelbares Unheil konnte abgewendet werden. Aber er spürte die Auswirkungen bis heute und führte seine spätere Erschöpfung zu einem großen Teil auf das vergiftete Fleisch zurück, das er in Kheibar gegessen hatte . Die Frau wurde auf schreckliche Weise getötet und die muslimische Armee beeilte sich, den unheilvollen Ort zu verlassen.

mehrmonatiger Abwesenheit kehrten sie nach Medina zurück , wo die Beute aufgeteilt wurde. Das Land wurde wie üblich an muslimische Anhänger verteilt, oder die Juden durften ihren Besitz behalten, vorausgesetzt, sie zahlten die Hälfte des Ertrags als Tribut an Mohammed. Die Hälfte des eroberten Territoriums war jedoch ausschließlich dem Propheten vorbehalten und stellte eine Art Krondomäne dar, aus der er Einnahmen und Gewinne zog. So wurde der zeitliche Reichtum fortwährend eingesetzt, um sein geistiges Reich zu stärken und seinen Glauben auf ein unangreifbares Fundament zu stellen.

Auf der Expedition nach Kheibar wurden mehrere Verordnungen erlassen, die sich mit dem persönlichen und sozialen Leben seiner Anhänger befassten. Die Speisegesetze wurden strenger in die Praxis umgesetzt; Das Fleisch fleischfressender Tiere war verboten, und das Trinken von Wein wurde mit einem strengeren Embargo belegt – das Ergebnis von Mohammeds Wissen um die Verwüstung, die er unter den Menschen in diesem wilden Land und unter diesen wilden und leidenschaftlichen Seelen anrichtete. Von nun an wurde auch die gesamte Kriegsbeute sorgfältig gezählt, und diejenigen, die im Besitz betrügerisch erlangter Beute entdeckt wurden, wurden mit extremen Strafen belegt. Die gesamte Beute blieb bis zu ihrer formellen

Aufteilung, die normalerweise auf dem Schlachtfeld selbst oder seltener in Medina stattfand, unverletzlich. Der Anteil des Propheten betrug ein Fünftel, der Rest wurde gleichmäßig unter den Kriegern und Gefährten verteilt. Da der Islam seinen zeitlichen Reichtum hauptsächlich durch Plünderung erlangte, war das Schicksal seiner Plünderung eine wichtige Frage und führte zu häufigen Streitigkeiten zwischen den Unzufriedenen und den Gläubigen, die im Kuran erwähnt werden . Mittlerweile sind die Unzufriedenen jedoch größtenteils zum Schweigen gebracht worden, und wir hören kaum noch Diskussionen über die Verteilung des Reichtums.

Mit der Rückkehr nach Medina begann Mohammeds Ausweitung der Diplomatie – der Traum, der ihn erfüllt hatte, seit sich das Schicksal seines Schicksals gewendet hatte, als es den Kureisch nicht gelang, seine Stadt zu erobern. Im Jahr 628, dem ersten Jahr der Botschaften, reisten seine Kuriere zu den Fürsten und Kaisern seiner unmittelbaren Welt, um die Anerkennung seiner Mission zu fordern oder zu überreden. Ein großes Siegel mit dem Zeichen „Mahomet, der Prophet Gottes" wurde eingraviert und den seltsamen und zusammenhangslosen Dokumenten beigefügt, die sein Glaubensbekenntnis und seine Ansprüche verbreiteten.

Die erste Gesandtschaft wurde in diesem Jahr zu Heraklius geschickt und forderte ihn auf, der Religion des Propheten Gottes zu folgen und seine Vormachtstellung anzuerkennen. Zur gleichen Zeit sandte der Prophet ein ähnliches Schreiben an den ghassanidischen Prinzen Harith, einen Verbündeten von Heraklius und einen großen Soldaten. Die Gesandten wurden mit der Verachtung behandelt, die angesichts einer so seltsamen Bitte eines unbekannten Fanatikers unvermeidlich ist, und Heraklius tat die ganze Angelegenheit als leeres Wort eines barbarischen Träumers ab. Doch Harith bat mit dem schnellen Groll, den kleinere Männer hegten , den Kaiser um Erlaubnis , den Betrüger zu züchtigen. Heraklius lehnte ab; Die Botschaft war seiner Aufmerksamkeit nicht würdig, und er war bestimmt entschlossen, keine guten Kämpfer auf einer nutzlosen Reise durch die Wüste zu verlieren. Mohammed erhielt also keine Antwort vom Kaiser, aber die Unterlassung änderte nichts an seiner Entschlossenheit, seinen diplomatischen Kurs fortzusetzen.

Anschließend schickte er einen ähnlichen Brief an Siroes von Persien, doch hier wurde er noch unhöflicher behandelt. Der Gesandte wurde vom König in einer Audienz empfangen, der den außergewöhnlichen Brief las und ihn in einem Anflug von Wut zerriss. Er misshandelte den Boten jedoch nicht und ließ ihn in sein eigenes Land zurückkehren.

„So, o Herr, entreiße ihm sein Königreich!" rief Mahomet, als er die Geschichte seiner Missachtung hörte.

Sein nächstes Unternehmen war erfolgreicher. Der Gouverneur des Jemen, Badzan , der nominell unter der Herrschaft Persiens stand, hatte sich während der instabilen Herrschaft von Siroes , dem Sohn des Kriegers Chosroes , fast vollständig von seinem Oberherrn getrennt . Nun nahm Badzan den Islam an und mit seiner Konvertierung wurde die jemenitische Bevölkerung offiziell Anhänger des Propheten. Ermutigt durch den Erfolg schickte Mohammed eine Depesche nach Ägypten, wo er höflich empfangen wurde und zwei Sklavinnen, Maria und Schirin, als Geschenke überreichte. Maria behielt er wegen ihrer überragenden Schönheit für sich, doch Shirin wurde einer seiner Gefährtinnen geschenkt. Obwohl der ägyptische König den Islam nicht annahm, war er seinem Propheten gegenüber freundlich eingestellt.

Die nächste Sendung nach Abessinien zeichnet sich durch die Bedeutung ihrer indirekten Ergebnisse aus. Seit die kleine Gruppe islamischer Konvertiten vor den Verfolgungen der Kureisch dorthin geflohen war, um Zuflucht zu suchen, hatte Mohammed den Wunsch geäußert, Abessinien zu seinem Glauben zu bekehren. Nun sandte er einen Gesandten zu seinem König, der ihn aufforderte, den Islam anzunehmen, und um die Hand von Omm bat Haliba verheiratet, Tochter von Abu Sofian und Witwe von Obeidallah, einem der „Vier Forscher" einer früheren und fast vergessenen Zeit. Die Depesche wurde vom Gouverneur gut aufgenommen, der Omm erlaubte Haliba und alle, die von den ursprünglichen Einwanderern den Wunsch hatten, in ihr Heimatland zurückzukehren. Dschafar , Mohammeds Cousin, der in den alten unruhigen Zeiten nach Abessinien verbannt wurde, war der berühmteste dieser Schüler. Er war ein großer Krieger und fand seinen Ruhm im Kampf an der Spitze der Armeen des Propheten in Muta , wo er getötet wurde, und betrat sofort das Paradies der Freude, das die Märtyrer des Islam erwartet. Nicht lange nach seiner Rückkehr aus Kheibar trafen die Flüchtlinge ein und Mahomet nahm Omm mit Haliba zur Frau.

Während des restlichen Jahres 628 hielt der Prophet seinen Staat in Medina und schickte nur von Zeit zu Zeit einige seiner kleineren Anführer zu kleinen Verteidigungsexpeditionen aus. Seine Position war nun sicher, aber nur so lange, wie sein rechter Arm nie wankte und seine Hände nie vor dem Abschlachten ruhten. Mit der Schärfe des Schwertes waren seine Eroberungen gemacht worden, nur mit der Schärfe des Schwertes würden sie gehalten werden. Aber jetzt musste er nur noch seine Macht zeigen. Die verängstigten arabischen Stämme krochen davon, eingeschüchtert vor seiner Wachsamkeit, aber wenn die Peitsche erst einmal außer Sicht war, würden sie erneut zum Angriff greifen.

Er erhält nun den Titel „Fürst von Hadaz" . Wir wissen nicht, wie und von wem er ihm verliehen wurde. Höchstwahrscheinlich entriss er es den Stämmen, die dieses Land bewohnten, selbst mit Gewalt und zwang sie, ihn durch dieses Zeichen der Oberherrschaft anzuerkennen. Das Jahr vor der festgesetzten Zeit für Mohammeds Rückkehr nach Mekka verbrachte er damit, seine Position mit allen ihm zur Verfügung stehenden Mitteln zu festigen. Er war entschlossen, dass keine Schwäche seinerseits den Kureischen die Möglichkeit geben sollte, ihm erneut den Zutritt zu ihrer Stadt zu verweigern. Seine Position sollte so sein, dass jede Frage der Missachtung des Vertrags unmöglich gemacht werden würde, und zwar bis zur Zeit von Dzul Im Jahr 629 hatte er seine Pläne mit einer Gründlichkeit ausgeführt, zu der zu dieser Zeit nur er in ganz Arabien fähig schien.

Zweitausend Männer versammelten sich um ihn, um an der wichtigen Zeremonie teilzunehmen, die für sie das sichtbare Zeichen ihrer Verbundenheit mit der heiligen Stadt und ihrer endgültigen religiösen Verkörperung in ihrem eigenen alles erobernden Glaubensbekenntnis war. Sie waren in die Kleidung von Pilgern gekleidet und trugen zur Verteidigung nur das Schwert in der Scheide ihres Pakts bei sich . Aber eine Gruppe von Männern bildete die Nachhut, selbst in Rüstung , und trieb Packkamele vor sich her, auf denen Waffen und Munition aller Art ruhten. Sechzig Kamele wurden zum Opfer gebracht, und Mahomet, der Sohn von Maslama , bildete mit hundert Pferden die Vorhut, um eine Verteidigung zu gewährleisten, falls die Leidenschaften der Kureisch ihre Klugheit überwältigten und ihre geschworenen Worte zunichte machen sollten. Abdallah, der Ungestüme, hätte am liebsten ein paar trotzige Worte gerufen, als sich die Kavalkade den Portalen der Stadt näherte, aber Omar hielt ihn zurück und Mohammed gab den Befehl.

„Sprich nur diese Worte: ‚Es gibt keinen Gott außer Gott; Er ist es, der seinen Diener stützt . Er allein hat die Heerscharen der Konföderierten in die Flucht geschlagen .'"

So wurde jeglicher Aufruhr verhindert und der Waffenstillstand durchgesetzt.

Dann begann eine der wunderbarsten Episoden, die jemals in die Geschichte eingegangen sind – nichts Geringeres als die dreitägige friedliche Auswanderung einer ganzen Stadt vor den Heerscharen eines Menschen, der erst vor kurzem von dort vor der Verfolgung seiner Landsleute geflohen war. Die gesamte bewaffnete Bevölkerung Mekkas zog sich in die Berge zurück und ließ ihre Stadt frei, um Mohammeds religiöse Riten zu vollenden. Im tiefsten Glauben an seine Integrität ließen sie ihre Stadt wehrlos zu seinen Füßen zurück. Wahrlich, die Anziehungskraft des Propheten hatte ihm viele Anhänger eingebracht und ihm große Triumphe in der Kriegsführung beschert, aber noch nie hatte seine Macht in einem solchen Glanz gestrahlt wie zur Zeit seiner erfüllten Pilgerreise. Die Stadt war seinen Soldaten waffenlos ausgeliefert, und die Bewohner innerhalb ihrer Mauern begnügten sich damit, auf die Macht einer schriftlichen Vereinbarung zu vertrauen, die in den Händen eines skrupellosen Mannes ebenso wirksam sein würde wie ein Schilfrohr gegen einen Wirbelsturm. Mohammed betrat die Stadt und schlug drei Tage lang sein Lederzelt im Schatten der Kaaba auf. Er machte den siebenfachen Rundgang und küsste den Schwarzen Stein. Von dort reiste er mit all seinen Anhängern nach Safa und Marwa, wo er die notwendigen Riten durchführte und an diesem Ort seine Opfer opferte und sie in einer Reihe zwischen sich und der Stadt aufstellte. Als er dann dorthin zurückkehrte, bat er um die Hand von Meimuna , der Schwägerin seines Onkels Abbas, und erhielt diese, ein kühner und charakteristischer Schachzug, der viel dazu beitrug, den Weg für die spätere Bekehrung seines Onkels und die endgültige Einberufung der obersten Männer zu ebnen von Mekka auf seiner Seite.

Dies war die letzte Ehe, die er einging, und sie zeigt, wie so viele andere Bündnisse, seine ausgeprägte politische Weitsicht und die Anwendung seiner bevorzugten Methode, feindliche Staaten für sich zu gewinnen. Er war immer noch der politische Führer und Intrigant, obwohl die Ekstase der Religion, die für ihn gerade in den Riten der Kleinen Pilgerfahrt symbolisiert wurde , ihn für einen Moment in ihren Bann gezogen hatte. Am dritten Tag wurde von der Kaaba aus öffentlich gebetet, und damit endete die Pilgerreise. Mohammed versuchte ernsthaft, die Mekkaner während dieses mageren dreitägigen Aufenthalts für sich zu gewinnen und zu versöhnen, aber seine Aufgabe überstieg selbst seine großartige Energie.

Am Ende des dritten Tages kehrten die Mekkaner zurück.

„Deine Zeit ist abgelaufen. Verlasse unsere Stadt."

Mahomet antwortete: „Was kann es schon machen, wenn ihr mir erlaubt, meine Hochzeit hier zu feiern und ein Fest zu veranstalten, wie es Brauch ist?"

Aber sie antworteten voller Zorn: „Wir brauchen deine Feste nicht; geh weg von hier."

Und Mahomet musste widerwillig nachgeben. Er war nicht ohne Hoffnung gewesen, dass die Kureisch in so großer Zahl für seine Sache gewonnen werden würden, dass er als Oberhaupt eines konvertierten Mekkas bleiben könnte, und er wollte nicht zusehen, wie sich eine so einmalige Gelegenheit entgehen ließ, ohne sein Äußerstes zu versuchen um in der Stadt seiner Wünsche dauerhaft Fuß zu fassen. Aber sein Glaube wog bei den Kureisch nicht so gut , und da er in sich die Kraft hatte, von Zudringlichkeiten Abstand zu nehmen, verließ er die Stadt und zog sich in das acht Meilen entfernte Sarif zurück, wo er jetzt zusammen mit seiner Schar von Gläubigen ruhte zufrieden und ehrfürchtig gegenüber dem Meister, der ihre Träume verwirklicht und ihre Ideale greifbar gemacht hatte.

In Sarif erhielt Mahomet das vielleicht beste Vermögen, das ihm außerhalb seines eigenen Willens widerfahren war. Khalid, der geschickte Anführer von Ohod und der größte Krieger, den die Kureisch besaßen, sowie Amru , Dichter und Gelehrter sowie zukünftiger Krieger und Eroberer Ägyptens, wurden für den Glauben gewonnen, den sie so hartnäckig bekämpft hatten. Sie schlossen sich Mohammed in Sarif an und wurden sofort zu den Gefährten ernannt, die Ali, Othman und Omar ebenbürtig waren. Ihrem Festhalten an der siegreichen Sache folgte die Treue zu Mohammed von Othman ibn Talha, dem Hüter der Kaaba. Mit diesen bedeutenden und einflussreichen Männern auf seiner Seite, den Anführern im Krieg, den Höchsten im Gesang und den Repräsentanten des mekkanischen Rituallebens, hatte Mohammed in der Tat berechtigt, sich zu freuen. Sie waren die ersten berühmten Männer und Herrscher in Mekka, die sich ihm anschlossen, und sie markierten die Wende, die mit der Besetzung der heiligen Stadt und der Bekehrung von Abu Sofian und Abbas ihren Höhepunkt erreichte.

Langsam, mit Mühe und Mühe überwand Mahomet den maßlosen Widerstand gegen das Neue. Sechs Jahre unaufhörlicher Bemühungen, Kriege und Ermahnungen, Zwang und Belohnungen waren nötig, um ihm die unbestrittene Ausübung seiner Religion an dem Ort zu sichern, der ihr Heiligtum war. Der Glaube, gestützt auf die Stärke und den Reichtum seiner Armeen, versammelte sich nun bei den erlesensten seiner Gegner. Die Zeit war gekommen, in der er begann, den Wein des Erfolgs zu kosten. Er hatte kaum das Grenzgebiet dieses köstlichen Gartens erreicht, aber die ersten mageren Früchte davon waren süß. Es spornte ihn zu einer ständigen Erneuerung seiner Wachsamkeit an, damit er das, was er gewonnen hatte, behalten und seinen Weg zum innersten, fernen Gehege fortsetzen konnte, um dessen Portal herum als Auftrag für die ganze Welt geschrieben stand: „Legen Sie Zeugnis ab, Es gibt keinen Gott außer Gott, und Mohammed ist sein Prophet.“

Die erfüllte Pilgerfahrt war jedoch nur die Vorstufe zu seinem durch Waffengewalt gestärkten Meisterstück der Politik: Monate harter Kämpfe und Diplomatie waren nötig, bevor er den Schlag ausführen konnte, der seinen Triumph ermöglichte. Für eine Zeit lang hatte er Arabien einfach klargemacht, dass Mekka seine heilige Stadt war, die Königin seiner künftigen Herrschaft, und durch die gewissenhafte Durchführung der alten religiösen Riten hatte er den Islam sowohl seinen Anhängern als auch den Mekkanern selbst gegenüber identifiziert alte, unvergängliche Traditionen ihres früheren Glaubens, gereinigt und dauerhaft gemacht durch ihre Hommage an einen Gott, „den Barmherzigen, den Barmherzigen, den Mächtigen, den Weisen“.

Kapitel XVIII

DER TRIUMPHALE EINZUG

„Wenn die Hilfe Gottes und der Sieg eintreffen
und du siehst , wie Menschen mit Truppen in die Religion Gottes eintreten,
dann sprich das Lob deines Herrn aus und flehe Seine Vergebung an, denn
Er liebt es, sich in Barmherzigkeit zu bekehren." – *Der Kuran* .

Nach dem schwertlosen Triumph von Dzul Cada , 629, ruhte Mohammed
etwa neun Monate lang in Medina, während er seine Expeditionsleiter in alle
Teile der Halbinsel aussandte, wo immer ein Aufstand drohte oder wo er die
Aussicht auf eine Bekehrung mit Waffengewalt sah. Die Beni Suleim , deren
mächtigere Verbündete, die Ghatafan , Mohammed in der Vergangenheit viel
Ärger bereitet hatten, waren immer noch zurückhaltend. Mohammed
schickte Anfang des Jahres eine Expedition, um ihre Konvertierung zu
prüfen, aber die Suleim beharrten auf ihrer Feindschaft und empfingen die
muslimischen Gesandten mit einem Pfeilregen. Da sie nicht ausreichend
ausgerüstet waren, um einen Angriff zu riskieren, zogen sie sich hastig zurück
und kehrten nach Medina zurück. Der Prophet schickte nun unerschrocken
eine Abteilung gegen die Beni Leith. Das Lager wurde überrascht, ihre
Kamele geplündert, ihre Habe beschlagnahmt, während sie selbst gezwungen
waren, eilig in die Festungen der Wüste zu fliehen. Die Beni Murra , Eroberer
von Mahomets Expeditionstruppe bei Fadak , erhielten nun von ihm ihre
verspätete, aber unvermeidliche Strafe. Der Prophet fand sich stark genug
und verhängte ohne Gewissensbisse die schwerste Züchtigung über sie, vor
allem als Beispiel für die benachbarten Stämme der Vergeltung, die allen
bevorstand, die es wagten, sich gegen seine neu gewonnene, aber immer noch
prekäre Macht aufzulehnen.

Bald darauf wurde eine Expedition von fünfzehn Männern nach Dzat Allah
an der Grenze Syriens geschickt. Die Männer machten sich zuversichtlich auf
den Weg zu ihrem fernen Ziel, aber anstatt, wie erwartet, ein paar Häuptlinge
an der Spitze schlecht organisierter Armeen vorzufinden, stand ihnen eine
überwältigende, gut geführte und disziplinierte Streitmacht gegenüber. Sie
forderten sie auf, den Islam mit dem Mut des sicheren Scheiterns
anzunehmen. Die Beduinenhorden spotteten über die Ermahnung und
töteten sofort die ganze Truppe bis auf einen, dem es gelang, mit der
Geschichte nach Medina zu fliehen. Die Katastrophe war ein Signal für einen
Massenangriff auf Mohammeds Macht aus dem gesamten Grenzbezirk,
angeführt von den Feudalherren des Heraklius, die darauf aus waren, den
Emporkömmling auszurotten.

Hastig wurde die muslimische Armee mobilisiert und der Führung von Zeid übergeben , der zusammen mit Jafar und Abdallah den Auftrag hatte, den Ungläubigen bis zum Letzten zu widerstehen und ihren Angriff auf den Feind fortzusetzen, bis sie entweder getötet oder siegreich waren. Die Armee marschierte im September 629 nach Muta und hörte unterwegs alarmiert von der Ansammlung des Feindes, dessen Zahl selbst ihre wilde Tapferkeit einschüchtern ließ.

In Muta wurde ein Kriegsrat einberufen, bei dem Zeid und Abdallah die Hauptredner waren. Nachdem die Gefahr ihrer Position besprochen und die Gründe für den Rückzug dargelegt worden waren, erhob sich Abdallah aus der Mitte seiner Kameraden, entschlossen, sie zu mobilisieren. Er drängte auf einen sofortigen Vormarsch und betonte die Unbesiegbarkeit Allahs, die Macht ihres Propheten und den Ruhm ihrer Sache. Für diese Kriegergeister war es unmöglich, nicht auf seine Begeisterung zu reagieren, und der Befehl wurde erteilt. Die Muslime marschierten nach Beleea am Toten Meer, befanden sich jedoch in keiner guten strategischen Position und hörten noch weitere Nachrichten über die Größe ihres Widerstands. Sie zogen sich nach Muta zurück , wo sie am Ende einer engen Schlucht den Römern den Kampf anboten Hilfstruppen, die ihnen zahlenmäßig und effizient überlegen waren.

Die römische Phalanx drang auf sie ein, und Zeid an der Spitze seiner Truppen forderte sie auf, mit aller Kraft Widerstand zu leisten. Er wurde im Wagen niedergestreckt, als er den gegnerischen Ansturm anführte, und sofort sprang Jafar von seinem Pferd, verstümmelte es, als Symbol dafür, dass er bis zum Tod kämpfen würde, und stürmte zu Fuß vorwärts. Der Kampf wurde heftiger, und als die muslimische Armee langsam vom Feind zurückgedrängt wurde, fiel ihr Anführer mit Wunden übersät. Abdallah ergriff die Standarte und versuchte, die Gläubigen zu sammeln, deren langsamer Rückzug nun in eine rasante Flucht überging. Auf seinen Ruf hin kam es zu einer kurzen Erholung, bis er seinerseits vom vorrückenden Feind niedergestreckt wurde. Ein Bürger sprang auf die Standarte und hielt sie hoch, während er versuchte, die Flut einzudämmen, aber vergebens. Die muslimischen Reihen waren gebrochen und entmutigt. Sie zogen sich schnell zurück und nur das militärische Genie von Khalid, der die Nachhut befehligte, konnte sie vor der Vernichtung bewahren. Durch sein schnelles und geschicktes Vorgehen gelang es ihm, ihren Rückzug zu decken und den Überresten eine sichere Rückkehr nach Medina zu ermöglichen.

Mahomets Trauer über den Verlust von Jafar und Zeid war groß. Dschafar war erst kürzlich aus Abessinien zurückgekehrt und stand gerade am Anfang seiner militärischen Laufbahn. Er war der Bruder von Ali, und der Kampfgeist, der diesen Krieger zu einer herausragenden Stellung erhoben hatte, hatte gerade erst Gelegenheit, sich zu manifestieren. Sein Verlust wurde von Mahomet zu Recht als ein Schlag für das Militär und die intellektuellen Fähigkeiten des Islam empfunden.

Den syrischen Feudalherren war es jedoch nicht gestattet, ihren Triumph in Frieden zu genießen. Im Oktober 629 wurde Amru , Mohammeds jüngster Konvertit, ausgesandt, um die Übeltäter zu bestrafen und Tribut von ihnen zu fordern. Er stellte fest, dass die Aufgabe größer war, als er sich vorgestellt hatte, und schickte eilig nach Medina, um Verstärkung zu holen. Abu Obeida hatte das Kommando über die neue Armee, und als er Amru vorstellte, gab es eine wütende Diskussion darüber, wer der Anführer sein sollte. Abu Obeida verfügte über die Erfahrung und den Vorteil, länger in Mohammeds Diensten gestanden zu haben als Amru , aber er war ein sanfter, ängstlicher Mann und ein Nachzügler im Streit. Amrus ungestüme Entschlossenheit überwältigte ihn, und er gab dem Zwang seines energischeren Rivalen nach, da er fürchtete, durch die Verlängerung des Streits eine Katastrophe herbeizuführen. Die feindlichen syrischen Stämme wurden mit den verstärkten Streitkräften unter Amrus Befehl schnell zerstreut und er kehrte triumphierend nach Medina zurück.

Als Belohnung dafür, dass er Amru die Führung überlassen hatte , wurde Abu Obeida von Mohammed mit der Aufgabe betraut, den Stamm Joheina zur Unterwerfung zu zwingen. Die Expedition war völlig erfolgreich; Die Joheina akzeptierten das Joch des Propheten ohne Widerstand, und ihrem Beispiel folgten später im Jahr die Beni Abs Murra und die Beni Dzobian und schließlich die Beni Suleim , deren Feindschaft in Verbindung mit den Beni Ghatafan viel dazu beigetragen hatte, die Belagerung von zu verlängern Medina.

Der Prophet jubelte. Die Erfolge des Jahres hatten seine Erwartungen übertroffen, und die Reife seiner tief gefassten Pläne zur Vernichtung Mekkas durch Druck ohne Blutvergießen befriedigte seine ehrgeizige und dominierende Seele. Er war nun Herr von Hedaz , Oberherr des Jemen und der Beduinenstämme im Landesinneren bis zur dunklen syrischen Grenze.

Aber trotz all seiner neu gewonnenen Souveränität gab es eine Festung, die er weder erobern noch beeindrucken konnte. Alle seine Hoffnungen waren auf die krönende Errungenschaft gerichtet, Mekka zu unterwerfen, und es gab kein Mittel, das er nicht nutzte, um seine Macht so zu vergrößern, dass ihr fortgesetzter Widerstand schließlich unmöglich werden würde. Er stärkte seinen Einfluss auf den Rest Arabiens; er gewann aus Mekka so viele Verbündete wie er konnte; Er machte sowohl seinen Anhängern als auch den umliegenden Stämmen immer wieder klar, dass die Stadt seine natürliche Heimat, der wahre Aufenthaltsort seines Glaubens sei. Nachdem er nun den Weg bereitet hatte, wagte er es, durch Diplomatie und geschickten Einsatz von Gewaltdemonstrationen für dessen Sicherheit zu sorgen . Er war stark genug, um eine Begegnung mit den Kureisch zu erzwingen , die sich als entscheidend erweisen sollte.

Beim Angriff auf die Khozaa versorgten Verbündete des Propheten, die Beni Bekr , die den Kureisch ihre Treue geschworen hatten , Mohammed mit dem notwendigen *Casus Belli* . Auf die Aussage seiner Freunde hin erklärte er, dass die Kureisch den Beni Bekr getarnt geholfen hätten und kündigte die schnelle Durchsetzung seiner Rache an. Beunruhigt schickten die Kureisch Abu Sofian nach Medina, um ihre Aussage über die Berechtigung des Falles zu machen und um Gnade zu bitten. Doch ihr Abgesandter hatte keinen Erfolg. Mahomet fühlte sich mächtig genug, ihn zu missachten, und dementsprechend wurde Abu Sofian verunsichert in seine Heimatstadt zurückgeschickt.

Es folgt eine Tradition, die im Laufe der Zeit in Vergessenheit geraten ist und deren Bedeutung wir nur unklar untersuchen können. Abu Sofian kehrte etwas unbehaglich nach Mekka zurück, als er dem Häuptling der Khozaa , dem empörten Stamm, begegnete. Es wird über ein längeres Interview berichtet, und es wird angenommen, dass der Häuptling dem mekkanischen Bürger die Hoffnungslosigkeit seines Widerstands und die Vorteile darlegte, die sich aus der Zugehörigkeit zu der Partei ergaben, die ganz Arabien rasch unter ihre Herrschaft brachte. Abu Sofian hörte zu, und es könnte sein, dass die Worte des Häuptlings ihn dazu veranlassten, ernsthaft über die Möglichkeit nachzudenken, sich unter das Banner des Propheten zu stellen.

In der Zwischenzeit hatte Mohammed alle unvergleichliche Energie, deren er fähig war, gebündelt und die Vorbereitungen für die Überwältigung Mekkas in Angriff genommen. Jeder Gläubige wurde zu den Waffen gerufen; Ausrüstung, Pferde, Kamele und Vorräte waren in großer Menge am Rande von Medina versammelt und warteten nur auf den Befehl des Propheten, gegen die verächtliche Stadt vorzugehen, deren Demütigung bevorstand. Der Befehl zum Marsch wurde am 1. Januar 630 gegeben, und bald rückte das gesamte Heer mit jener Schnelligkeit auf Mekka zu, die das Vorgehen des Propheten stets kennzeichnete und die jetzt angesichts der schwierigen Aufgabe, die zu bewältigen war, notwendiger denn je war. Innerhalb einer Woche erreichte der Prophet mit Zeinab und Dram Salma als seinen Gefährten an der Spitze von 10.000 Mann, der größten Armee, die jemals in Medina gesehen wurde, sein Ziel nur noch knapp. Er lagerte in Mar Azzahran und dort ruhte seine Armee nach dem langen Wüstenmarsch, dem beschwerlichen und schwierigen Weg, der die beiden lange getrennten Städte verband, die den Ursprung und das Wachstum des Islam geprägt hatten. Während seines Aufenthalts erhielt er das vielleicht wichtigste Geschenk seit der Bekehrung Khalids. Abbas, sein Onkel, immer noch ängstlich und schwankend, aber jetzt durch die machtvolle Kraft der jüngsten Triumphe Mohammeds zu festerem Mut getrieben, verließ Mekka mit seiner

Gefolgschaft und schloss sich seinem Neffen an, bekannte sich zum Glaubensbekenntnis des Islam und forderte es auch denen auf, die ihn begleiteten ihn.

Für Mahomet kam die Bekehrung nicht überraschend. Mit Hilfe seiner Spione hatte er den Verlauf der Ereignisse in Mekka sorgfältig beobachtet und wusste, dass Abbas die Treue hielt, wann immer er genügend Kräfte sammeln sollte, um seine Überlegenheit zu demonstrieren. Abbas liebte die erfolgreiche Sache. Als Mohammed unbekannt war und verfolgt wurde , hatte er sich mit ihm angefreundet, was den persönlichen Schutz anging, aber es lag nicht in seiner Art, sich auf ein riskantes Unterfangen wie den Versuch des Propheten einzulassen, in einer anderen Stadt eine neue Religionsgemeinschaft zu gründen. Nachdem sich das Unterfangen jedoch als so vollkommen siegreich erwiesen hatte, dass es drohte, aus Mekka die schwächere Seite zu machen, warf Abbas mit der Feierlichkeit, die auf solche Menschen fällt, wenn das Eigeninteresse in die gleiche Richtung zeigt wie die vorherige Neigung, sein Los Islam.

Die Muslime ruhten in dieser Nacht in Mar Azzahran und entzündeten ihre Lagerfeuer auf der Kuppe eines Hügels, dessen Gipfel von der heiligen Stadt aus gesehen werden konnte. Das grelle Licht flammte rot vor dem violetten Nachthimmel auf, und durch seinen unheilvollen Schein wagte sich Abu Sofian über die Stadtgrenzen hinaus, um sie zu erkunden . Bevor er bis zum muslimischen Lager vordringen konnte, wurde er von Abbas empfangen, der ihn sofort zu Mohammed brachte. Als der Morgen kam, schickte der Prophet seinen Rivalen zu sich und begrüßte ihn mit Verachtung:

„Wehe dir, Abu Sofian; siehst du nicht, dass es keine Götter außer Gott gibt?"

Aber er antwortete mit Bekundungen seiner Wertschätzung für Mohammed.

„Wehe dir, Abu Sofian; glaubst du nicht, dass ich der Prophet Gottes bin?"

„Du wirst von uns gut geschätzt, und ich sehe deine große Güte unter den Gefährten. Ich weiß nicht, warum, was du gesagt hast."

Dann flehte Abbas, der neben Mohammed stand, zu ihm:

„Wehe dir, Abu Sofian; werde einer der Gläubigen und glaube, dass es keinen Gott außer Gott gibt und dass Mohammed sein Prophet ist, bevor wir deinen Kopf vom Körper trennen!"

Unter solch starkem Zwang, heißt es in der Überlieferung, wurde Abu Sofian konvertiert und mit Gnadenversprechen nach Mekka zurückgeschickt. Es ist fast unmöglich, nicht zu glauben, dass es vor diesem Interview eine Absprache zwischen Abbas und Abu Sofian gab. Abbas hatte die Führung übernommen, denn sein Gewissen hatte die Sinnlosigkeit des Widerstands erkannt, und er sah größeren Ruhm als Verfechter des Islam, der siegreichen Sache, voraus, als als eitler Gegner dessen, was er fest für eine alles erobernde Macht hielt. Abu Sofian brauchte etwas länger, um ihn zu überzeugen, und gab seinen Traum vom Widerstand nie wirklich auf, bis er in der schicksalhaften Nacht Abbas traf und ihm die Größe der medinensischen Armee, ihre gute Organisation und ihren grenzenlosen Enthusiasmus zeigte. Da zerfielen seine Hoffnungen auf einen Sieg zu Staub und er beugte sich dem Unvermeidlichen auf die gleiche Weise wie Abbas vor ihm, wenn auch aus unterschiedlichen Motiven: Der eine war von dem Wunsch nach Gunst und Ruhm getrieben, der andere nur bestrebt, seine Stadt davor zu retten die Schrecken einer langen und letztendlich erfolglosen Belagerung.

Danach marschierte die Armee nach Mekka und Mohammed vollendete seine Pläne für einen friedlichen Einmarsch. Zobeir , einer seiner vertrauenswürdigsten Kommandeure, sollte von Norden her einmarschieren, Khalid und die Beduinen von der südlichen oder unteren Vorstadt, wo möglicher Widerstand möglich war, da es sich um das bevölkerungsreichste und unruhigste Viertel handelte. Abu Obeida , gefolgt von Mahomet, nahm die nächste Straße und umging Jebel Hind. Es war eine ängstliche Zeit, als sich die Streitmacht aufteilte und ihren festgelegten Weg einschlug, um die Stadt von drei Seiten anzugreifen. Mahomet beobachtete seine Armeen von hinten in einer Art Geisteslähmung, die tatkräftige Männer überkommt, die für alle Eventualitäten gesorgt haben und nun nichts anderes tun können, als abzuwarten. Nur Khalid stieß auf Widerstand, aber sein Können und die Kraft hinter ihm trieben die Mekkaner bald in ihre engen Gassen zurück und teilten sie dort in kleine Kompanien auf, beraubten sie jeglicher konzertierten Aktion und machten sie zu einer leichten Beute für seine entgegenkommenden Soldaten. Mahomet holte noch einmal Luft, und als er sah, dass alles in Ordnung war und dass die anderen Einreisen friedlich verlaufen waren , wies er an, sein Zelt im Norden der Stadt aufzuschlagen.

Es war tatsächlich eine unblutige Revolution. Mohammed, der Ausgestoßene, der Verachtete, war nun Herr der ganzen prächtigen Stadt, die sich vor seinen Augen erstreckte. Er hatte gesehen, was nur wenigen Menschen gewährt wird, die materielle Erfüllung seiner jahrelangen Träume, und wusste, dass sie durch seine eigene unermüdliche Energie und seinen überwältigenden Glauben auf dem Boden seines Heimatlandes entstanden waren.

Seine erste Amtshandlung bestand darin, an der Kaaba anzubeten, doch bevor er die gesamten Ahnenriten vollenden konnte, zerstörte er die Götzenbilder, die das Heiligtum verunreinigten. Dann befahl er Bilal, die Gläubigen vom Gipfel der Kaaba zum Gebet aufzurufen, und als sich die Schar der Gläubigen in den Bezirken dieses heiligen Ortes drängte , wusste er, dass diese Besetzung Mekkas zu den triumphalen Taten der Welt zählen würde.

Sein Sieg wurde nicht durch unerbittliche Rache getrübt. Stärke ist immer der Vorbote der Barmherzigkeit. Der Überlieferung nach wurden nur vier Menschen hingerichtet: zwei Sängerinnen, die ihre beleidigenden Gedichte auch nach seiner Besetzung der Stadt fortgesetzt hatten, und zwei Abtrünnige vom Islam. Ungefähr zehn oder zwölf wurden verboten, aber von diesen wurden einige später begnadigt. Sogar Hind, die grausame Jägerin von Hamza, unterwarf sich und erhielt ihre Begnadigung durch Mohammeds Hände. Es wurde ein Befehl erlassen, der Blutvergießen verbot, und es wurde mit der geordneten Ansiedlung der Gläubigen unter der mekkanischen Bevölkerung begonnen. Nur ein Kommandant brach den Frieden. Khalid, der ausgesandt wurde, um die Jadzima vor den Toren der Stadt zu bekehren, fand sie widerspenstig und nahm rücksichtslose Rache. Er tötete sie auf grausamste Weise und kehrte nach Mekka zurück, in der Erwartung einer Belohnung. Aber Mahomet kannte den Wert der Barmherzigkeit gut und war von Natur aus nicht rachsüchtig gegenüber den Schwachen und Harmlosen. Er konnte diejenigen ohne Reue bestrafen, die sich ihm widersetzten und ihm an Stärke ebenbürtig waren, aber gegenüber minderwertigen Stämmen hatte er das Mitgefühl der Starken. Er konnte Khalid nicht tadeln, da er ein zu wertvoller General war, aber er war wirklich betrübt über die Barbarei, die gegen die Jadzima verübt wurde . Er verhinderte wirksam weitere Grausamkeiten und machte dadurch seine Autorität sicher und seine Herrschaft frei von Versuchen, ihr Joch in der Umgebung seiner neu gewonnenen Macht abzuwerfen.

Die Bevölkerung war viel zu schwach, um dem muslimischen Einfall zu widerstehen. Ihre Anführer Abu Sofian und Abbas mit ihren Gefolgsleuten hatten sich dem feindlichen Glauben ergeben; Für die Bewohner gab es nun nichts mehr zwischen Unterwerfung und Tod. Die Gläubigen waren barmherzig und hatten von ihrer Gewalt nichts zu befürchten. Sie nahmen den neuen Glauben an die Selbstverteidigung an und erhielten die Herrschaft des Propheten, so wie sie die Herrschaft aller anderen Häuptlinge vor ihm erhalten hatten.

Einem Gebot war jedoch strikt Folge zu leisten, ein Gebot, das untrennbar mit der Herrschaft des Islam verbunden war. Der Götzendienst sollte ausgerottet, die verfluchten Götzen abgerissen und vernichtet werden. Gruppen von Muslimen wurden in die benachbarten Bezirke geschickt, um diese Schänder des Islam zu brechen. Die berühmten Al- Ozza und Manat, deren Macht Mahomet zuvor für kurze Zeit anerkannt hatte, wurden in Nakhla in Vergessenheit geraten , jedes Bild, das die Abscheulichkeiten darstellte, wurde zerstört und die Tempel wurden von Verschmutzung gereinigt.

Aus seiner geistigen Inbrunst heraus war Mohammeds Triumph errungen worden. In den dunklen Anfängen seines Glaubens, als nichts außer seiner Vorstellung von der unteilbaren Gottheit verwirklicht worden war, hatte er zu seinen Altären nur das unerlöschliche Feuer seiner Inspiration gebracht. Er hatte zunächst nicht von einer politischen Vorherrschaft geträumt, nur die Begeisterung des Glaubens und der gebieterische Wille zur Konvertierung hatten die Gründung einer Stadt und dann einer Oberherrschaft unvermeidlich gemacht. Doch nachdem ihm die Umstände eine weltliche Vorherrschaft aufgezwungen hatten, machte er sich Sorgen um den endgültigen Triumph seiner irdischen Macht. Daraufhin nahmen seine Träume die Farbe äußerer Ambitionen an . Die Bekehrung konnte nur durch Eroberung erreicht werden, daher wandten sich seine ersten Gedanken der Bekehrung zu. Und sobald er Arabien mit den Augen eines potenziellen Despoten betrachtete, sah er Mekka als Zentrum seines Zeremoniells, seine Mutterstadt, feindselig und unbezwingbar. Sicherlich hatte er seit dem Scheitern der Eroberung Medinas durch die Kureisch bewusst darauf abgezielt, Medina zu demütigen. Mit Diplomatie, Vorsicht, Grausamkeit, Schmeicheleien, Drohungen und Morden hatte er seine Position ausreichend stabilisiert, um sie anzugreifen. Jetzt lag sie zu seinen Füßen und erkannte ihn als ihren Herrn an – Mekka, der Grabstein Arabiens, die unantastbare Stadt, deren Traditionen von ihrer Verwandtschaft mit den Helden und Propheten einer früheren Welt sprachen.

Von nun an war die Herrschaft über Arabien nur noch eine Frage der Zeit. Nachdem Mekka überwunden war, hatte seine Angst um das Schicksal seines Glaubens ein Ende. Was die Beherrschung des umliegenden Landes betraf, waren lediglich Wachsamkeit und Schnelligkeit erforderlich. Diese beiden Eigenschaften besaß er in vollem Umfang, und er verfügte über effiziente Soldaten, die mit hingebungsvollem Enthusiasmus ausgestattet waren, um seine Diplomatie zu ergänzen. Er musste immer noch auf Widerstand stoßen, ja sogar auf eine Niederlage, aber nichts, was den endgültigen Erfolg seiner Sache in Arabien gefährden konnte. Voller Begeisterung regelte er die Angelegenheiten seiner jetzt unterworfenen Stadt, änderte ihre Gepflogenheiten, um sie seinen eigenen anzupassen, und versöhnte ihre Mitglieder durch Gnade und Wohlwollen.

Die Eroberung von Mekka markiert eine neue Periode in der Geschichte des Islam, eine Periode, die ihn für immer zu den herrschenden Faktoren des Ostens macht und ihn für immer aus dem Zustand eines schüchternen Kleinstaates befreit, der mit ebenso mächtigen Nachbarn kämpft . Der Islam ist jetzt die Hauptmacht in Arabien, mächtiger als die Kureisch , als die Beduinenstämme oder irgendwelche Götzendiener, und wird bald über die Grenzen seiner Halbinsel hinaus vordringen, um seinen strengen Kodex und

seinen unwiderstehlichen Enthusiasmus den Völkern aufzuzwingen, die
sowohl im Osten als auch im Westen leben seine schmale Wiege.

KAPITEL XIX

MAHOMET, VICTOR

„Nun hat Gott euch auf vielen Schlachtfeldern geholfen und am Tag von Honein , als ihr stolz auf eure Zahl wart, es euch aber nichts nützte … dann habt ihr in der Flucht den Rücken gekehrt. Dann überließ Gott seinem Apostel seinen Geist der Ruhe und … über die Gläubigen, und er sandte die Heerscharen herab, die ihr nicht saht, und bestrafte die Ungläubigen." – *Der Kuran* .

Mohammeds Triumph in Mekka blieb nicht lange ungestört. Wenn die Kureisch angesichts seiner überlegenen Armeen nachgegeben hatten, war der große Stamm der Hawazin keineswegs gewillt, seine Herrschaft zu dulden, sondern entschloss sich sofort energisch, sich ihm zu widersetzen. Sie widmeten sich der Götzenanbetung, und der Sauerteig von Mohammeds Lehren hatte ihren jahrhundertealten Glauben nicht im entferntesten beeinträchtigt . Sie sahen sich nun nicht nur mit einer religiösen Revolution konfrontiert, sondern auch mit einem politischen Aufgehen in der siegreichen Sekte, wenn sie ihren Widerstand gegen diesen übermächtigen Feind in ihrer Mitte nicht wahr machen würden.

Sie versammelten sich in Autas , in der Bergkette nordöstlich von Taif, und drohten, die heilige Stadt selbst zu überfallen. Mohammed musste Mekka eilig verlassen, nachdem er die Stadt nur etwa drei Wochen lang besetzt hatte. Er verließ Muadh ibn Jabal, um die Mekkaner zu unterweisen und ihre Treue zu sichern, und rief seine gesamte Armee zusammen mit 2000 der kriegerischeren Geister seines neu eroberten Territoriums ab. Die Truppe näherte sich dem Tal von Honein , wo Mohammed mit der Vorhut der Hawazin zusammenstieß . Dort kämpften die beiden Armeen, die Rebellen unter Malik und die Muslime unter der gemeinsamen Führung von Khalid und Mahomet. Khalid führte den Wagen an und stürmte das steile und enge Tal hinauf, in der Hoffnung, die Hawazin durch seine Geschwindigkeit zu überwältigen , doch der Feind überfiel sie aus einem Hinterhalt oben auf dem Hügel und stürzte unerwartet auf den engen, verstopften Pfad. Der Muslim, der auf den plötzlichen Angriff nicht vorbereitet war, drehte sich abrupt um und machte sich auf den Weg zur Flucht. Sofort erhob sich über dem Tumult die Stimme ihres Anführers:

„Wohin geht ihr? Der Prophet des Herrn ist hier, kehrt zurück!"

Abbas ermutigte die schwankenden Akten:

„Bürger von Medina! Ihr Männer vom Pfand des Baums der Treue, kehrt auf eure Posten zurück!"

In der engen Enge wogte die Schlacht in zusammenfließenden Wellen, bis Mohammed den Moment nutzte, in dem ein kleiner Vorteil zu seinen Gunsten war , den Angriff forcierte und, Staub ins Gesicht des Feindes werfend, rief:

„Der Untergang ergreift sie! Beim Herrn der Kaaba geben sie nach! Gott hat Angst in ihre Herzen getrieben!"

Die inspirierten Worte ihres Anführers, dessen vehemente Macht alle kannten und verehrten, wendeten den Tag für die muslimischen Heerscharen. Sie stürmten das Tal hinauf und überwältigten die Truppen im Rücken der Hawazin . Die Niederlage des Feindes war abgeschlossen. Ihr Lager und ihre Familien fielen in die Hände des Eroberers. Sechstausend Gefangene wurden nach Jirana gebracht und die Flüchtlingsarmee bis nach Nakhla verfolgt . Mohammeds Verluste waren schwerwiegender als alle anderen, die er seit einiger Zeit erlitten hatte, aber unbeirrt und jubelnd marschierte er nach Taif, dessen götzendienerische Zitadelle zum Zufluchtsort für die fliegenden Hilfstruppen der Hawazin geworden war .

Taif blieb feindselig und götzendienerisch. Seitdem es in den Tagen, als er nur ein von einem Traum inspirierter religiöser Visionär war, seine Botschaft verächtlich zurückgewiesen hatte, hatte es dem gotteslästerlichen Propheten Verhandlungen und sogar die Anerkennung verweigert.

Jetzt ahnte Mohammed, dass der Tag seiner Rache gekommen sei. Er besetzte die Stadt, brachte seine Armee dicht an die Mauern heran und hoffte, sie schnell zerschlagen zu können. Aber die Mauern von Taif waren stark, seine Zitadellen wie Türme, seine Garnison gut versorgt, seine Bewohner waren entschlossen, bis zum Ende Widerstand zu leisten. Ein Pfeilregen von den Mauern richtete bei seiner muslimischen Truppe eine solche Zerstörung an, dass Mohammed sich aus der Reichweite des Lagers zurückziehen musste und zwei Zelte aus rotem Leder für seine Lieblingsfrauen Omm Salma und Zeineb errichtet wurden . Vom Lager aus wurden häufig Angriffe auf die Stadt durchgeführt, die mit Hilfe von Testudos, Katapulten und den primitiven Belagerungsmaschinen der damaligen Zeit durchgeführt wurden.

Aber Taif blieb unantastbar, und jeder Angriff auf seine Mauern mit großen Truppen in der Hoffnung, seine Festungen zu erklimmen, wurde von heißen Kugeln abgewehrt, die von den Zinnen geschleudert wurden, die die Sturmleitern in Brand setzten und Zerstörung über die hilflosen Körper von Mohammeds Soldaten brachten. Aber wenn es ihm nicht gelang, die Stadt zu beeindrucken, übte Mohammed seine volle Rache an ihrer Nachbarschaft . Die Weinberge wurden gnadenlos abgeholzt und das ganze Land Taif wurde verwüstet. Sogar den Sklaven der Stadt, die vor dem Eindringling überliefen, wurde die Freiheit angeboten. Der Prophet scheute nichts Unbarmherziges oder Arglistiges, um seine Ziele zu erreichen, aber ohne Erfolg. Taif hielt durch, bis Mohammed müde wurde, und hob schließlich die Belagerung auf, die aufgrund der Annäherungsversuche der Hawazin , die sich nun mit Mohammed versöhnen wollten, da sie erkannt hatten, dass ihre Weisheit im Frieden mit so Mächtigen lag, erheblich an politischer Bedeutung verloren hatte ein Gegner. Sie versprachen ein Bündnis mit ihm und ihre Gefangenen wurden zurückgegeben, aber die ihnen genommene Beute wurde nach dem alten herrschaftlichen Brauch, der von den Besiegten Reichtum verlangte, einbehalten.

Mohammed verteilte umgehend Großzügigkeiten unter den niederen Arabern der Nachbarschaft , ein politischer Akt, der den Groll seiner Anhänger zerstreute und dazu führte, dass die Einzelheiten des Almosengesetzes im Kuran verkündet wurden . Der muslimische Standpunkt war, dass sie, nachdem sie um die Beute gekämpft hatten, Anspruch auf einen Anteil davon hatten, ihr Anführer jedoch der Ansicht war, dass dieser zunächst teilweise an die bedürftigen Beduinenstämme verteilt werden müsse, die sich seinem Banner angeschlossen hatten. Das Kopfgeld hatte seine gewünschte Wirkung. Malik, der Hawazin- Häuptling, war entweder von seiner Liebe zur Beute bewegt oder wirklich von der Wahrheit des Islam überzeugt, möglicherweise durch den Einfluss dieser beiden Überlegungen, unterwarf sich Mohammed und bekehrte sich. Februar und März 630 waren damit beschäftigt, den Reichtum, der ihm in die Hände gefallen war, gerecht zu verteilen.

Es war nun die Zeit der Kleinen Pilgerreise und Mohammed kehrte nach Mekka zurück, um sie durchzuführen. Nachdem er alle Zeremonien erfüllt hatte und von seinen Anhängern umgeben war, kehrte er nach Medina zurück, immer noch die Hauptstadt seines formlosen Fürstentums und der Schlussstein seiner Macht.

Danach ruhte sich Mohammed in seiner eigenen Stadt aus, wo er im potenziellen Königtum lebte, Botschaften empfing und entsandte, die Justiz verwaltete, seine Anhänger unterrichtete, seine Armee aber dennoch wachsam hielt und seine Anführer gut ausgebildet war, um die geringste Unruhe oder die Androhung einer Revolte zu unterdrücken . Die Eroberung von Mekka und der Sieg von Honein hatten ihn vor allem sicher gemacht, außer vor jenen fehlgeschlagenen Angriffen, die durch den Marsch der Macht, die sie unterwerfen sollte, sofort niedergeschlagen wurden.

Das Jahr 680–681 wurde mit der Aufnahme und Aussendung von Botschaften verbracht, abwechselnd mit der Organisation kleinerer Expeditionen zur Züchtigung von Rekusanten, aber für Mohammed selbst gab es neben der Blüte einer Idylle auch den Frost eines Kummers.

Maria, die koptische Magd, jung, lieblich und verlassen, die hilflose Tauschhändlerin eines ägyptischen Königs, erreichte Medina im ersten Jahr der Botschaften und wurde wegen ihrer Schönheit und Unschuld dem Propheten vorbehalten. Sie war längst zu einer bescheidenen Bewohnerin seines Harems geworden und hätte ihre Tage in der gleichen Dunkelheit beendet, wenn ihr die mögliche Mutterschaft nicht als Ehre und Krönung zuteil geworden wäre . Als Mohammed bemerkte, dass sie schwanger war, ließ er sie aus der Gesellschaft seiner anderen Frauen entfernen und baute für sie ein „Gartenhaus" in Ober-Medina, wo sie bis zur Geburt ihres Kindes lebte. Mohammed, der von seinen Feldzügen zurückkehrte, suchte sie in ihrem Rückzugsort auf und schenkte ihr seine Gesellschaft und seine Gebete.

Im April 630 gebar sie ihrem Herrn einen Sohn, der kaum glauben konnte, dass ihm ein solches Geschenk zuteil wurde. Noch nie zuvor hatte er ein männliches Kind aus seiner eigenen Zucht in seinen Armen gehalten, und die Ehrungen , die der Sklavin zuteil wurden, zeigten seine grenzenlose Dankbarkeit gegenüber Allah. Ein Sohn bedeutete ihm sehr viel, denn dadurch war seine Hoffnung auf einen Fortbestand der Macht gesichert, wenn sein irdischer Aufenthalt vorüber war. Das Kind wurde Ibrahim genannt und alle gesetzlichen Zeremonien wurden von seinem Vater gewissenhaft eingehalten. Am siebten Tag opferte er ein Kind und suchte nach den besten und geeignetsten Pflegern für seinen neugeborenen Sohn. Maria empfing in vollem Maße das Lächeln und die Gunst ihres Herrn, und die Frauen des Propheten wurden bis zur Wut eifersüchtig, so dass ihr früherer Zorn wieder auflebte – der Zorn, der auch seine Wurzeln in der Eifersucht hatte, als Mohammed Maria zum ersten Mal mit begehrenswerten Augen angesehen hatte. Damals hatten sie den Unmut ihres Herrn so weit erregt, dass sie einen Tadel gegen sie in den Kuran eintragen ließen , aber jetzt war ihr Zorn, obwohl immer noch schwelend , nutzlos gegen den Triumph dieser lang ersehnten Geburt.

Aber Mahomets Freude war nur von kurzer Dauer. Kaum waren drei Monate vergangen, als Ibrahim selbst unter der aufrichtigsten Fürsorge krank wurde. Sein Vater war untröstlich, und das kleine Gartenhaus, in dem so viel Freude herrschte, war jetzt voller Kummer. Es ging Ibrahim immer schlechter, bis Mahomet erkannte, dass es keine Hoffnung mehr gab. Dann ergab er sich, und nachdem er die Augen des Kindes geschlossen hatte, gab er Anweisungen für seine Beerdigung mit allen gebührenden Zeremonien. Danach wusste er, dass Allah ihn nicht zum Erben eingesetzt hatte und versöhnte sich mit den gewaltigen Entscheidungen des Schicksals. Maria, Werkzeug seiner Hoffnungen und Verzweiflungen, geriet in die Vergessenheit der verachteten und nun nutzlosen Sklavin. Wir hören nie mehr von ihr, außer dass der Prophet sie freundlich behandelte und nicht zulassen würde, dass sie misshandelt wird. Sie war das bloß notwendige

Mittel zur Erfüllung seiner Absicht. Nachdem sie ihre Aufgabe nicht erfüllt hatte, war sie nicht mehr wichtig, nicht einmal mehr begehrt.

Mittlerweile nahmen die Aufgaben der Verwaltung stetig zu. Mohammed war nun stark genug, darauf zu bestehen, dass niemand außer Gläubigen zur Kaaba und ihren Zeremonien Zutritt erhalten dürfe, und obwohl alle götzendienerischen Praktiken in Mekka erst nach Abu Bekrs Pilgerreise abgeschafft wurden, war die Macht des Polytheismus schon vorher völlig unterdrückt lange sollte aus den heiligen Stätten ausgerottet werden.

Die nächste Angelegenheit, die in Angriff genommen werden muss, hat ihren Ursprung in der Ausdehnung von Mohammeds Herrschaftsgebieten im Jahr 630. Es war unbedingt erforderlich, dass eine Art Finanzsystem eingeführt wurde, damit der Prophet und die Gläubigen über ausreichende Mittel zur Aufrechterhaltung des Herrschaftsgebiets verfügten Effizienz der Armee, Geschenke an Botschaften aus fremden Ländern, Belohnung würdiger Untertanen und all die zahlreichen Anforderungen an den Reichtum eines Häuptlings. Deshalb wurden Abgesandte zu den verschiedenen Stämmen geschickt, die nun unter seiner Herrschaft standen, um von jedem unterworfenen Stamm den Preis für ihren Schutz und ihre Meisterschaft durch Mohammed zu kassieren.

In den meisten Fällen wurden die Steuereintreiber als unvermeidliche Folge der Unterwerfung aufgenommen, aber es gab gelegentlich Widerstand, der von den mutigeren Stämmen organisiert wurde , deren Anführer die Temim waren , die Mohammeds Gesandten mit Verachtung und Misshandlungen vertrieben. Es kam sofort zu Vergeltungsmaßnahmen, der Stamm wurde angegriffen und in die Flucht geschlagen, viele seiner Mitglieder wurden gefangen genommen. Diese wurden anschließend mit der Garantie des Stammes für Treu und Glauben befreit. Auch der Beni Mustalik vertrieb den Steuereintreiber, bereute es aber später und sandte eine Abordnung zu Mohammed, um ihm den Sachverhalt zu erklären. Sie wurden begnadigt und gaben die Garantie, dass sie von nun an in Frieden mit dem Propheten leben würden. Im Sommer gab es einige kleinere Expeditionen zur Züchtigung von Widerstandskämpfern, der wichtigste davon war Alls Feldzug gegen die Beni Tay. Er hatte vollen Erfolg und brachte Gefangene und Beute nach Medina zurück.

Das „zweite Jahr der Botschaften" verlief erfreulicher als das erste. Mohammeds Macht war so stark gewachsen, dass er die Stämme im Landesinneren mit Ehrfurcht zur Unterwerfung zwang und zumindest in Ländern jenseits seiner unmittelbaren Umgebung Gehör fand. Langsam und sicher baute er das Gefüge seiner Herrschaft auf. Mit einer Wachsamkeit und einem Organisationssinn, der in seiner Effizienz unwiderstehlich war, machte er seine Anwesenheit bekannt. Das Schwert hatte ihm seine Herrschaft verschafft, das Schwert sollte sie mithilfe seiner unermüdlichen Wachsamkeit und seines diplomatischen Geschicks bewahren. Als seine Macht zunahm, zog er nicht nur das Kampfmaterial an sich, sondern auch die Träume und poetischen Sehnsüchte der wilden, ungebildeten Rassen, die sich unter seinem Joch befanden. Der Islam war vor allem ein Ideal, eine reale und materielle Tradition, die den vielfältigen Qualitäten von Mut, Hingabe, Streben und Bemühen Raum gab . Jeder Stamm, der sich vollständig seiner Anziehungskraft hingab, empfand es als die Summe seines Lebens, als eine Religion, die nicht nur einen unteilbaren, mächtigen Gott an der Spitze hatte, sondern auch einen starken und entschlossenen Propheten als irdischen Führer. Um die zentrale Figur herum sah jeder die Majestät des Herrn und auch das Oberhaupt der Armeen, die Krone der Macht und die Souveränität des Reichtums. Sie verliehen Mohammed das Königtum der Romantik, und die Kraft seiner Anziehungskraft wird in der Geschichte der Bekehrung des Dichters Ka'b deutlich . Er hatte jahrelang seine Verachtung und seinen Zorn gegenüber dem Propheten zum Ausdruck gebracht und war der Hauptverursacher für die Verbreitung diffamierender Lieder. Seine Bekehrung zur Sache des Islam ist bedeutsam, weil sie den Götzendienern ihr wichtigstes Mittel zur Schmähung nahm und dafür sorgte, dass das Feuer des Missbrauchs allmählich erlosch. Mohammed empfing Ka'b mit größter Ehre und warf ihm seinen eigenen Mantel über, als Zeichen seiner Freude über die Übernahme eines so mächtigen Mannes. Ka'b verfasste daraufhin das „Gedicht des Mantels" zum Lob seines Anführers und Herrn, ein Gedicht, das ihn in der gesamten muslimischen Welt berühmt und beliebt gemacht hat.

Nun kamen Gesandte aus allen Teilen Arabiens zu Mohammed. Anstatt der Bittsteller zu sein, wurde er zum Diktator, um dessen Gunst Fürsten buhlten. Hadramaut und Jemen sandten Zeichen des Bündnisses und Versprechen der Umkehr, selbst die weit entfernten Stämme an den Grenzen Syriens waren nicht alle gleichermaßen feindselig und begnügten sich mit der Entsendung von Abordnungen.

Dennoch wurde seine Macht von Norden her bedroht. Obwohl seine Kontrolle über Zentral- und Südarabien sicher war, waren die von Heraklius unterstützten nördlichen Feudalherren immer noch hartnäckig und sogar offen feindselig. Sie waren die einzige Hoffnung, die Arabien hatte, um das Joch des Propheten abzuwerfen, das schon jetzt drohte, ihre ungezügelte Natur kaum zu belasten. Alle Unzufriedenen suchten nach Erlösung im Norden und beeilten sich, sich, wenn möglich, auf die Seite der syrischen Grenzstaaten zu stellen. Gegen Ende des Jahres fehlten nicht die Anzeichen dafür, dass alle nördlichen Stämme, die einen mächtigen Kaiser als Verbündeten hatten und daher mit gutem Grund damit rechnen konnten, über einen Usurpator zu triumphieren, einen gemeinsamen Versuch unternehmen würden, seine Macht zu stürzen Sein Joch lag auf seinen Brüdern im südlichen Landesinneren und wurde nur durch die Entfernung zwischen seiner Hauptstadt und ihnen selbst davon abgehalten, sie vollständig auf den Status tributpflichtiger Staaten zu reduzieren, was zu der Bedrohung durch die kaiserlichen Legionen hinzukam.

KAPITEL XX

BILDERSTÜRMEREI

„Oh Prophet, kämpfe gegen die Ungläubigen und Heuchler
und sei streng mit ihnen. Die Hölle soll ihr Wohnort sein! Die Reise
dorthin ist elend." – *Der Kuran* .

Die Wolken über der syrischen Grenze zogen sich so schnell zusammen, dass sie im Herbst 680 jeden Moment zu platzen drohten. Als Mohammed hörte, dass die Lehnsherren auf Geheiß von Heraklius in Hims zusammengezogen wurden , wurde ihm klar , dass er keine Zeit verlieren durfte. Eifrig rief er seine Armee zusammen und erwartete von ihr den gleichen Enthusiasmus für den Feldzug, den er selbst an den Tag legte.

Doch auf seinen Anruf gab es keine großzügige Reaktion. Syrien war weit weg, die Gläubigen konnten von der Bedeutung des Angriffs nicht überzeugt werden. Sie waren des unaufhörlichen Krieges überdrüssig, und außerdem war es die Zeit der Hitze, in der sich niemand bereitwillig auf schwierige Aufgaben einließ. Die Gefährten stellten sich sofort auf die Seite ihres Anführers, und auch viele wahre Gläubige unterstützten ihren Herrn, aber die Bürger und Beduinen murrten gegen seine Forderungen und weigerten sich größtenteils, ihn zu begleiten.

Nur Mohammeds unermüdliche Energie konnte eine ausreichende Armee zusammenstellen. Aber die Gläubigen waren großzügig und gaben nicht nur sich selbst, sondern auch ihr Gold, und nach einiger Verzögerung wurde die Expedition organisiert .

Mohammed selbst führte die Truppe an und ließ Abu Bekr in Medina zurück, um das tägliche Gebet zu leiten und das religiöse Leben der Stadt zu leiten, während Molleima die Verwaltungsaufgaben übertragen wurden. Die Expedition erreichte das Tal von Heja , wo Mohammed Halt machte, und dort, etwa auf halber Strecke von seinem Ziel entfernt, ruhte er den größten Teil von zwei Tagen. In den nächsten Tagen rückte er ständig über die kargen Wüstenwege vor und spornte seine Soldaten mit Gebeten und Ermahnungen an, damit sie nicht durch die lange Hitze und das Schweigen müde würden. Schließlich sichtete er Tebuk , wo sich angeblich die Rebellenarmee aufhielt.

Aber zu diesem Zeitpunkt hatten sich die Grenzstämme zerstreut, durch die Stärke von Mohammeds Armee zur Untätigkeit verängstigt und durch das Fehlen einer klaren Führung noch weiter außer Gefecht gesetzt. Es schien keine Kämpfe zu geben, aber Mahomet war entschlossen, seinen friedlichen Triumph sicherzustellen. Die Hauptstreitmacht blieb in Tebuk , während Khalid nach Dumah geschickt wurde , um dort sowohl Juden als auch

Beduinen durch die Größe seiner Streitmacht und ihre Kampfkraft einzuschüchtern. Das Manöver war völlig erfolgreich, und schon bald hatte Mohammed die Unterwerfung der Stämme erhalten, die an den Ufern des Elanitischen Golfs lebten.

In der Zwischenzeit griff er neben dem Schwert auch auf Diplomatie zurück. Er schickte einen Brief an John, den christlichen Prinzen von Eyla , und erhielt von ihm eine äußerst positive Anhörung. Johannes begleitete den Boten zurück zum Propheten, wo er ihm als Führer eines mächtigen Glaubens höchste Ehrfurcht und Achtung entgegenbrachte. Zwischen den beiden Fürsten wurde ein Vertrag geschlossen, dessen Wortlaut noch vorhanden und höchstwahrscheinlich authentisch ist. Es ist charakteristisch für die gesamte Reihe von Verträgen, die Mohammed zu dieser Zeit mit den Wüstenstämmen schloss, und als solches interessant genug, um es wiederzugeben. Diese Verträge werden in voller Länge in Wakidi wiedergegeben ; Sie unterscheiden sich nur in kleinen Details voneinander, und das für Johannes von Eyla verfasste Werk kann als ziemlich repräsentativ angesehen werden. Es ist kaum mehr als eine Garantie für sicheres Geleit auf beiden Seiten und ist merklich frei von jeglichen religiösen Anforderungen oder Aufträgen:

„Im Namen Gottes, des Gnädigen, des Barmherzigen. Ein Friedenspakt von Gott und von Mahomet, dem Propheten und Apostel Gottes, gewährt an Yuhanna, den Sohn Rubahs, und an das Volk von Eyla . Für diejenigen, die dort bleiben Heimat und für diejenigen, die auf dem See- oder Landweg reisen, gibt es die Garantie Gottes und von Mohammed, dem Apostel Gottes, und für alle, die bei ihnen sind, sei es in Syrien oder Jeman oder an der Meeresküste. Wer auch immer widerspricht Nach diesem Vertrag soll sein Reichtum ihn nicht retten – er soll der gerechte Preis desjenigen sein, der ihn annimmt. Nun soll es nicht erlaubt sein, die Männer von Eyla von irgendwelchen Quellen abzuhalten, die sie zu besuchen gewohnt sind, noch von irgendwelchen Reise, die sie unternehmen möchten, sei es auf dem Seeweg oder auf dem Landweg. Die Schrift von Juheim und Sharrabil , auf Befehl des Apostels Gottes."

Als dieses spärliche Dokument fertiggestellt war, begab sich Johannes von Eyla wieder in sein eigenes Land und ließ Mohammed die Freiheit, weitere Verträge mit den Juden von Mauna, Adzuh und Jaaba einzugehen . Als diese ratifiziert worden waren und Mohammed von den umliegenden Menschen Tribut erhalten hatte, machte er sich erneut auf den Weg nach Medina, nachdem er sich zuvor von Khalids Erfolg in Dumah überzeugt hatte, und nahm die Bekehrung des Häuptlings dieses Stammes mit großer Freude entgegen.

Als er nun im Vertrauen auf seinen Erfolg nach Medina aufbrach, drang er ohne guten Willen in die Mauern ein. Viele seiner früheren Anhänger, insbesondere die Beduinenstämme, hatten ihm bei diesem Abenteuer ihre Hilfe verweigert, und da die unmittelbare Gefahr vorüber war, kehrte er zurück, um sie in der Wut seiner Beredsamkeit zu zerreißen. Sein Erfolg hatte ihm das Recht zur Züchtigung gegeben; Selbst die Ansar waren von seinem Zorn nicht verschont. Drei der Zurückgebliebenen wurden geächtet und zu fünfzig Tagen Buße gezwungen.

„Hätte es einen nahen Vorteil und eine kurze Reise gegeben, wären sie dir gewiss gefolgt; aber der Weg kam ihnen lang vor. Doch sie werden bei Gott schwören: ‚Hätten wir dazu gekonnt, wären wir gewiß mit dir ausgezogen; sie sind sie selbst.‘ -Zerstörer! Und Gott weiß , dass sie sicherlich Lügner sind!‘‘

Bevor er die Stadt betreten hatte, wurde sein Zorn noch durch die Beni Ganim geschürt , die angeblich aus Frömmigkeit eine Moschee errichtet hatten, in Wirklichkeit um die Beni Amru ibn Auf zu ärgern und sie eifersüchtig auf ihre eigene Moschee in Kuba zu machen , deren Steine er hatte mit seinen eigenen Händen gelegt. Er überfiel die Ganim , „einige, die aus Unheil eine Moschee gebaut hatten“, und zerstörte das Gebäude. Dann machte er auf ihre Treulosigkeit im Kuran aufmerksam und sorgte dafür, dass keine Moscheen mehr im Geiste der Rivalität und des Neides gebaut wurden.

Sehr wenig Zeit nach seiner Rückkehr nach Medina starb Abdallah, der Anführer der Unzufriedenen, sein jahrelanger Gegner und Kritiker, plötzlich. Sein Tod bedeutete eine große Veränderung in der Position seiner Partei. Es gab keinen starken Mann, der Abdallah nachfolgen konnte, und sie standen ohne Führer oder Politik da. Sie waren lange Zeit nominell Verbündete Mohammeds gewesen, hatten aber unter Abdallahs Führung keine Skrupel gehabt, seine Autorität durch Widerstand und manchmal in offenen Kriegshandlungen in Frage zu stellen. Abdallahs Tod machte alle Aufstandsversuche in Medina für immer zunichte und verschmolz die Unzufriedenen mit dem Stamm der Gläubigen.

Abdallah nimmt in Mohammeds Gefolge eine eher besondere Stellung ein; Er war oft der Gegner des Propheten, manchmal sein offener Widersacher , und dennoch war Mohammeds Umgang mit ihm durchweg sanft und nachsichtig. Möglicherweise hatte er eine persönliche Wertschätzung für ihn. Abdallah war ein strenger und aufrichtiger Mann, dessen kompromisslose Art schnell Mohammeds Respekt gewinnen würde. Möglicherweise hatte der Prophet das Gefühl, ein zu mächtiger Feind zu sein, und beschloss, seine Aufstände zu ignorieren. Er erwies ihm den Respekt, den er aufgrund seiner Großzügigkeit jedem entgegenbringen konnte, den er kannte und mochte. Der Mohammed, dessen Rücksichtslosigkeit seinen Gegnern gegenüber ganz Arabien mit Ehrfurcht erfüllte, konnte einen Feind kennen und ihm huldigen, der sich seines Stahls würdig erwiesen hatte. Alles schien auf Mahomets endgültigen Sieg hinzuarbeiten. Jetzt, nach vielen Jahren, gehörte die Stadt Medina endlich uneingeschränkt ihm, die Juden wurden ausgerottet, die Unzufriedenen unter seinem Banner vereint.

Unterdessen hielt die Stadt Taif trotz Maliks unaufhörlichem Krieg gegen sie immer noch stand. Doch die Verteidigungsanlagen wurden immer schwächer und schließlich wussten die Bewohner, dass sie den aussichtslosen Kampf nicht länger fortsetzen konnten. Die führenden Bürger schickten eine Botschaft an Mohammed und versprachen, ihr Idol innerhalb von drei Jahren zu zerstören, wenn der Prophet sie von ihrer Belästigung befreien würde. Aber Mahomet lehnte bedingungslos ab. Die Ausrottung des Götzendienstes war immer der Preis seiner Gnade. Es wurde die Nachricht zurückgesendet, dass das verfluchte Ding sofort zerstört werden müsse, sonst würde die Belagerung weitergehen. Dann baten die Menschen von Taif, erneut auf Gnade hoffend, von der Verpflichtung des täglichen Gebets entbunden zu werden. Diese Bitte lehnte Mohammed ebenfalls ab, aber aus Rücksicht auf den Kult ihrer Vorfahren und zweifellos aus Mitleid mit ihrer Notlage ließ er zu, dass ihr Idol durch andere Hände als ihre eigenen zerstört wurde. Abu Sofian und Molleima wurden mit einer Deckungstruppe losgeschickt , um das große Bildnis Lat zu zerstören, das seit jeher im Zentrum von Taif gestanden hatte und der Schrein für alle Gebete und Andachten dieser schönen und alten Stadt war.

Taif war die letzte Hochburg der Götzendiener. Als dies unter die Herrschaft des Propheten und seiner fernen, streng majestätischen, unteilbaren und personlosen Gottheit gefallen war , war der Untergang der alten Götter nahe. Sie wurden auf Geheiß eines Mannes von ihren Höhen entthront; Aber sie hatten ihre Köpfe nicht vor seiner verkündeten Botschaft gesenkt, sondern vor der Stärke seiner Armeen, dem Voranschreiten seines unaufhörlichen und siegreichen Krieges. Tatsächlich hatte sich Allah gegenüber Mohammed nie gnädiger gezeigt als beim Fall des götzendienerischen Taif. Daraufhin beschloss er, den krönenden Akt der Huldigung zu vollziehen. Er würde eine feierliche Reise in die heilige Stadt unternehmen und die Große Pilgerreise mit gereinigten Riten vollenden, befreit vom Fluch der Anbetung vieler Götter.

Aber als er zum Beginn und zum heiligen Monat Dzul kam Higg war auf der Hut, er stellte fest, dass viele götzendienerische Praktiken immer noch Teil des großen Zeremoniells waren. Er konnte sich durch die Pilgerreise nicht anstecken, solange diese noch übrig waren, aber er konnte Abu Bekr schicken , um sicherzustellen, dass nach der diesjährigen Säuberung niemand mehr zurückblieb. Er war nun stark genug, darauf zu bestehen, dass die Ausrottung des Götzendienstes seine Hauptpolitik sei, und die Zerschlagung der angestammten Götter dem ganzen Land zur Pflicht zu machen. Abu Bekr wurde beauftragt, seine Aufgabe mit 300 Männern anzutreten und weder sich selbst noch sie zu verschonen, bis die Mission erfüllt und jede götzendienerische Praxis ausgelöscht war.

Und nun folgt eine der charakteristischsten Taten, die Mohammed je vollbrachte, bei der die Verpflichtung besteht, sich der Zweckmäßigkeit zu beugen, und bei der die Bande der Verträge vor dem Wind des Willens des Propheten zerreißen und zerbrechen. Abu Bekr hatte erst eine Tagesreise auf der Straße nach Mekka angetreten , als Ali mit einem Dokument, das das Siegel des Propheten trug, hinter ihm hergeschickt wurde. Dies sollte er den Gläubigen vorlesen und ihr Versprechen entgegennehmen, dass sie seinen Inhalt in die Tat umsetzen würden. Mohammed veröffentlichte auch im Ausland eine ähnliche Proklamation in der Stadt selbst. Das so eilig erstellte und verschickte Dokument war nichts weniger als eine Befreiung des Propheten und seiner Anhänger von allen Verpflichtungen gegenüber den Ungläubigen nach einer Frist von vier Monaten.

„Eine Freilassung durch Gott und den Apostel in Bezug auf die Heiden, mit denen Sie einen Vertrag geschlossen haben. Gehen Sie in den kommenden vier Monaten sicher auf der Erde hin und her. Und wissen Sie, dass Sie Gott nicht behindern können, und dass Gott wahrlich Schande bringen wird. " auf die Ungläubigen. Und eine Ankündigung von Gott und seinem Apostel an das Volk am Tag der Pilgerfahrt, dass Gott von (der Haftung gegenüber) den Heiden und seinem Propheten gleichermaßen entbunden ist ... Erfüllen Sie diesen gegenüber ihre Verpflichtungen bis zum Ablauf ihrer Bedingungen; für Gott liebt die Frommen. Und wenn die verbotenen Monate vorüber sind, dann kämpft gegen die Heiden, wo auch immer ihr sie findet, ... aber wenn sie Buße tun und das Gebet verrichten und den Zehnten geben, lasst sie in Frieden ... O ihr, die ihr glaubt, wahrlich, ihr Ungläubigen sind unrein. Darum sollen sie sich nach diesem Jahr nicht mehr dem Heiligen Tempel nähern."

Niemand, der dieses Schreiben liest, das alle Stempel der Authentizität trägt, kann das Motiv hinter seinen Worten nicht übersehen. Seine Skrupellosigkeit hat in gutem Glauben die Billigung des Allerhöchsten erhalten . Mahomet wusste, dass die Zeit reif war, kompromisslos auf der Annahme seines Glaubens zu bestehen. Er war stark genug, um zu überzeugen. Es war Allah, der seine Armeen gestärkt und ihm die Herrschaft gegeben hatte, deshalb lehnte er im Namen Allahs seine Vereinbarungen mit heidnischen Völkern ab und beschloss kraft seiner Macht, seinem Herrn einen größeren Ruhm zu verleihen. Eine Tat, die unter solch einer Missachtung der Ehre und auf Eingebung Gottes begangen wurde, riecht zweifellos nach Heuchelei, aber niemand, der das Alter und die Umgebung, in der Mohammed lebte, richtig einschätzt, kann ihm mehr vorwerfen als einen Scharfsinn politischer

Gerissenheit, der ihn dazu brachte, sein eigenes genau zu schätzen eigene Macht und der schwindende Ruf des Götzendienstes.

Das böse Beispiel, das er in dieser ersten Veröffentlichung gegeben hatte, verlängerte sich mit seinen Eroberungen, bis es universelle Gültigkeit erlangte und kein Muslim sich als entehrt betrachtete , wenn er sein Versprechen gegenüber einem Ungläubigen brach. Ab diesem Zeitpunkt erhält seine Botschaft eine dogmatischere und schrecklichere Note. Er behauptet offen, dass der Götzendienst in Arabien mit dem Schwert ausgerottet und Judentum und Christentum auf untergeordnete Positionen reduziert werden sollen. Dem Judentum hatte er nie verziehen, dass es ihn als Propheten und Oberhaupt eines Bundesstaates ablehnte; Das Christentum hasste und verachtete er, weil für ihn in diesen späteren Jahren der Monotheismus zu einem fanatischen Glauben geworden war und die gesamte Vorstellung von der Göttlichkeit Christi für seine Anbetung Allahs ein Abscheu war. Er war nicht stark genug, um einen zerstörerischen Krieg gegen beide Glaubensrichtungen zu proklamieren, aber er ließ zu, dass sie in seinen Herrschaftsgebieten auf prekären Bedingungen existierten und stets anfällig für Missbrauch, Angriffe und Entweihung waren.

Vom Frühjahr 631 bis zu seinem Lebensende bestanden Mohammeds Feldzüge aus Verteidigungs- und Strafexpeditionen. Das Reich Arabien gehörte praktisch ihm, und die ständige Abfolge von Gesandtschaften, die Gehorsam versprachen und Huldigungen ausdrückten, dauerte bis zum Ende an. Aber er durfte seine Macht nicht in Ruhe genießen. Die kontinuierliche Reihe kleinerer Aufstände, die in späteren Jahren rasch niedergeschlagen wurden und die seinen Aufstieg zur Macht begleitet hatten, endete mit seiner vergleichsweisen Sicherheit keineswegs. Aber ihr Ausmaß nahm nie so stark zu, dass sie seine Herrschaft gefährden konnten; Sie wurden durch die Wachsamkeit und das politische Genie seiner Herrschaft sofort ausgelöscht, bis sein Tod allen kleineren Häuptlingen neue Hoffnung gab und zum Signal für einen verzweifelten und fast erfolgreichen Versuch wurde, die Fesseln abzuwerfen.

Die erste wichtige Konvertierung nach seiner Rückkehr aus Taif war die von Jeyfar , dem König von Oman, dicht gefolgt von den Bezirken Mahra und Jemen, die seit einiger Zeit zwischen Islam und Götzendienst schwankten. Die Stämme von Najran neigten zum Christentum, und Mohammed war nun bestrebt, sie für sich zu gewinnen. Die Strenge, die er gegenüber einer bestimmten christlichen Kirche von Hanifa an den Tag gelegt hatte , stellte bei ihnen jedoch ein Hindernis für jegliche Loyalität dar, bis er versprach, dass ihre Kirche günstiger behandelt werden sollte . Anschließend wurde mit diesen Stämmen ein Vertrag geschlossen, in dem jeder die Religion des anderen respektieren sollte.

Mohammed blieb das ganze Jahr 631 bis Anfang 632 in Medina und behielt seinen Staat wie den eines Königs, umgeben von seinen Gefährten und Gläubigen, empfing und sandte Botschaften aus und erhielt auch Tribut von den Ländern, die er zu Beginn erobert hatte jener Reichtum, der die Pracht Bagdads, die Schätze Cordovas schaffen sollte. Die Stämme der Beni Asad , der Beni Kunda und viele aus dem Gebiet von Hadramaut unterwarfen sich; Auch Steuereintreiber wurden zu allen tributpflichtigen Völkern ausgesandt und kehrten sicher mit ihrem Zoll zurück. Fast schien es, als sei endgültig Frieden im Land eingekehrt. Die einzigen Bedrohungen kamen von den Beni Harith des an Najran angrenzenden Landes und den Beni Nakhla mit einigen kleineren Stämmen in der Nähe des Jemen. Khalid wurde geschickt, um die Beni Harith mit der Schwertspitze zur Bekehrung aufzurufen, und Ali unterdrückte mühelos den geschwächten Widerstand der Beni Nakhla . Ständig strömten Botschaften nach Medina. Endlich war es ruhig im Land. Nach Jahren des Aufruhrs hatte sich Arabien vorerst friedlich unter dem Joch eines religiösen Enthusiasten niedergelassen, der dennoch über genügend politisches und militärisches Genie verfügte, um sein Königreich gut und stark zu gründen.

Mahomet hatte seine Ziele erreicht, und ob er das halten konnte, hing nun allein von ihm selbst ab. Nach dieser Zeit der Ruhe lassen seine Energie und sein feuriger Eifer nach. Die Anstrengung dieser fortwährenden Kriegsführung hatte ihn in ständigem Aktionsfieber gehalten; Als die Belastung nachließ , spürte er die Last seines Königreichs und der Religion, die er so furchtlos aufgebaut hatte. Bis zum Ende seines Lebens behielt er seine Untertanen im Griff, und alle Bereiche der Justiz, des Rechts, der Verwaltung und der Militärpolitik waren seiner detaillierten Führung unterworfen, aber als unter seiner Herrschaft Frieden für Arabien herbeigeführt wurde, verschwanden seine aggressiven Bestrebungen. Er hatte praktisch sein Schicksal erfüllt, und mit der scharfen Voraussicht derer, die für ein Ziel gelebt und gearbeitet hatten, wusste er, dass die äußerste Festung derer, die der Islam unterwerfen sollte, seinem leidenschaftlichen Drängen nachgegeben hatte. Seine Nachfolger würden seine Arbeit zu höheren Errungenschaften führen, aber sein persönlicher Teil war erledigt, und mit einem Gefühl der Endgültigkeit, das seiner ständig strebenden Natur fast Frieden brachte, bereitete er sich auf sein letztes Zeugnis für die Herrlichkeit und Einheit Allahs vor Aufführung der Groß- und Abschiedswallfahrt.

KAPITEL XXI

LETZTE ÖLUNG

„Heute habe ich deine Religion für dich vervollkommnet und das Maß meiner Gunst an dir ausgefüllt; und es ist mir eine Freude, dass der Islam deine Religion sein wird." – *Der Kuran* .

Bekrs Fegefeuerpilgerfahrt vergangen , und nun rückte der heilige Monat erneut näher und fand Mohammed, den anerkannten spirituellen und politischen Führer unter den arabischen Stämmen, sicher in seiner Wahlheimat. Seit seinem Exil hatte der Prophet die Riten der Großen Pilgerreise nicht mehr vollständig durchgeführt. Nun hatte er das Gefühl, dass seine Erfolge das Siegel Allahs erhalten und in den Augen der Welt bezeugt werden würden, wenn er in Begleitung der Schar seiner Anhänger eine vollständige und gereinigte Pilgerreise unternehmen würde. Die Pilgerfahrt wurde im Islam überall verkündet, und jeder Gläubige, der sie auf irgendeine Weise durchführen konnte, nahm das Pilgergewand an, bis die Armee der Gläubigen etwa 40.000 Mann zählte. Alle Frauen des Propheten begleiteten ihn, und jeder Gläubige jeglicher Stellung im neu gegründeten Staat war sein enger Begleiter. Man hatte tatsächlich das Gefühl, dass dies die Pilgerreise sein sollte, die den Ritus für alle Zeiten festschreiben und sanktionieren sollte. Im tiefsten Geist der Religion und Hingabe wurde es unternommen und vollendet. Der Islam sollte nun der Welt das Maß seiner Stärke und den nachfolgenden Generationen die Summe seines Seins und die Beharrlichkeit seines Rufs zeigen.

Mit dem Heer reisten auch hundert Kamele, die als Opfer für den triumphalen Tag bestimmt waren, an dem die Zeremonien vollzogen werden sollten. In einfachen Etappen reisten die Pilger durch die Wüste. Es gab keine Eile, denn es gab keine Angst vor einem Angriff. Die gesamte Kompanie war unbewaffnet, abgesehen von dem Verteidigungsschwert, das jedem Mann gestattet war. Sie zogen wie Heuschrecken über die Wüste und überwältigten das Land, und die Melodie ihres Marsches verbreitete sich weithin. In der Freude über Selbstvertrauen und Macht erreichte die Pilgerarmee innerhalb von zehn Tagen Sarif , nur einen kurzen Tagesmarsch von ihrem Ziel entfernt. Dort ruhte sich Mohammed aus, bevor er die letzte Reise antrat.

Mekka lag vor ihm und wartete auf sein Kommen, ihre Feindseligkeiten waren zum Schweigen gebracht, ihre Bevölkerung gehorsam, ihre Tempel vom Fluch des Götzendienstes befreit. Sein Geist wurde in eine Glut des Lobes erhoben . Er schien tatsächlich im Begriff zu sein, seinen Triumph zu feiern, die Zeremonien, die er verehrt hatte, in Fleisch und Blut zu feiern, sie auf seine eigene Art zu feiern, befreit von dem, was für ihn ihr Fluch und ihre Erniedrigung war. Als er Al- Caswa bestieg und sich auf den Einzug in die Stadt vorbereitete, blitzte etwas von der Vorahnung der bevorstehenden Einstellung der Aktivitäten in ihm auf .

Er gelangte auf demselben Weg, über den er zwei Jahre zuvor nach Mekka gelangt war, in die oberen Vorstädte und gelangte dann zur Kaaba. Dort führte er die Umrundungen des heiligen Ortes und die vorbereitenden Riten der Großen Pilgerreise durch. Dann kehrte er in das Tal außerhalb der Stadt zurück, wo sein Zelt aufgeschlagen war, und blieb dort die Nacht. Und nun erreichte Ali, der Mächtige in den Waffen, von einer warnenden Expedition die Stadt und verlangte das Privileg, die Pilgerfahrt durchführen zu dürfen. Mahomet antwortete, dass er wie die meisten anderen Gläubigen die Riten der Kleinen Pilgerfahrt durchführen dürfe, dass ihm die Große Pilgerreise jedoch verwehrt sei, weil er keine Opfer habe. Aber Ali weigerte sich, auf sein Privileg zu verzichten, und schließlich hielt es Mohammed, getrieben von seiner Liebe zu ihm und seiner Angst, in einer solchen Zeit für Unruhe zu sorgen, für klüger, nachzugeben. Er gab Ali die Hälfte seiner eigenen Opfer, und ihre Freundschaft und Alis Hingabe an seinen Meister wurden durch das Geschenk idealisiert und versüßt.

Nun begannen die Riten der Großen Pilgerreise richtig. Mohammed predigte am Morgen des nächsten Tages von der Kaaba aus zu den Menschen, und als seine Worte den intensiven religiösen Geist dieser zuhörenden Massen geweckt hatten, machte er sich in Begleitung von Bilal und allen Gläubigen auf den Weg nach Mina und bereitete sich darauf vor, das zu verbringen Nacht im heiligen Tal. Als der Morgen anbrach, machte er sich auf den Weg nach Arafat, wo er den Hügel inmitten der tiefliegenden, trostlosen Gegend bestieg. Als er auf dem Gipfel des Hügels stand, umgeben von den Heerscharen seiner Anhänger, offenbarte er ihren Augen die ganze Pracht und Würde seiner Vertrautheit und seiner persönlich errungenen Autorität und rezitierte einige der Verse des Kuran , die sich mit der angemessenen und angemessenen Feier befassen der Pilgerfahrt. Anschließend erläuterte er die Art und Weise, wie dieser Ritus für alle Zeiten durchgeführt werden sollte. Solange es noch einen Muslim auf der Erde gibt, wird seine Pilgerreise gemäß den Traditionen durchgeführt, die ihm in diesem segensreichen Moment auferlegt wurden.

Nachdem er nun alle Angelegenheiten angeordnet hatte, hob Mohammed seine Hände zum Himmel und rief Allah zum Zeugen, dass er seine Aufgabe erfüllt hatte:

„Heute habe ich deine Religion für dich perfektioniert."

Der höchste Moment kam und floh, und der Prophet stieg erneut in die Ebene hinab und reiste erneut in das Tal von Mekka, wo er einer uralten Überlieferung zufolge Steine, oder besser gesagt kleine Kieselsteine, symbolisch auf den Felsen der Teufelsecke warf von der Niederlage der Mächte der Dunkelheit durch die schwache und angegriffene Menschheit. Danach tötete er seine Opfer in dankbarer und frommer Haltung und die große Pilgerreise war vollendet. Als Zeichen dafür rasierte er sich den Kopf, kürzte seine Nägel und legte dem Pilger sein Gewand ab; Als er dann vor das Volk trat, ermahnte er es weiter und forderte es zur strikten Einhaltung der täglichen Gebete, des Fastens im Ramadan, der Pilgerriten und aller wesentlichen Zeremonien des muslimischen Glaubens auf. Mit einem kurzen Vers des Kuran schaffte er auch das Schaltjahr ab, das während seiner gesamten Herrschaft in Medina unter den Gläubigen in Gebrauch gewesen war. Die Gläubigen waren nun den Schwankungen ihrer Monate unterworfen, so dass ihre Jahre einem sich ständig ändernden Zyklus folgten, der keinen Bezug zu den Sonnenjahreszeiten hatte.

Als die Ermahnung beendet war, reiste Mohammed nach Mekka, umkreiste dort die Kaaba und betrat deren Portale zum Gebet. Diese letzte Tat bereute er jedoch später, da es nicht mehr für jeden Muslim möglich sein würde, dies zu tun, und er hatte den Wunsch geäußert, in allen Einzelheiten die den Gläubigen obliegenden Zeremonien für die kommenden Jahre durchzuführen. Nun beendete er alle seine Bräuche, und nachdem alle Riten erfüllt waren, kehrte der Prophet an der Spitze seiner riesigen Schar, gerufen durch seinen unermüdlichen Willen und zusammengehalten durch seinen überwältigenden Eifer, in seine Regierungsstadt zurück, bereit, einen neuen Anfang zu machen Er nahm die Zügel seiner weltlichen Herrschaft in die Hand, mit dem Gespür für schöne Dinge, die er angemessen erfüllte, und erfüllte ein großes Ziel, das ihm so viel Frieden verschaffte, wie sein feuriges Temperament und die Flamme seiner Tätigkeit nur zu fassen vermochten.

Mit der Durchführung der Großen Pilgerfahrt war die Erfüllung gekommen, aber sein Staat verlangte immer noch seine persönliche Regierung. Der Tod allein konnte seinen glühenden Puls beruhigen und dazu führen, dass er die Herrschaft über das Königreich, das ihm gehörte, aufgab – der Tod, der ihm jetzt schweigend immer näher kam und dessen Schatten fast die Quelle des irdischen Lebens des Propheten berührt hatte.

Auf diese Weise wurde die Große Pilgerfahrt erfüllt, und die Last ihrer Durchführung ist die muslimische Ehrfurcht vor der Zeremonie. Das Ritual in all seinem vergessenen Aberglauben und seiner uralten Tradition sprach die Gefühle jedes Gläubigen am stärksten an, umso mehr, als es ihm nicht als neue und unerprobte Zeremonie von einem religiösen Reformator aufgezwungen worden war, sondern mit all seinen Vorzügen zu ihm kam heilige Heiligkeit frisch darauf, um durch dessen Reinigung unter der Führung des Propheten untrennbar mit seinem religiösen Leben verbunden zu sein.

Seine Verwendung durch den Begründer des Islam zeugt sofort von seiner Kenntnis des früheren Glaubens und der Traditionen und seiner Ehrfurcht vor ihnen sowie von seiner scharfen Einsicht, die den Ritus der Pilgerfahrt in den Vordergrund seines religiösen Systems stellte. Er kannte den Wert von Ritualen und die Kraft jahrhundertealter Verbundenheit. Die Abschiedswallfahrt ist die letzte große öffentliche Tat, die er vollbrachte. Er hatte das Gefühl, dass dadurch die Verbindung des Islam mit den Glaubensvorstellungen und Zeremonien seiner Vorfahren gestärkt wurde, die unter der Herrschaft Abrahams und Ismaels der Legende nach frei von Götzendienst waren. Er erkannte auch, dass es die zeremonielle Seite seines Glaubens abrundete und seinen Anhängern ein Vorbild und eine materielle Vereinigung mit sich selbst und seinem Gott gab. Es war das Wissen, dass diese Verbindung für seine Nachkommen immer eine lebendige Tatsache sein würde, solange die heilige Zeremonie durchgeführt wurde, die ihn dazu veranlasste, ihre Notwendigkeit zu betonen und sie zu den wenigen unabänderlichen Geboten an alle Gläubigen zu zählen.

Inzwischen war ein Phänomen entstanden, das untrennbar mit der Tätigkeit großer Männer verbunden war. Wo es starke Seelen gibt, aus deren Geist inspirierende Energie fließt, wird es immer ihre Nachahmer geben, wenn der Kampf gewonnen ist. Ob sie Heuchler sind oder wirklich von einem schafsähnlichen Instinkt auf den gleichen Weg wie ihre Vorbilder geführt werden, sie folgen den Fußstapfen ihrer Vorfahren und erlangen gewöhnlich einen leichten Ruhm, bevor sich die Dunkelheit um sie schließt.

Anfang des Jahres starb Badzan , Gouverneur von Marab , Nazran und Hamadan. Sein Territorium wurde von Mahomet entgegen den Ansprüchen seines Sohnes Shehr beschlagnahmt und unter verschiedenen Gouverneuren aufgeteilt. Sein Erfolg in der weltlichen Welt und insbesondere diese friedliche Landaneignung wirkten sich so stark auf die Vorstellungen seiner Landsleute aus, dass drei falsche Propheten auftauchten und drei verschiedene Gruppen hingebungsvoller Fanatiker sie zu unterstützen schienen. Der wirkungsvollste dieser drei Männer war Tuleiha von Beri Asad , der eine Armee zusammenstellte und nur von Khalid selbst zurückgeschlagen und vernichtet wurde. Aber Tuleiha blieb trotz der Niederlage bestehen und begnügte sich damit, den Moment abzuwarten, bis seine Fraktion unter Abu Bekr wieder an Bedeutung gewann und die Herrschaft des ersten Kalifen ernsthaft störte.

Moseilama , über den nicht viel bekannt ist, versuchte am Ende seines Lebens ebenfalls, die Macht des Propheten an sich zu reißen. Mahomet forderte seine Unterwerfung; Moseilama weigerte sich, aber bevor eine angemessene Strafe verhängt werden konnte, wurde der Prophet von einer Krankheit befallen, so dass die Aufgabe der Züchtigung Abu Bekr oblag . Aswad, „der verschleierte Prophet des Jemen“, hätte sich möglicherweise als der beeindruckendste der drei erwiesen, wenn nicht unbesonnenes Verhalten und mangelnde Regierungsführung zu seinem Untergang geführt hätten. Er warf das muslimische Joch ab, als der Prophet noch lebte, und erklärte sich selbst zum Zauberfürsten, der seine Anhänger vom Joch des Tyrannen befreien würde. Najran erhob sich zu seinen Gunsten und marschierte selbstbewusst auf Sana, die große Hauptstadt des Jemen, zu, tötete den Marionettenkönig Shehr und übernahm die Herrschaft über das umliegende Land. Mohammed hatte vor, eine Streitmacht gegen ihn zu schicken, doch noch während sich seine Armee zum Marsch versammelte , hörte er, dass der verschleierte Prophet ermordet worden sei. Der plötzliche Erfolg hatte seinen Untergang bewiesen. Aswad brauchte nur die Berührung der Macht, um seine latente Tyrannei, Grausamkeit und Dummheit zum Ausdruck zu bringen. Er behandelte die Menschen hart und sie konnten sich nicht wirksam rächen; Aber da er unreflektiert war, vergaß er die zwingende Notwendigkeit , die Chefs seiner Streitkräfte zu versöhnen. Er beleidigte seine Heerführer und das Ende kam schnell. Die Anführer überliefen Mohammed und ermordeten ihn auf verräterische Weise, als er glaubte, dass ihre Unterwerfung außer Frage stand. Die drei Betrüger waren nicht mächtig genug, um den stetigen Ablauf von Mahomets Organisations- und Verwaltungsaktivitäten ernsthaft zu stören, aber sie sind ein Hinweis auf die dünne Kruste, die seine Herrschaft von der Anarchie trennte, eine Kruste, die auch jetzt noch unter der Last der ihr auferlegten Lasten bricht. Sie brauchten den ständigen Halt bewaffneter Expeditionen, um zu verhindern, dass sie über Mahomets eigene Abhilfe hinaus zusammenbrach.

Der April verlief in Medina recht ruhig, doch im Mai kam die Nachricht von neuen Unruhen an der syrischen Grenze. Sie meinten es nicht ernst, aber der Vorwand genügte. Muta war noch nicht gerächt, und Mohammed war froh, erneut eine Streitmacht an die schwierige Grenze schicken zu können. Osama, Sohn von Zeid , der in dieser verheerenden Schlacht getötet wurde, wurde trotz seiner Jugend zum Anführer dieser Expedition gewählt, was bei einigen muslimischen Kriegern schnell den Zorn erregte. Aber Mahomet blieb bei seiner Wahl. Er erhielt das Kampfbanner vom Propheten selbst, und die Expedition machte sich auf den Weg nach Jorf , wo sie verzögert wurde und schließlich aufgrund von Nachrichten ernster und höchst beunruhigender Art eilig zurückgerufen wurde.

Selbst als er die syrische Expedition segnete und auf die Reise schickte, befand sich Mohammed gesundheitlich nicht in einem für öffentliche Aufgaben geeigneten Zustand. Nach einer Weile jedoch siegte sein Wille über sein Fleisch und er verdrängte die Schwäche. Aber seine körperliche Natur war unter dem Stress seines Lebens bereits bis zum Äußersten strapaziert worden. Er musste sich zwangsweise dem Diktat seines Körpers beugen. Er gab den Versuch auf, das Fieber abzuwehren, und zog sich zu Ayeshas Haus zurück, wobei er den Anfall auf die Auswirkungen des Giftes in Kheibar zurückführte und überzeugt war, dass sein Ende bevorstand.

Im Haus seines Lieblings Ehefrau blieb er in den wenigen verbleibenden Tagen seines Lebens. Er verweilte etwa eine Woche, bevor seine unbezwingbare Seele den Angriffen des Todes nachgab, und die ganze Zeit über kümmerte er sich weiterhin um die öffentlichen Angelegenheiten und nahm so lange wie möglich seinen gewohnten Anteil daran ein. Ungefähr am dritten Tag seiner Krankheit hörte er, wie die Leute immer noch über die Ernennung Osamas zum syrischen Feldzug murrten. Er erhob sich von seinem Lager und ging zu ihnen, um mit ihnen zu sprechen. Er befahl ihnen, mit dieser leeren Unzufriedenheit aufzuhören, und erinnerte sie daran, dass er ihr Prophet und Meister sei und dass sie sich getrost auf ihn verlassen könnten.

Die Anstrengung, sich zu bewegen, erwies sich als zu viel für seine Kräfte. Er war jetzt tatsächlich ein gebrochener Mann, und diese Aktivität war nur der letzte Sieg des Geistes über seine immer größer werdende körperliche Schwäche. Er kehrte erschöpft in Ayeshas Zimmer zurück und befahl Abu Bekr , die öffentlichen Gebete zu leiten, da er wusste, dass seine Mission beendet war. Durch diesen Akt ernannte er Abu Bekr praktisch zu seinem Nachfolger; denn das Vorrecht, die Gebete zu leiten, gehörte ausschließlich ihm selbst, und seine Ernennung zum Amt war der deutlichste Beweis dafür, dass er glaubte, dass die Autorität seinen Freund und Ratgeber übernommen hatte, der ihm so treu zur Seite gestanden hatte eine Ressource für Niederlagen und Triumphe in all den turbulenten Jahren.

Von diesem Zeitpunkt an ging es dem Propheten immer schlechter. Seine körperliche Trennung war vollständig. Er hatte jedes Teilchen seiner enormen Energie für die Erfüllung seiner Arbeit eingesetzt; Nachdem die Aktivität eingestellt worden war, waren keine Reserven mehr vorhanden.

Er geriet ins Delirium und wurde schließlich so schwach, dass er völlig erschöpft war. Es gibt viele Überlieferungen über seine letzten Worte, hauptsächlich Ermahnungen zur Bewahrung des Glaubens, den er so mühsam zum Leben erweckt hatte. In seinen Fieberanfällen soll er sowohl Juden als auch Christen verflucht haben, aber in seinen klaren Momenten scheint er von Liebe zu seinen Jüngern und Ängsten um die Zukunft seiner Religion und seines weltlichen Zustands erfüllt gewesen zu sein.

Inbrunst , die menschliche Liebe und Zuneigung jedes Gläubigen um sich versammelten , so dass die Aufzeichnungen von der Trauer und Zärtlichkeit des Kummers eines Volkes durchdrungen sind. Am dritten Tag versammelte er sich so weit, dass er zum Morgengebet kam, wo er neben Abu Bekr Platz nahm, als Zeichen dafür, dass er ihm allein die Leitung des Islam übertragen hatte. Die Freude der Gläubigen beim Anblick ihres Propheten zeigte sich in ihren vielen Danksagungen und in der Begleitung ihres Häuptlings zurück zu seinem Ruheort. Es schien, dass seine Krankheit nur geringfügig war und dass er bald wieder in voller Kraft unter ihnen erscheinen würde. Doch die Anstrengung zehrte an seiner letzten Lebenskraft, und er konnte Ayeshas Zimmer kaum noch einmal erreichen. Dort starb er wenige Stunden später, nach einer Zeit der Halbbewusstlosigkeit, in ihren Armen, noch kurz nach Mittag.

Die verlassene Ayesha war fast zu verängstigt, um die schreckliche Nachricht zu überbringen. Abu Bekr wurde sofort gerufen und kam voller Ehrfurcht und Entsetzen in die Moschee. Omar, Mohammeds geliebter Kriegerfreund, weigerte sich zu glauben, dass sein Anführer wirklich tot war, und beeilte sich sogar, dem Volk seinen Glauben zu verkünden. Aber Abu Bekr besuchte den Ort des Todes und versicherte sich durch die noch kalte Gestalt des Propheten, dass er tatsächlich tot war. Mit verzweifelter Miene ging er hinaus und überzeugte die Gläubigen davon, dass die Seele ihres Anführers verstorben sei. Über den Islam herrschte die Stille eines unerträglichen Wissens, und in der ersten Leere der Erkenntnis waren sie stumm und passiv.

Als die Armee bei Jorf von der Neuigkeit erfuhr, löste sie sich sofort auf und kehrte nach Medina zurück. Mit dem Rückzug der leitenden Hand schwand ihre Kampffreude dahin , und sie konnten sich nur noch den wartenden Reihen der Bürger anschließen – einer Menge, die nun dorthin getrieben werden würde, wohin ihre Herren es für richtig hielten.

Die Gläubigen versammelten sich um die Moschee, um über die Zukunft ihrer selbst und ihrer Herrscher nachzudenken. Abu Bekr wandte sich sofort an sie, und es war bald klar, dass er sie gut im Griff hatte. Er wurde von Omar und den obersten Führern unterstützt, mit Ausnahme von Ali, der eine eifersüchtige Haltung beibehielt, hauptsächlich aufgrund der Neidgefühle, die in Fatima, seiner Frau, beim Anblick von Ayeshas Privilegien geweckt wurden. Als Abu Bekr schließlich zärtlich und mit der liebevollen Ehrfurcht, die ihn auszeichnete , die Umstände des Todes des Propheten erzählte , waren die Gläubigen darauf eingestellt, dass dieser Mann als Nachfolger ihres Propheten akzeptiert wurde. Die führenden Männer, gefolgt von der Basis, schworen ihm Treue und gelobten, den Glauben, den ihnen ihr Anführer hinterlassen hatte, der auch ihr Führer und Mitanbeter Allahs gewesen war, unversehrt und kostbar zu bewahren.

Es blieb nur die letzte Würde der Bestattung. Der Körper des Propheten wurde gewaschen und für das Grab vorbereitet. Darum war weißes Leinen gewickelt und eine äußere Hülle aus gestreiftem Jemen-Stoff. Abu Bekr und Omar verrichteten diese einfachen Dienste für ihren Propheten, und dann wurde in Aishas Haus ein Grab für ihn gegraben und eine Trennwand zwischen dem Grab und dem Vorraum errichtet. Es wurde wie ein Gewölbe ausgehoben und der Leichnam am Abend des Todestages dort bestattet. Dem Volk wurde gestattet, es zu besuchen, und nachdem die lange Prozession ihren Propheten zum letzten Mal gesehen hatte, hielten Abu Bekr und Omar Reden vor der versammelten Menge, in denen sie sie aufforderten, ihrer Religion treu zu bleiben und ihnen ständig das Vorbild dieser Religion vor Augen zu halten der Prophet, der bereits jetzt in das Paradies aufgenommen wurde, das er so inbrünstig beschrieben und mit solch überwältigendem Verlangen geliebt hatte.

So lag der Prophet des Islam, religiöser und politischer Führer, Heerführer, Liebhaber von Frauen, streng, fromm, leidenschaftlich, gerissen, wie er es sich gewünscht hätte, in der Einfachheit dieses Gemeinschaftslebens, inmitten seiner Anhänger, nahe dem heiliger Tempel, den er selbst entworfen hat. Er hatte in der Nähe seiner Jünger gelebt, war ihnen als ein Mann unter Menschen erschienen, der nur von der göttlichen Autorität seiner religiösen Begeisterung getragen war; Jetzt ruhte er unter ihnen als einer von ihnen, und niemand außer ihm spürte, wie die Inspiration seiner Energie ihre Aktivitäten nach ihm beeinflusste, obwohl sich deren Manifestation auf die Gewalt beschränkte, die notwendig war, um das Reich des Propheten vor seinen irdischen Feinden zu schützen.

Mohammed ruhte zwar in seiner sterblichen Gestalt in der Stille von Ayeshas Gemach, aber sein Geist führte seine Anhänger immer noch zum Gebet und zur Eroberung, stand immer noch an der Spitze seiner Armeen und drängte zum Sieg und zur Plünderung, damit sie in der Welt etwas finden könnten Die zur Schau gestellten Banner des Islam verkünden die Erfüllung ihrer Wünsche und Sehnsüchte, ihre weltlichen Triumphe und die Herrlichkeit ihrer himmlischen Vision.

KAPITEL XXII

DIE ENTSTEHUNG DES ISLAM

„Die Juden sagen: ‚Esra ist ein Sohn Gottes‘, und die Christen sagen: ‚Der Messias ist ein Sohn Gottes‘ … sie ähneln dem Sprichwort der Ungläubigen von früher … Sie nehmen ihre Lehrer und ihre Mönche und den Messias.“, Sohn Marias, für Herren neben Gott, obwohl es geboten ist, nur einen Gott anzubeten. Es gibt keinen Gott außer Ihm! Wie weit entfernt von seiner Herrlichkeit ist das, was sie mit Ihm assoziieren.“ – *Der Kuran* .

Der Prophet von Arabien hatte sich kaum mit der Bewahrung der Erde beschäftigt, als auf allen Seiten eine Rebellion gegen seine Herrschaft entstand. Die Einheit, an deren Schaffung er so lange gearbeitet hatte , befand sich noch im Keim, aber der Same davon lebte und entwickelte sich schnell zu seiner vollen Frucht. Im politischen Bereich beschränkt sich seine Leistung nicht auf die unmittelbare Sicherung seiner Herrschaft. Er hatte, hauptsächlich durch die gewaltsame Logik des Schwertes, die Idee der Einheit und Disziplin eingeschärft und die gefallene Größe seines Landes in noch mächtigerem Maße wiederhergestellt. Traditionen des arabischen Wohlstands während der Zeit, als es sich um die Handelsroute von Persien und dem Osten nach Petraea, Palästina und sogar Kleinasien handelte, blieben im Gedächtnis der Einheimischen hängen. Die Karawanenrouten aus Südarabien, die in biblischen Geschichten berühmt sind, hatten die Bedeutung von Städten wie Mekka und Sana erhöht, aber mit dem maritimen Unterfangen Roms verschlechterte sich ihr Wohlstand, und die daraus resultierende Not im Jemen veranlasste seine Stämme, nach Norden auszuwandern Mekka, nach Syrien und in die Zentralwüste. Südarabien erholte sich nie von dem Schlag, den sein Handel erlitten hatte, und im sechsten Jahrhundert wurde Jemen lediglich eine Abhängigkeit von Persien. Zentralarabien war ein unbekanntes Land, das von plündernden Stämmen in ständigem politischen Wandel bewohnt wurde; während Hira, das Königreich östlich der Wüste an den Ufern des Euphrat, zu Beginn des Jahrhunderts, in dem Mohammed lebte, zu einer Satrapie Persiens geworden war und Heraklius durch häufige Einfälle das Königreich Palmyra der Machtlosigkeit geweiht hatte. Arabien war reif für den Aufstieg eines starken politischen Führers; denn es wurde von keinem mächtigen Königreich flankiert, und in sich selbst gab es keine Organisation und keinen zuverlässigen politischen Einfluss.

Das Material war vorhanden, aber es musste von einer Meisterhand mit unermüdlichem Eifer geformt werden, um es in Ordnung und Stärke zu bringen. Nur unermüdliche Energie und der unermüdliche Glaube an die eigene Macht konnten diese Aufgabe erfüllen, und darüber verfügte Mahomet im Überfluss. Vor seinem Tod hatte er sich die Unterwerfung von Jemen und Hadramaut gesichert , war weit in das syrische Grenzgebiet vorgedrungen und hatte seine Herrschaft unter den Nomadenstämmen im Landesinneren bis an die Grenzen Persiens spürbar gemacht. Mit seiner Machtübernahme wurde das Nationalgefühl Arabiens geboren, und unter seinen Nachfolgern entwickelte es sich durch die Verlockungen von Plünderung und Ruhm, bis es über die bloße Nationalität hinausging und von der Welteroberung träumte, und durch diese Anmaßung wurde sein Untergang herbeigeführt. Mahomet war der Anstifter all dieser fesselnden Aktivitäten, obwohl er nie das Ausmaß seines politischen Impulses errechnete. Indem er die bereits erschöpften Stammesideale ablöste, verbreitete er nur den Glauben seiner Inspiration. Alle Regierungsvorstellungen sterben langsam, und das Stammesleben Arabiens war am Ende seiner Mission noch lange nicht ausgelöscht. Aber seine Vitalität war verschwunden, und der Schwerpunkt des Gehorsams Arabiens hatte sich vom Clan auf den Propheten als militärischen Oberherrn verlagert.

Vor allem im Bereich des politischen Handelns offenbart sich Mohammeds Persönlichkeit. Die lebendigen Fasern seines einzigartigen Charakters durchdringen all seinen Umgang mit seinen Mitführern und Gegnern. Vor allem besaß er die Fähigkeit, sowohl Liebe als auch Angst zu wecken. Ali, Abu Bekr , Hamza, Omar, Zeid , jeder seiner Anhänger, spürte ständig die Kraft seiner Zuneigung auf sich und war durch Bindungen an ihn gebunden, die weder Unglück noch irgendeine unwürdige Tat von ihm brechen konnte. Und ihre Hingabe musste viele Prüfungen bestehen. Mahomet war eigensinnig und rücksichtslos und ordnete ohne Bedenken die Mittel dem Zweck unter. In seinem rücksichtslosen Umgang mit den Juden, in seiner ruhigen Ablehnung von Verpflichtungen gegenüber den Heiden, sobald er sich stark genug fühlte, zeigt er Affinitäten zum gewissenlosesten Staatsmann, der jemals die europäische Diplomatie beehrte .

Seine Eroberungs- und Regierungsmethode vereint Wachsamkeit und Stärke. Keine Hilfe wurde von diesem Machtbauer verschmäht. Was er mit Gewalt nicht erreichen konnte, versuchte er durch List zu erreichen. Er hatte großes Vertrauen in die Macht der Argumentation, die durch Gewalt untermauert wurde, und dass er Abbas und Abu Sofian hauptsächlich mithilfe dieser beiden Faktoren, kombiniert mit ihrem persönlichen Ehrgeiz, für sich gewann, ist nur das beste Beispiel seiner politischen Meisterleistungen . Er verstand es, die niederen Leidenschaften der Menschen auszunutzen, und war sich vor allem der Verlockung des Goldes bewusst. Seine ersten Streifzüge gegen die Kureisch wurden seinen Schülern sowohl im Lichte von Plünderungszügen als auch von Religionskriegen gegen eine ungläubige und unterdrückende Nation vor Augen geführt.

Er ist zugleich das Ergebnis der Umstände und unabhängig von ihnen. Er verlieh allen unausgesprochenen Wünschen nach einer umfassenderen militärischen und kaufmännischen Macht, die sich am Ursprung des Lebens Arabiens regten, Kohärenz und begründete gleichzeitig seine Herrschaft auf einzigartige und absolut persönliche Weise. Innerhalb seines Herrschaftsbereichs war sein Wille unantastbar und unantastbar.

Wenn diese veränderlichen Stammeseinheiten überhaupt vereint werden sollten, war Despotismus die einzig mögliche Form der Herrschaft. So wie sein Gemeinwesen die Autorität verlangte, die nur einer Person zusteht, so ist seine Vorstellung von Gott die eines absoluten Monarchen, gegen den Widerstand Vernichtung bedeutet.

Aus dieser Idee heraus entwickelte sich die Doktrin des Fatalismus. Dies war in den ersten schrecklichen Jahren der Unsicherheit im Islam notwendig, um bei Mohammeds Anhängern eine Rücksichtslosigkeit im Kampf und in den wechselnden Schicksalen ihres Lebens in Medina hervorzurufen, die aus dem Wissen entstand, dass ihr Schicksal unwiderruflich entschieden war. Sie kämpften für den wahren Gott gegen die Götzendiener; dieser wahre Gott hielt ihr Schicksal in seiner Hand; nichts konnte geändert werden. Das Ergebnis war, dass die Muslime mit übermenschlichem Mut kämpften und sich unerschrocken überwältigenden Kräften stellten. Aber es kam die Zeit, in der der Islam keinen Kampf mehr brauchte und die Doktrin des Fatalismus noch lebte. Es verfiel in geistige und körperliche Inaktivität, und aus dieser Inaktivität, hervorgerufen durch das Wissen, dass ihre Energien vergeblich waren, wurde Pessimismus gezüchtet. Despotismus und Fatalität sind vielleicht die rein persönlichen Ideen, die Mohammed seinem politischen Staat gab, wobei letzterer jedoch, wie die meisten seiner weltlichen Prinzipien, in den Bereich der Philosophie eindrang. Tatsächlich ist seine politische Herrschaft untrennbar mit seiner Religion verbunden, und als religiöser Führer wird er gerechter beurteilt.

Im Bereich der Religion lag der Rohstoff in seiner Hand. Zu Beginn seiner Mission vermischten Mekka und Zentralarabien, obwohl sie im Götzendienst verankert waren, noch einige verfälschte jüdische Traditionen und Zeremonien mit ihren Riten, während der Jemen als abhängiges Gebiet Abessiniens für kurze Zeit den christlichen Glauben angenommen hatte, dann aber wieder in den Götzendienst verfallen war mit der Einmischung Persiens. Die beiden Grenzkönigreiche im Norden, Palmyra und Hira, waren christlich und hatten in der Zeit ihres Wohlstands Arabien in Richtung Christentum beeinflusst. Die christlichen Schriften waren bekannt und respektiert, aber diese Impulse waren schwach und krampfhaft, so dass der Großteil Arabiens in seinem alten Götzendienst verharrte.

Der bei weitem nachhaltigere Einfluss war der des Judentums. Viele jüdische Stämme ließen sich in Arabien nieder, und die alten Traditionen der jüdischen Rasse, die großen Gestalten Abrahams, Lots und Noahs wurden den Arabern lebendig vor Augen geführt. Es deutete alles darauf hin, dass ein Religionslehrer die vorhandenen Elemente des Judentums und des Christentums nutzen könnte, um einen monotheistischen Glauben hervorzubringen, der an deren Natur teilnahm, und eine Zeit lang bemühte sich Mohammed, beide Formen in den Rahmen seiner Mission zu integrieren. Aber Kompromisse, ob mit Götzendienern oder Juden, erwiesen sich als unmöglich, und hier sind religiöse und politische Ideale untrennbar miteinander verbunden. Wenn Mohammed der jüdischen Religion zugestimmt hätte und sich der Souveränität Jerusalems als heiligem Ort unterworfen hätte, wäre es ihm unmöglich gewesen, seine Vorherrschaft in Medina zu etablieren, und die Religion des Islam, wie er sie verstand, wäre von ihr außer Kraft gesetzt worden älterer und heiligerer Glaube der Juden. Er erkannte die Gefahr und sein dominanter Geist konnte die Existenz einer ihm gleichwertigen oder überlegenen Macht nicht zulassen. Mit jenem feurigen, kühnen und überheblichen Glauben an sein Schicksal, der ihn in seinem späteren Leben kennzeichnete, warf er alle Anmaßungen einer Freundlichkeit, sei es mit den Juden oder mit den Christen, über Bord und führte seine Anhänger siegreich durch die Gefahren, die jeden Anhänger einer Idee bedrohen .

Aber indem er seine zentrale These von der Einheit der Gottheit überzeugend akzeptierte, bewies er große Weisheit und Menschenkenntnis. Er selbst war keineswegs immun gegenüber dem Wert der Tradition und hatte nie das Gefühl, dass sein Glaube in den religiösen Legenden seines Geburtsortes keine historische Grundlage hätte. Dass der muslimische Glaube Institutionen wie die Ehrfurcht vor der Kaaba, den Pilgerritus und die Akzeptanz von Mekka als heilige Stadt besitzt, ist auf die Liebe seines Gründers zu seinem Heimatort und dem Zeremoniell zurückzuführen, das sein eigenes Glaubensbekenntnis wirklich darstellte untrennbares Ergebnis.

Neben seiner Erkenntnis der Notwendigkeit von Ritualen war er sich auch der Abneigung der meisten Menschen gegen das völlig Neue bewusst. Wann immer es möglich war, betonte er seine Verbindung zu den alten Zeremonien Mekkas in ihrer reinsten Form, und sobald seine Macht ausreichte, erzwang er die Anerkennung seiner Ansprüche gegenüber der Stadt selbst.

Seine Leistung als Religionsreformer beruht größtenteils auf dem Vorbereitungszustand, in dem er sein Medium vorfand, seine Wirksamkeit verdankt er jedoch einer einzigen Kraft. Mohammed besaß eine zentrale Idee, die Unteilbarkeit Gottes, und diese reichte aus, um ihn gegen alle Katastrophen zu schützen. Der Kuran lässt den beharrlichen Ton ertönen, der den Fanfarenruf seiner Botschaft zum Ausdruck bringt. Mit geistiger und seelischer Beredsamkeit, mit einer Wiederholung, die für den Außenstehenden ermüdend ist, drängt er diese vorherrschende Wahrheit in die Herzen seiner Zuhörer. Es kann ihnen nicht entgehen, denn er wird nicht aufhören, sie an ihr Schicksal zu erinnern, wenn sie nicht gehorchen. Was er für das religiöse Leben Arabiens tun wollte, erreichte er vor allem deshalb, weil er die Gesamtheit seiner Forderungen auf eine Formel konzentrierte: „Es gibt keinen Gott außer Gott"; Als ihm dann der Erfolg das Ausmaß seiner Überlegenheit gezeigt hatte, sagte er: „Es gibt keinen Gott außer Gott, und Mohammed ist sein Prophet."

Am Ende seines Lebens wurde der Götzendienst aus seinem Heimatland ausgerottet. Die Stämme rebellierten möglicherweise gegen die Schwere seines politischen Jochs und wurden oft durch die dürftigsten diplomatischen Fäden an ihn gebunden, aber ihr monotheistischer Glaube blieb intakt, als der Islam die Vorherrschaft über sie erlangt hatte. Am Ende der Abschiedspilgerreise erkannte er mit einer großen Dankbarkeit seiner Seele, dass er tatsächlich die fehlgeleiteten Versuche Arabiens, seinen unbefriedigenden Glauben umzugestalten, aufgegriffen und daraus eine triumphale Realität gemacht hatte, in der die Vorstellung von Allahs Einheit war der wesentliche Glaube.

Neben seinen religiösen und politischen Errungenschaften gab er Arabien als Ganzes seinen ersten schriftlichen Sozial- und Moralkodex. Hier lässt sich seine Leistung nur schwer einschätzen, ein Vergleich mit dem Ist-Zustand ist nahezu unmöglich. Ausführlich im Kuran , aber in größerem Maße in der Masse seiner traditionellen Aussprüche, die von Al-Bokhari in einer Standardausgabe kristallisiert wurden, ist das Hauptmerkmal die beiläufige Art, wenn den Ergänzungen und Übertreibungen seiner Anhänger gebührend Rechnung getragen wird seiner Gesetze.

Alle seine Vorschriften in Bezug auf die Kontrolle der Ehe, des Verkaufs und Besitzes von Land, des Handels, der Plünderung sowie der Gesundheit und Ernährung sind das Ergebnis bestimmter Fälle, die in seinen Zuständigkeitsbereich fallen. Auf die Idee, einen Kodex bewusst zu erstellen, ist er nie gekommen, und es gibt keine Hinweise darauf, dass er jemals auf seine früheren Entscheidungen in ähnlichen Fällen zurückgegriffen hat, so dass die Möglichkeiten des Widerspruchs und der Umgehung unbegrenzt sind. Aus diesem Wirrwarr von Widersprüchen sind muslimisches Recht und muslimische Praxis entstanden. Durch seine militärische Organisation war er in der Lage, den besiegten Völkern seine Befehle aufzuzwingen , so dass es nicht lange dauerte, bis Arabien nach seinen mit dem Schwert erzwungenen sozialen und moralischen Geboten auf brutale Weise regiert wurde. Seine Frauen beleidigen ihn, und er legt sofort die Pflichten und die Stellung der Frauen in seinem weltlichen Staat fest. Er sehnt sich nach der Frau seines Freundes, und das Ergebnis ist ein kuranisches Dekret, das die Einnahme einer Frau unter diesen Bedingungen sanktioniert. Er ist eifersüchtig auf seine jüngeren und hübscheren Gefährten und ordnet daraufhin die ewige Abgeschiedenheit der Frauen an. Er ist verärgert über die unzeitigen Besuche in seinem Versammlungshaus und befiehlt daher, dass kein Gläubiger uneingeladen die Wohnung eines anderen betreten soll. Es ist unbequem, während der Belagerungszeit in Medina auf die Wache bei Tag und Nacht zu verzichten. Deshalb führt er ein System ein, bei dem die Hälfte der Armee betet, während die andere Hälfte auf ihrem Posten bleibt. Die Instanzen können vervielfacht werden, ohne dass der Aufbau eines ganzen sozialen Codes auf den beiläufigsten Grundlagen aufhört. Aber so unbeachtet seine Entstehung auch war, so war es im Großen und Ganzen für die damalige Zeit wirksam, und auf jeden Fall ersetzte es die maßlosen Verschwendungen von Tradition und Brauch durch bestimmte Gesetze.

Es ist wahrscheinlich, dass Mahomet sich stark auf bestehende Gebräuche stützte. Er war zu klug, um sie unnötig zu stören. Sein Wesen zeichnete sich durch Extreme aus, gepaart mit einer Weisheit, die seinen Anhängern wie eine Offenbarung erschien. Wo er es hasst, ist mit einem Hurrikan des Zorns und der Zerstörung, wo er es liebt, mit der gleichen ungestümen Hartnäckigkeit. Seine Denunziationen gegen die Ungläubigen, gegen seine Feinde unter den Kureisch , gegen die Nachzügler in seiner eigenen Stadt, gegen die Verleumder heiliger Dinge, gegen Trunkenbolde, gegen die Unreinen, gegen diejenigen, die sogar die Gesichtszüge ihrer Verwandten kopieren oder deren Vorstellung davon abbilden Gott ist in den heftigsten Worten geschrieben, dessen Zorn mit dem Rauschen der Flamme ans Ohr zu schlagen scheint.

Und so sind die vorherrschenden Merkmale muslimischer Institutionen von Fanatismus und Intoleranz geprägt. So wie der Prophet strenge Regeln aufstellte, so bestanden seine Anhänger auf deren unbarmherzigem Fortbestehen. Mohammed sah sich gezwungen, oft überstürzt und unüberlegt Verordnungen zu erlassen, um unmittelbare Bedürfnisse zu befriedigen und Streitigkeiten beizulegen, deren Verlängerung seinen Untergang bedeutet hätte. Er besaß die Qualitäten eines Dichters, Sehers und religiösen Mystikers, doch diese wurden in seinem späteren Leben von den Eigenschaften eines Gesetzgebers, Soldaten und Staatsmannes überschattet, die seine Position als Oberhaupt einer Männergruppe erforderte. Aber weder sein Mystizismus noch sein poetisches Gefühl verlassen ihn völlig. Sie tauchen in seltenen Momenten in den späteren Suren des Kuran auf und werden in seinen Handlungen und den traditionellen Berichten seiner Aussprüche deutlich, während sein Glaubensbekenntnis standhaft und unangreifbar blieb und eine Stärke besaß, die weder Niederlage noch Unzufriedenheit erschüttern konnte. Bei aller Unvollständigkeit und oft Widersprüchlichkeit seiner Amtsführung gelang es ihm dennoch, seine

Anhänger vor allem durch seinen unermüdlichen Glauben an sich selbst und sein Werk von deren Wirksamkeit zu überzeugen.

In der militärischen Entwicklung war sein Beitrag einzigartig. Er sammelte alle kriegsliebenden Neigungen der Gläubigen und verwob sie zu einer Zielsolidarität. Sein persönlicher Mut war nicht groß, aber seine Strategie und vor allem sein unbesiegbares Selbstvertrauen, das sich nicht geschlagen geben wollte, standen außer Frage. Jeder Anführer, den er auf Plünderungs- oder Warnexpeditionen entsandte, zeugte von seiner Tüchtigkeit und seinem Eifer. Er unterwarf die Muslime einer Disziplin, die ihre besten Eigenschaften wie Hartnäckigkeit und Wagemut zum Vorschein brachte. Er ließ nicht zu, dass seine Soldaten zu einzelnen Plünderern wurden, sondern bestand darauf, dass die Beute gleichmäßig aufgeteilt werden sollte. Anfangs verfügte er nur über wenige Reiter, stellte aber schnell ein Kavalleriegeschwader auf, sobald er von deren Nützlichkeit überzeugt war. Seine Bereitschaft, Ratschläge zur Verteidigung Medinas anzunehmen, bewies die Rettung der Stadt. Unter ihm hatte die militärische Stärke des Islam großen Spielraum, denn er ließ seinen Führern völlige Handlungsfreiheit; Das Ergebnis war in der überragenden Kampfqualität von Ali, Omar und Hamza sichtbar, während die Aussicht auf Ruhm unter seinem Banner die bewegenden Motive für die Bekehrung von Khalid und Abbas waren. Er unterdrückte mörderische Kriege und vereinte durch einen kühnen Schlag die Kriegerinstinkte Arabiens gegen äußere Feinde, indem er ihnen die Sanktion der Religion und das Versprechen ewigen Glücks auferlegte.

Obwohl er mit den Mechanismen des Wissens nicht vertraut war – er konnte weder lesen noch schreiben –, hinterließ er seine Spuren in der Literatur seiner Zeit und den Jahren nach ihm. Der Kuran war die Summe seiner Inspiration, der Ausdruck seiner Überzeugungen und Ideale in poetischer und visionärer Sprache. Er fand das Medium vorbereitet. Die Araber hatten schon vor langer Zeit eine eigene Poesie entwickelt, die nicht in geschriebenen Worten, sondern in ihren traditionellen Liedern lebte. Mahomets erster Anflug von Inspiration, der vor der Schwere seiner späteren Aufgaben nachließ, ist die Anhäufung dieser wilden und leidenschaftlichen Kunst, in der der Atem der Wüste dringt.

Der Kuran wurde zu seinen Lebzeiten nie niedergeschrieben, sondern von Zeid in den ersten unruhigen Jahren des Kalifats in einem Durcheinander von Fragmenten gesammelt, „zusammengesammelt aus Dattelblättern und Tafeln aus weißem Stein und aus den Brüsten der Menschen". . Wir haben unweigerlich viel von seinem ursprünglichen Feuer verloren, und seine Wirkung wird durch jede Übersetzung in das ungeeignete Medium der modernen Sprache geschwächt. Dass es sich jedoch um einen wertvollen Beitrag zur Literatur seines Landes handelt, kann insbesondere in den früheren Abschnitten nicht bezweifelt werden, bevor Mohammeds Liebe zur Ansprache und die Notwendigkeit eines Mittels, um seine politischen Diktate kundzutun, seinen Stil in die kahle Wiederholung verwandelt hatten Medley seiner späteren Seiten.

Durch all das fließt das Feuer seines Genies; in den späteren Suren ist es die Widerspiegelung seiner Energie, die aus den Seiten hervorschaut; Die Flamme selbst hat nun seine Handlungen erleuchtet und seine Eroberungsträume inspiriert. Der Kuran ist die beste Offenbarung Mohammeds selbst, die die Nachwelt besitzt, so unvollkommen die Art seiner Überlieferung an die moderne Welt auch war. Es zeigt uns sowohl die Schönheit und Stärke seiner Persönlichkeit als auch seine Grausamkeit, Ausflüchte, Großmut und Begierden. Vor allem der leidenschaftliche Eifer, der ihn durchdringt, verdeutlicht das Geheimnis seiner anhaltenden Bemühungen durch Entmutigung und Niederlage, bis sein Triumph anbrach.

Für diejenigen, die sich außerhalb seiner Anziehungskraft befinden, scheint Mohammed von einer Macht angetrieben zu werden, die außerhalb seiner selbst liegt und die er kaum kontrollieren kann. Seine Gaben stehen in engem Zusammenhang mit der jeweiligen Phase der Aufgabe, eine Religion und ein politisches Gebilde zu schaffen, die zu diesem Zeitpunkt im Vordergrund stand.

In Mekka ist er Dichter und Visionär, der Mann, der mit Engeln spricht und Gabriel und Israfil gesehen hat, „dessen Herzenssaiten eine Laute sind und der die süßeste Stimme aller Geschöpfe Gottes hat." Er dringt in seiner Fantasie bis zum innersten Heiligen Ort vor und erblickt den Gott der Schlachten, spürt sogar seine eiskalte Berührung auf seiner Schulter und kehrt mit dem Glanz dieses unsterblichen Verkehrs auf ihm zurück. Es stützt ihn in Niederlage und Gefahr, und durch seine Macht bekehrt er einige in Medina und flieht dorthin, um seine Aufgabe zu erfüllen. In Medina wird er zu einem wachsamen Anführer, und immer noch von himmlischen Besuchern inspiriert, schafft er Ordnung im Chaos und schützt seine Macht vor zahllosen Angriffen.

Wenn wir versuchen, seine Leistungen zu erklären, müssen wir unter Berücksichtigung aller Faktoren, die ihm geholfen haben, die Stärke seiner Persönlichkeit würdigen. Weder in seinen Offenbarungen durch die Kuran noch in seinen Überlieferungen ist sein Geheimnis zu finden. Er lebte außerhalb seiner selbst, und seine Taten sind der Maßstab seiner Leistungen. Er fand Arabien als Beute verfeindeter Stämme, ohne Anführer, ohne Gesetze, ohne Religion, abgesehen von einem hartnäckigen, aber schöpferisch toten Götzendienst, und er nahm die bestehenden Elemente, pflanzte in sie seine eigenen Überzeugungen ein, belebte sie mit dem Feuer seines Eifers und ... schuf einen Embryo mit wirksamen Gesetzen, passenden sozialen und religiösen Institutionen, aber größer als alle diese, mit der Begeisterung für eine Idee, die seine Anhänger zum Gebet und zur Eroberung führte. Die Kuran , die Tradition und die späteren Geschichten dienen alle der Persönlichkeit, die die Muslime prägte, so dass sie wie Flammen durch das Land fegten, angetrieben nicht nur von religiösem Eifer, sondern auch von der Erinnerung an die Kämpfe und Siege ihres Anführers seine Reise vor ihnen auf dem gefährlichen Weg der Kriegsführung zum Paradies, das den Gläubigen versprochen wurde.